Knaur

Vom Herausgeber sind außerdem erschienen:

Die schönsten Märchen vom Heilen
Die schönsten Weihnachtsmärchen
Die schönsten Märchen von Müttern und Töchtern
Die schönsten Märchen von Himmel und Hölle

Über den Herausgeber:

Dr. Hans-Jörg Uther, geboren 1944, gehört zu den bekanntesten
Märchenexperten Deutschlands. Er ist tätig in der Redaktion der
»Enzyklopädie des Märchens«, einer Arbeitsstelle der Göttinger
Akademie der Wissenschaften, und lehrt als Privatdozent
Literaturwissenschaft an der Universität Essen. Die Reihe »Die
Märchen der Weltliteratur« betreut er als Herausgeber, ist
Mitherausgeber der internationalen Zeitschrift »Fabula«, Autor
zahlreicher Beiträge zur Erzählforschung und hat bedeutende
Märchen- und Sagensammlungen veröffentlicht, darunter eine
vierbändige und kommentierte Ausgabe der Grimmschen
»Kinder- und Hausmärchen«.

Die schönsten Märchen von Sonne, Mond und Sternen

Zusammengestellt und herausgegeben von
Hans-Jörg Uther

Knaur

Besuchen Sie uns im Internet:
www.droemer-weltbild.de

Vollständige Taschenbuchausgabe 2000
Droemersche Verlagsanstalt Th. Knaur Nachf., München
Copyright © 1999 by Heinrich Hugendubel Verlag,
Kreuzlingen/München 1999
Umschlaggestaltung: ZERO Werbeagentur, München
Satz: Ventura Publisher im Verlag
Druck und Bindung: Clausen & Bosse, Leck
Printed in Germany
ISBN 3-426-61771-4

2   4   5   3

INHALT

VON DEN GESTIRNEN UND IHRER ENTSTEHUNG

BESONDERE EIGENSCHAFTEN UND FÄHIGKEITEN

DIE GESTIRNE UND
DAS LEBEN AUF DER ERDE

VON DEN GESTIRNEN UND IHRER ENTSTEHUNG

Am Anfang gab es da, wo jetzt Erde, Sonne, Mond, Sterne und alle übrigen Dinge dieser Welt sind, nichts. Lange Zeit hindurch ballte sich das Dunkel zusammen, bis es schließlich eine große Masse wurde, in der sich Erddoktors Geist bildete. Dieser trieb, wie eine Baumwollflocke vor dem Winde, hier- und dorthin ohne festen Halt. Endlich beschloß er, da er sich seiner Macht bewußt war, sich eine feste Wohnstätte zu gründen. Daher nahm er von seiner Brust ein wenig Staub und machte daraus einen flachen Kuchen; dann dachte er: »Irgendeine Pflanze soll erscheinen«, und der Kreosotebusch war zur Stelle. Er stellte ihn vor sich hin, sah aber, daß er umfiel, sobald er seine Hand von ihm zog; noch zweimal richtete er ihn auf, aber immer wieder fiel er um, bis er schließlich zum vierten Male stehenblieb. Als der flache Staubkuchen endlich stillstand, tanzte und sang Erddoktor auf ihm.

Jetzt schuf Erddoktor schwarze Insekten, die schwarzes Harz auf dem Kreosotebusch erzeugten, sodann die Termite, die sich ebenfalls sogleich ans Werk machte und den kleinen Staubkuchen bis zum Umfang unserer heutigen Erde anwachsen ließ. Wieder sang und tanzte der Erddoktor, und die Erde entwickelte sich weiter; dann machte er einen Himmel darüber, damit er sie bedecke, und der Himmel war wie die runde Hütte der Pima geformt. Aber die Erde schwankte und dehnte sich, so daß sie sich nicht zur Besiedlung eignete. Da schuf Erddoktor eine graue Spinne, die ein Netz weben mußte, das die Kanten von Himmel und Erde miteinander verband. Jetzt erst war die Erde fest und dauer-haft.

Weiter wurde alles, was wir jetzt auf der Erde sehen – Wasser, Berge, Bäume, Gräser und Kräuter –, geschaffen, dann machte Erddoktor eine Schale, goß Wasser hinein, und das Wasser wurde zu Eis. Er nahm den Eisklumpen heraus und schleuderte ihn gen Norden, wo er an der Stelle nieder-fiel, wo Erde und Himmel aneinanderstoßen; sogleich glänz-te der Eisblock als die leuchtende Scheibe, die wir jetzt Sonne nennen. Die Sonne stieg eine Strecke weit am Himmel em-por und fiel sodann wieder hinab. Erddoktor ergriff sie von neuem und warf sie gen Westen, dahin, wo Erde und Him-mel zusammengenäht sind, und wieder stieg sie empor und glitt auf den Boden hinab. Zum Süden geschah dasselbe; als Erddoktor sie aber gen Osten warf, stieg sie höher und höher empor, bis sie den Zenit erreicht hatte und nun wieder zum Westen hinabsank; und so ist es bis zum heutigen Tage ge-blieben.

Als das Abendrot verblaßt war, wurde es pechschwarze Dunkelheit. Da goß Erddoktor wiederum Wasser in die Schüssel, das zu Eis wurde, nahm den Eisblock und warf ihn gen Norden, wo er an den Rändern von Erde und Himmel, da, wo die Spinne beide zusammengewoben hatte, niederfiel. Er wurde zu der glänzenden Scheibe, die wir jetzt Mond nen-nen. Auch der Mond versuchte nacheinander, wie die Sonne, im Norden, Westen und Süden emporzusteigen, ohne daß es ihm gelang, bis Erddoktor ihn nach Osten warf, von wo er sich erhob und bis zum heutigen Tage seinen Lauf über den Himmel fortgesetzt hat.

Als Erddoktor sah, daß der Mond zwar genügend Licht

verbreitete, solange er über dem Horizont stand, daß aber die Dunkelheit noch immer sehr groß war, sobald er verschwand, nahm er etwas Wasser in den Mund und spritzte es an den Himmel, wodurch die Sterne entstanden, und als das immer noch nicht genügte, nahm er seinen Zauberkristall, zerbrach ihn und warf die Stücke an den Himmel, wo sie die größeren Sterne bildeten. Dann ergriff er seinen Wanderstab, tauchte dessen Ende in Asche und zog damit quer über den Himmel einen Strich, um die Milchstraße zu machen.

Nun war die Erde bereit, Bewohner zu empfangen, und Erddoktor schuf daher alle Arten von Vögeln und kriechenden Tieren. Darauf bildete er Figuren aus Ton und befahl ihnen, zu lebenden Menschen zu werden, was denn auch geschah. Eine Zeitlang vermehrten sie sich und verbreiteten sich über die Erde, bis sie so zahlreich waren, daß die Nahrung knapp wurde und auch Wasser nicht mehr genügend vorhanden war, um ihre Bedürfnisse zu befriedigen. Von Krankheit und Tod wußten sie nichts, und zusehends wurden ihrer immer mehr. Erddoktor hatte Mitleid mit ihrer Not, fand aber kein anderes Mittel, um sie von ihrem Elend zu befreien, als daß er sie alle wieder vom Erdboden vertilgte; mit der Zeit sah er ein, daß er dazu gezwungen sein würde.

Da sprach er: »Ich will Erde und Himmel zusammenbringen; die Erde soll wie ein Weib, der Himmel wie ein Mann sein, und aus der Verbindung beider soll mir ein Helfer erstehen. Auch Sonne und Mond sollen sich wie ein Hochzeitspaar vereinen, und auch ihr Sprößling soll mir ein Helfer sein.« Darauf hakte er das gekrümmte Ende seines Stabes in den Himmel und zog ihn herab, wodurch die Menschen und alle anderen Lebewesen zu Tode gedrückt wurden; dann stieß er den Stab durch die Erde, stieg durch das Loch hinab und kam auf der anderen Seite wieder zum Vorschein. Er rief Sonne und Mond, daß sie aus den Trümmern der Welt hervorkämen, und sie gehorchten. Aber es gab weder einen Himmel noch Sterne noch eine Milchstraße mehr, auf denen sie wandeln konnten, und Erddoktor machte alles wieder von neuem. Dann rief er die Nachkommenschaft der Erde und des Himmels. Da keine Antwort erfolgte, schuf er ein neues Menschengeschlecht, die Rsasanatsch.

Fern im Westen gebar der Mond unter Toahafsbüschen den Kojote und ging dann unter. Der Kojote wuchs rasch heran und kam, als er groß und stark war, ins Land der Pima.

Nach einiger Zeit gebar auch die Erde einen Sohn, der nachmals als Itany oder Siuuhu (»Älterbruder«) bekannt war. Dieser kam zu Erddoktor und sprach harte Worte zu ihm, und Erddoktor erzitterte vor seiner Macht. Die Menschen vermehrten sich zwar wieder, aber Älterbruder verkürzte ihr Leben, so daß sie die Erde nicht mehr übervölkerten wie zuvor. Das genügte indessen Älterbruder noch nicht, und er verkündete Erddoktor, er werde dessen Menschen zum zweiten Male vertilgen. Das trug sich aber folgendermaßen zu.

Älterbruder schuf einen hübschen Jüngling, dem er befahl, zu den Pima zu gehen und sich dort mit jeder Frau zu verheiraten, nach der er Verlangen trüge. Er sollte aber jede Frau wieder verlassen, sobald sie ihm das erste Kind geboren habe. Die erste Frau gebar ihm ein Kind vier Monate nach der Hochzeit, die zweite in etwas kürzerer Zeit, die dritte in noch kürzerer und so immer fort, bis schließlich bei der letzten das Kind schon gleich bei der Hochzeit zur Welt kam. Das aber war jenes Kind, welches nachmals die Flut verursachte, die

die Menschen vertilgte, und so die Pläne Älterbruders verwirklichte. Es dauerte aber mehrere Jahre, bis es so weit kam, und in dieser Zeit wurden die Menschen durch die Kundgebungen der Macht Älterbruders und die Taten seines Helfershelfers in Furcht und Grauen versetzt. Älterbruder aber hatte, als sich diese merkwürdigen Dinge zutrugen, begonnen, einen Topf zu machen. Sobald er fertig war, sollte die Flut kommen.

Auf seinen Heiratsfahrten kam der junge Mann, Älterbruders Helfershelfer, zu guter Letzt zu Vakolo Makai (»Süddoktor«), der im Süden wohnte und über ähnliche Macht wie Älterbruder verfügte. Er war durch seine Kenntnis aller Dinge und durch seine Fähigkeit, Vorzeichen zu deuten, weit berühmt und hatte erklärt, er wolle Älterbruders schwarzen Plänen ein Ende bereiten. Daher befahl er seiner Tochter, die sich vor dem jungen Mann, Älterbruders Helfershelfer, sehr fürchtete, diesen trotzdem zu heiraten, damit sein göttlicher Plan verwirklicht werde. Als sie aber fortfuhr zu weinen und sich zu fürchten, hieß er sie Kaktusdornen holen und steckte ihr diese an; sie brauche sich nun nicht mehr vor dem jungen Mann zu fürchten und solle, wenn er käme, nur ein wachsames Auge auf alle Waffen haben, die er etwa mitbrächte. Da trocknete das Mädchen ihre Tränen und wartete voll Freude auf die Ankunft des Bräutigams. Sobald dieser da war, nahm sie ihm Bogen und Pfeile fort und tat sie in sicheren Gewahrsam. Dann begaben sich beide in die für sie erbaute Hütte, und sogleich tönte Kindergeschrei daraus hervor. Süddoktor und seine Frau liefen hin, begierig, ihren Enkel zu sehen. Die alte Frau nahm das Kind auf und wollte es der Mutter hinreichen, diese aber wehrte ab und sprach: »Ich bin nicht seine

Mutter; er selbst, mein Gatte, hat das Kind geboren. Gib es ihm.« Da nahm der junge Mann das Kind und kehrte zu Älterbruder zurück. Da er sich aber sehr schämte, ließ er das Kind am Wege zurück, und Älterbruder fragte ihn: »Wie kommt es, daß du allein anlangst, ohne das Kind, das dir geboren ist? Bringe es her, wir wollen es warten; das ist das beste, was wir tun können. Man hat uns überlistet und unsere Pläne zuschanden gemacht.« Der junge Mann ging zu dem weinenden Kinde, dessen Schreie die Erde erbeben machten und auf weite Entfernungen hin zu hören waren.

Da berief Erddoktor die Menschen, die er geschaffen hatte, und verkündete ihnen, daß es eine große Flut geben werde. Und er stieß seinen Stab in den Boden und bohrte mit ihm ein Loch, das bis auf die andere Seite der Erde reichte. Einige von den Menschen stiegen hinein, andere flehten zu Älterbruder um Erbarmen, aber ihre Bitten wurden nicht erhört. Nur der Kojote, der auch seine Hilfe anrief, wurde angewiesen, einen dicken Baumstamm zu suchen und sich hinaufzusetzen; der würde ihn heil über die Oberfläche des Wassers tragen. Älterbruder selbst kroch in den Topf, den er sich gemacht hatte, und verschloß dessen Öffnung.

Als der junge Mann an den Ort gekommen war, wo er das Kind verlassen hatte, fand er, daß des Kindes Tränen bereits zu einem mächtigen Strom angeschwollen waren, der sich einen tiefen Schlund gegraben hatte. Er neigte sich über das Kind, um es emporzuheben, aber in demselben Augenblick wurden sie beide zu Vögeln, die sich im Fluge über die Erde erhoben, über die sich die Flut nun immer mehr ausbreitete.

(Die Menschen kommen zu Süddoktor, um bei diesem Rettung vor der Flut zu finden. Er weist sie an Erddoktor.)

Erddoktor sagte ihnen, daß sie zu spät kämen; denn er habe bereits alle, die er retten konnte, durch das Loch auf die andere Seite der Erde gesandt. Doch sei noch einige Hoffnung vorhanden, wenn sie den Gipfel des Krummen Berges erklimmen würden. Dann verlieh er Süddoktor Zauberkraft und befahl ihm, dem Volke bis an die Grenzen seiner Macht zu helfen. Süddoktor führte die Menschen auf den Gipfel des Berges und bewirkte, als die Flut bis dorthin gestiegen war, durch seinen Zaubergesang, daß der Berg sich höher und höher über die Wogen erhob, die sich gegen sie heranwälzten, als sei das Land ganz eben. Dann zog er einen Strich rund um den Berg, der eine Zeitlang der Flut eine Grenze setzte; bald aber stieg sie von neuem und drohte den Gipfel zu überschwemmen.

Viermal stimmte Süddoktor seinen Zaubergesang an und ließ den Berg emporwachsen, dann aber war seine Macht erschöpft. Nur eines konnte er noch für die Menschen tun; er hielt seinen Zauberkristall in der Linken und sang:

»Machtlos! Machtlos!
Machtlos ist mein Zauberkristall!
Machtlos! Machtlos!
Möge ich werden zu Stein!«

Mit diesen Worten schwenkte er seine Rechte, und Donnergrollen erscholl aus allen Richtungen. Er warf seinen Stab ins Wasser, wo er mit lautem Krachen zerbarst. Als er sich umsah, stand ein Hund bei ihm. Den sandte er aus, um nachzusehen, wie hoch die Flut stehe. Da wandte der Hund sich zum Volke und sprach: »Sie ist dem Gipfel nahe.« Sobald die angstvoll Harrenden diese Stimme vernahmen, wurden sie zu Stein. Noch heute sehen wir sie dort in Gruppen beieinander, die Männer zum Teil im Gespräch, die Frauen beim Kochen, einige auch in der Haltung Weinender.

Der Kojote wurde auf seinem Baumstamm nach Süden bis zu einer Stelle getrieben, wo alles Treibholz sich sammelte, und entkam so der Flut. Erddoktor entrann ihr, indem er sich in seinen Rohrstab einschloß, der auf dem Wasser schwamm und im Osten landete. Älterbruder rollte in seinem Topf auf dem Grunde des Wassers dahin und blieb schließlich im Westen jenseits Sonoita nahe der Mündung des Colorado liegen. Noch bis zum heutigen Tage sieht man dort den Topf, der jetzt der Schwarze Berg heißt. Er ist schwarz, weil das Harz, aus dem der Topf gemacht war, diese Farbe hatte. Als die Gewässer sich verlaufen hatten, kam Älterbruder aus seinem Topf hervor und wanderte umher, bis er fast alle Gegenden der Welt besucht hatte. Dabei stieß er auf Erddoktor und den Kojote, von denen jeder behauptete, er sei der erste gewesen, der nach der Flut wieder zum Vorschein gekommen sei. Endlich einigte man sich dahin, daß Älterbruder der erste gewesen sei, und so wurde er Herrscher über die Welt und gilt als solcher noch bei vielen bis auf den heutigen Tag.

Nun befahl Älterbruder seinen Gefolgsleuten, die Mitte des Landes zu bestimmen, die Hik (»der Erdnabel«) genannt wird. Er sandte Erddoktor nach Osten, den Kojote nach Westen; der letztere kam zuerst zurück, dann, erst nach langer Zeit, Erddoktor. Sie zogen nun alle mehr nach Osten, und wieder wurden die beiden abgesandt, der Kojote nach Osten und Erddoktor nach Westen. Diesmal kam Erddoktor als erster zurück; da gingen sie noch ein Stück weiter nach

Osten. Der Kojote, der jetzt nach Westen entsandt war, war zuerst wieder da, und erst, als sie noch etwas östlicher vorgerückt waren, kehrten beide gleichzeitig zurück, und sie wußten nun, daß sie in der Mitte des Landes waren.

Da beugte Älterbruder sein Haupt und kratzte sich; und die Läuse, die herabfielen, wurden zu Ameisen, die rasch den Fleck, auf dem sie standen, trockenlegten, denn die Erde war damals noch allenthalben naß und schlammig. Nun ließen sich alle drei nieder, um die verschiedenen Wesen, die vor der Flut gelebt hatten, wieder zu erschaffen. Jeder saß da, das Gesicht der Himmelsrichtung zugekehrt, von der er gekommen war: Älterbruder dem Westen, der Kojote dem Süden, Erddoktor dem Osten. Denn sie waren übereingekommen, weder hinzusehen, was die anderen machten, noch darüber zu sprechen, bis alles fertig wäre; dann erst sollte alles zugleich vorgezeigt werden. Einen Augenblick darauf sagte bereits Älterbruder, er sei fertig, und forderte die anderen auf, zu zeigen, was sie gemacht hätten. Da brachten die beiden andern ihrer Hände Werk zu ihm; der Kojote hatte die Tiere mit Schwimmhäuten, die Schlangen und Vögel erschaffen, Erddoktor Wesen, die zwar Menschen glichen, aber mißgestaltet waren, denn die einen hatten nur ein Bein, andere gewaltige Ohren, wieder andere waren ohne Körperöffnungen oder hatten Feuerflammen in ihren Knien. Da hieß Älterbruder den Kojote die Tiere, die er geschaffen hatte, ins Wasser werfen und Erddoktor die seinen in den Westen versetzen. Kaum war das geschehen, so versank Erddoktor in der Erde. Älterbruder wollte ihn festhalten, ohne daß es ihm gelang; dabei besudelte er sich seine Hände mit Schmutz und Blut, wie ein Mann, der ein Tier schlachtet. Er schüttelte sie, und das Blut spritzte über die ganze Erde und verursachte alle Krankheiten, die wir jetzt kennen.

So blieben Älterbruder und der Kojote im Besitz der Erde. Nachdem die Figuren, die der erstere gemacht hatte, vier Tage lang verwahrt worden waren, wurde eine, die zu der Apatschegruppe gehörte (sie waren nämlich in verschiedene Gruppen eingeteilt), lebendig, sagte: »Es ist sehr kalt!« und begann, ihren Körper vor- und rückwärts zu neigen. Älterbruder sprach: »Oh, ich dachte nicht, daß du zuerst erwachen würdest« und wurde darüber so ärgerlich, daß er alle Apatsche ergriff und über das Gebirge warf. Das machte sie böse und ist der Grund, weshalb sie seitdem immer so wild gewesen sind.

Die vier Gruppen von Indianern, die Älterbruder geschaffen hatte, waren aber folgende: die Wá-aki Ap, Apatsche, Marikopa und zuletzt die Prima. Dieser letzteren wurden höhere Fähigkeiten verliehen, als da sind die Kenntnis der Jahreszeiten, die Macht, Regen vom Himmel zu erlangen, die Fähigkeit, Krankheiten zu heilen und andere mehr. Diese Stämme verbreiteten sich von nun an über die Erde und vermehrten sich zusehends.

Ein Huinkulché, der über 86 Jahre alt ist und seinen Namen nicht genannt haben will, erzählt:

Es mag vielleicht den Geistern der Heimgegangenen nicht zusagen, wenn ich von Begebnissen und Dingen erzähle, die heilig sind, weil sie sie uns als Erbe hinterlassen haben. Aber jetzt geht der Tag, geht die Nacht durch sie hindurch, die Armen, und wenn ich Glück habe, verzeihen sie mir. Schon auch deswegen, weil ich meinen Namen, der auch ihnen gehörte, nicht nenne, und weil ich zu einer guten Stunde erzähle, wie es vorgeschrieben. Nun kommt auch noch hinzu, daß Geschichten ein Ganzes sind, und deshalb soll meine Erzählung so sein, daß sie alles umfaßt, vor allem von der Cordillere ausgeht, wo die Werkstätte des Schöpfers der Mapu war, vom Fücha Wentru, dem Höchsten, der auch Nguenechen genannt wird, weil er der Herr der Menschen ist.

So will ich also zuerst von ihm reden, der früher so groß war, daß er sich in Wolken kleidete und sich mit Bergen zudeckte. Wollte er nach getaner Arbeit sich umkleiden, waschen oder ausruhen, so rief er eine der kleinen Lämmerwolken, ließ sie wachsen und verbarg sich in ihr, ohne gesehen zu werden. Das tut er heute noch, und deswegen sage ich, hat es keinen Zweck, lange und anhaltend nach ihm, dem Chau, zu rufen: Ungern nur tritt er aus den bergenden Wolken, unser großer Vater, unser König im Himmelsblau. Hat er uns nicht die Tage genannt, die ihn uns nahe bringen? Ja! War ihm nun im Sommer heiß, so rief er die Eiswolken und wälzte sich darin, im Winter rief er die warmen, mit weißen Fellen

21

gefütterten Wolken, die aus dem Eis Schneeflocken machten, und damit bedeckte er die frierende Erde, hüllte sich auch darin ein, wenn er erkältet war, wenn große Tropfen auf die Erde hinunterfielen, so daß die Araukaner annehmen mußten, ein Großer sei gestorben, während es sein Schnupfen war.

Es kann auch vorkommen, daß er herunterschauen will, um zu sehen, was da vorgeht zwischen Menschen und Menschen, zwischen Tieren und Menschen. Er zieht dann eine Wolke, die aus grauen und weißen Sonnenfeldern besteht, vor sich hin. Diese leichten Wolken haben eine besondere Form, eine seltene Farbe und sind durchsichtig, haben manchmal auch bunte Ränder. Wird er dann zornig, weil die Menschen nicht gut sind und nicht wie Brüder leben, so legt er lichte Vließe über die Sonne, die darüber ärgerlich wird und den Wind ruft, sie hinwegzutragen. Da kann es nun sein, daß der Küref in seiner Wut eine wasserträchtige schwarze Wolke so schüttelt, daß diese die Erde mit Wassergüssen bewirft. Manchmal beleuchtet er sie erst mit dem Feuerdämon Blitz, wie um die Menschen zu warnen vor seiner ausbrechenden Wut.

Der Chau erlaubte es früher nicht gerne, daß Eiswolken Eis auf die Erde schickten, das die Tiere gepeinigt oder getötet hätte: Schnee hüllte sie ein und wärmte sie. Alles hing früher vom großen Chau ab, aber dann wurde es ihm zuviel, er gab das Lauschen auf: viel zu viel Menschen und Tiere schrieen zu ihm. So übergab er Antü und Küyén seine Arbeit, legte aber erst eine Welt dazwischen, um mehr Ruhe zu haben; denn er war alt und kleiner geworden, und weh tat ihm sein Körper, seit er die Welt mit Tieren und Menschen versehen hatte. Müde macht es, im kalten Ton zu arbeiten, im Wasser Gestalten zu formen.

Antü war ein Sohn der Berge, Küyén war eine Tochter des Sees Lakar. Sie hatten sich sehr lieb, taten zärtlich miteinander, und nach und nach hatten sie viele Kinder, die sich aber fast alle unabhängig gestalteten und die Eltern nur noch aus der Ferne grüßten. Darunter gehört auch der große Stern, der vielfarbige, der nur manchmal, dann aber nur morgens und abends scheint. Jedem Kind war eine Aufgabe zugewiesen. Manche hatten große Ämter, die sie sehr ernst nahmen. So gab es einen Doktor des Südwindes, einen Doktor des Nordwindes, einen Doktor des Ostwindes und einen des Westwindes. Man nannte sie auch Richter, weil sie über die Winde herrschten, ihnen befahlen, wozu sie ihre Helfer hatten, diese Kinder des Ehepaares, das nun getrennt war. Denn Antü war öfter grob mit seiner Frau. Weil ihm sonst alle gehorchten, vom hohen Windrichter an bis zu den kleinsten Sternen, hatte er nicht zwei Sprachen, sondern behandelte seine Frau gleich den andern. Und da er so unlieb war, schlug er sie einmal. Und da man es heute noch sieht, schämt sie sich, die Göttin Mond, die gute Küyén, und versucht ihr schwarzes Mal, das am Auge sitzt, zu verbergen. Geht nun die Sonne auf, neigt Küyén, der Mond, sich zum Horizont. Manchmal, wenn mittags sich Antü dem Walde zuneigt, blinzelt Küyén verstohlen nach ihm aus, aber wenn er ihr nachläuft, verbirgt sie sich schnell: niemals wird sie ihm verzeihen, dem argen Grobian.

Viel wissen wir nicht über Antü und Küyén, nur noch, daß damals, also früher, als alles anfing zu leben, alles einfacher und besser war. Sonne und Mond verstanden sich, arbeiteten zusammen als Vater und Mutter der Erde, die Kinder stifteten keine Scherereien an, niemand hatte zwei Gesichter als nur der Pülli-Fücha, der Oberste der bösen Dämonen, der zwei Köpfe, zwei Gesichter und zwei Geschlechter hatte, der Menschen fraß oder sie so beschädigte, daß sie sterben mußten. Dieser Dämon gehorchte weder dem Großen noch Sonne und Mond. Die Alten glaubten, daß er in der Zwischenwelt wohne, die über unserer Erde und dem blauen Himmel aufgerichtet ist, so daß er es erschweren kann, daß unsere Stimmen und Bitten zum Chau der Menschen gelangen, wir deshalb oft unnütz unsere Bitten gellen lassen hinauf in den obersten Raum, wo der König, wo die Königin sitzt, die beiden Alten.

Wiederum gibt es Geschichten, die davon wissen wollen, daß Antü eine zweite Frau hatte, die sie Antümalén nennen. Und da Malén ein weibliches Wesen ist, jungfräulich oder verheiratet, so ist es wohl möglich, daß er eine zweite Domo hatte als Gattin.

Antü war ein schöner, in Gold gekleideter Mann; ein Gestirn voller Pracht und Glanz, stand er oben, voller Stolz und Größe. Zu Küyén sagte er hie und da: »Küyén, drehe dich doch so, daß dein Schatten da und da hinfällt.« Und sie sagte dann: »Geliebter, Menschen und Tiere da unten schreien vor Durst, du hast das Wasser zu heiß gemacht. Wirf du nun deinen Schatten auf das Wasser. Meiner reicht nicht aus.« Manchmal zankten sie sich. Da ließ dann Antü aus Wut den Bergwind, der über die Höhen fuhr, in eine andere Richtung fließen, als der untere Wind es tat, dem Küyén befahl. Die Menschen hatten darunter zu leiden: hatten es viel zu heiß, hatten es viel, viel zu kalt, und der Wind zerstörte alles, was

sie begannen. Manchmal hatten sich die armen Menschen so-
eben in ihre Fellmäntel gehüllt, als Antü in launischer Art
auch schon seinen Rücken auf die andere Seite wandte, so
daß die Wasser heiß wurden, so glühend, daß sie sprudelten
vor Hitze, der Sand zu glühen begann, die Steine fast flüssig
wurden: Feuer hatte Antü geschickt. Gleich darauf war er
wieder imstande, schnell eine ganz dichte, schwarze Wolke zu
rufen, die aus ihrem schwangern Bauche Blitze, toki kura
(Steinbeile), allerlei Tiere oder ungeheure Wassermengen
herunterwarf, was wieder den grimmigen Donner aufweckte,
der für gewöhnlich in einem Wasserfall oder einer Felsgrotte
schlief, alles brummig wiederholte, was er vernahm, tausend-
mal immer dasselbe sagend, der Unhold.

Gleich nachher befal Antü einer Wolke, Eis auf die Erde
zu werfen, und dies alles nur, um Mutter Küyén zu ärgern,
die gleichmäßig ihren Weg ging, ruhig abmagerte, dann wieder zunahm. Oben im Himmelsdunst färbte und entfärbte
sie sich, die Gutmütige, die nicht Eis auf den Berggipfeln,
den Gebirgen sehen wollte: Leid tat es ihr und weh, zu sehen,
wie durch die Kälte den Menschen Finger und Zehen abfie-
len, sie Nasen und Ohren verloren. Immer haderte sie deswegen mit ihrem Mann, der so maßlos wie groß war, im guten
und bösen. Daß sie sich oft verspätete, machte er ihr stets
zum Vorwurf und auch, daß sie sich hinter Wolken versteckte, um nicht arbeiten zu müssen. Deshalb trennte sie sich
auch von ihm und hatte es nicht nötig, mit den Lidern
schnell zu schlagen, um weinen zu können: Viel hat Antü zu
ihrer Abkehr beigetragen, die keine Voreiligkeit war.

WIE WILDKATERS SÖHNE SONNE
UND MOND WURDEN

Im Hause des Frosches lebte die Hindin, ohne daß irgend jemand darum wußte. Einst brachte der Hase Wapitifelle ins Haus des Frosches. Jedermann war es bekannt, daß der Frosch viel zu alt war, um sie zu bearbeiten, aber nichtsdestoweniger waren die Felle nach wenigen Tagen fertig zubereitet. Die Leute begannen nun sein Haus zu beobachten und fanden die Spuren eines weiblichen Wesens; aber niemand wußte, wer es war. Nachdem alle Tiere ihm vergeblich nachgespürt hatten, versuchte der Wildkater ausfindig zu machen, wer für den Frosch arbeite. Viele Tage paßte er vergeblich auf, ohne jemand zu sehen. Er suchte sorgfältig nach Spuren rings um das Haus und fand endlich die Stelle, an der die Hindin ihr Wasser abzuschlagen pflegte. Er bemerkte, daß sie versucht hatte, die Spuren zu verbergen, aber trotzdem entdeckte er diese. Er riß sich vier Haare aus, legte sie auf die Erde und befahl ihnen, in den Körper der Hindin einzudringen, wenn diese ihr Wasser abschlüge. Es geschah, wie der Wildkater befohlen hatte, und nach wenigen Stunden gebar sie ein Kind. Die Leute hörten es weinen und entdeckten nun die Hindin in des Frosches Haus. Niemand wußte, wer des Kindes Vater war. Der Frosch ließ die Männer nacheinander das Kind auf den Arm nehmen, da er dachte, daß es aufhören würde zu weinen, wenn sein Vater es aufnähme. Der Prärie-wolf versuchte das Kind zu beruhigen, doch gelang es ihm nicht. Der alte Rabe dachte: »Gewiß ist mein Sohn der Vater des Kindes« und sandte ihn hin. Das Kind hörte aber nicht auf zu weinen. Alle Leute kamen, aber keiner konnte es beruhigen. Mittlerweile war der Wildkater von der Jagd zurückgekommen. In der Nähe des Dorfes legte er seine guten Kleider ab und begrub sie unter Steinen. Er nahm auch den Feuerstein, den er zum Feuermachen benutzte und im Ohr trug, ab und legte ihn zu den Kleidern. Dann ging er ins Dorf. Als die Leute ihn kommen sahen, sagten sie: »Da kommt der Wildkater.« Kaum hatten sie diese Worte ausgesprochen, als das Kind sich zu beruhigen begann; sobald der Kater es auf die Arme nahm, wurde es ganz ruhig. Da wußten die Leute, daß der Wildkater des Kindes Vater sei. Noch während er es hielt, rissen sie ihm die Kleider vom Leibe und zerfetzten sie. Sie verließen ihn, die Hindin und das Kind, löschten alle Feuer aus, nahmen ihre Vorräte mit und überließen jene dem Hungertode.

Als die Leute fortgegangen waren, führte der Wildkater sein Weib und Kind nach dem Platze, wo er Kleider, Feuerzeug und Proviant verborgen hatte. Er öffnete das Versteck, und sie bauten sich eine Hütte. Das Kind wuchs heran und wurde ein guter Jäger wie sein Vater, so daß sie immer reichlich zu essen hatten. Nach einiger Zeit gebar die Hindin einen zweiten Sohn. Während sie nun Nahrung in Hülle und Fülle hatten, litten die Leute, welche sie verlassen hatten, große Not. Unter ihnen war die Großmutter des Katers, die Elster. Diese dachte: »Ich will doch sehen, was aus meinem Enkel geworden ist.« Wie groß war ihr Erstaunen, als sie fand, daß es ihnen so gut ging. Der Wildkater gab ihr reichlich zu essen, verbot ihr aber, den andern Leuten etwas abzugeben.

Erstmals im Sommer verließ der Kater seine Familie, um Lachse zu fischen. Er machte ein Wehr, ließ den Fluß oberhalb desselben sich aufstauen und das Wasser wieder abfließen, wenn das Wehr voller Lachse war. Auf diese Weise fing er viele Lachse. Die Mutter und ihre zwei Söhne waren allein zurückgeblieben. Eines Tages sagte sie zu den jungen Männern: »Wißt ihr, daß die Leute jetzt damit beschäftigt sind, die Sonne zu machen? Geht hin und versucht, ob ihr nicht die Sonne werden könnt. Ihr werdet an der Stelle vorbeikommen, wo euer Vater fischt; sagt ihm, was ihr zu tun gedenkt.« Die Söhne rüsteten sich zur Reise, nahmen Abschied von ihrer Mutter und trafen, als sie einige Tage gewandert waren, ihren Vater. Dieser erkannte sie zuerst nicht, bis sie zu ihm sprachen: »Wir sind deine Söhne und gehen zu dem Platze, wo die Leute die Sonne zu machen versuchen. Wenn es uns gelingt, wirst du uns nicht wiedersehen, sonst kommen wir bald zurück.« Sie wanderten weiter und gelangten endlich zu dem Platze, wo die Leute sich bemühten, die Sonne zu machen. Als sie ankamen, war gerade der Rabe die Sonne. Schwere, schwarze Wolken bedeckten den Himmel, und es war sehr kalt. Die Leute riefen den Raben zurück und hießen den Präriewolf seinen Platz einnehmen. Derselbe lief fort, und nach kurzer Zeit sahen sie ihn hinter den Bergen aufsteigen. Sogleich wurde es schönes Wetter und so heiß, daß die Leute ins Wasser springen mußten, um der Hitze zu entgehen. Nachdem der Präriewolf eine kurze Zeit am Himmel gewesen war, sah er Leute Wildbret braten. Da rief er: »Hallo! Eßt nicht alles auf, was ihr gekocht habt. Ich will auch etwas haben!« und eilte zurück. Daher war der Tag sehr kurz. Zudem erzählte er alles wieder, was er auf Erden gesehen hatte. Da sagten die Leute: »Du sprichst zuviel, du kannst nicht die Sonne sein.« Dann rief der Häuptling mit lauter Stimme:

»Laßt die beiden Fremdlinge, die eben angekommen sind, ihr Glück versuchen, den älteren zuerst.« Dieser ging nun hinter den Berg und stieg langsam empor. Da sahen die Leute die Sonne erscheinen, gerade so, wie wir sie heute sehen. Es war nicht zu warm und nicht zu kalt. Mittags stand sie nicht so hoch, daß gar kein Schatten gefallen wäre, und der Tag hatte die richtige Länge. Als er abends zurückkam, fragte der Häuptling: »Was haltet ihr von ihm?« Und alle Tiere priesen ihn. Er wurde daher als Sonne angenommen. Der Häuptling fuhr fort: »Wir müssen aber auch die Sonne für die Nacht haben; laßt den jüngeren Bruder versuchen, ob er es werden kann.« Dieser ging hinter den Berg, stieg in die Höhe, und die Leute sahen, daß er wunderschön hell war. Daher nahmen sie ihn als Mond an.

Die Söhne des Wildkaters waren also Sonne und Mond geworden. Der Präriewolf aber war neidisch auf sie, da er seinen Platz nicht hatte behalten können, und beschloß, die Sonne zu töten. Er ging zur Stätte des Sonnenaufgangs, aber die Sonne blendete ihn so, daß er sie verfehlte. Viermal versuchte er vergeblich, sie zu töten. Beim letzten Versuch verbrannte einer seiner Pfeile, fiel ins Gras und entzündete es. So verursachte er den ersten Präriebrand.

Im Anfang gab es nicht die Sonne und den Mond. Sie entstanden auf folgende Weise: Eines Tages gingen ein junger Ochse und ein junger Widder zusammen. Sie hatten Freundschaft geschlossen. Beide Tiere bekamen die Krankheit *ischer*, die besonders bei dem Rindvieh sehr häufig ist und in einer Verhärtung oder Eiterung im nach innen gewandten Teil des Augenlides besteht. Die erste Mutter der Welt sah, daß beide Tiere krank waren. Sie nahm den Ochsen, band ihm stark die Füße zusammen und schnitt ihm dann die Geschwulst um den Teil des Augenlides, der die Form eines Mondviertels hatte, ab. Den Teil warf sie in eine Schüssel mit Wasser. Dann ergriff sie den jungen Widder und schnitt ihm das Augenlid, das erkrankt war, ab und warf es in das Feuer.

Nachdem der Ochse losgebunden war, blickte er in die hölzerne Wasserschale, in der der Abschnitt seines Augenlides lag. Da sah er den Abschnitt. Nun wurde sein Auge zum Himmel, das Dunkle darin zum Blau des guten Wetters. Der Abschnitt seines Augenlides wurde zum Mond. Das Schwarze zwischen dem Bild seiner Augen und der Abschnitt der Augenlider wurde die Nacht, und der Streifen zwischen dem Augenlidabschnitt und dem Rand der (spiegelnden, weil mit Wasser gefüllten) Holzschale zum Mondschein. Seitdem ist der Mond in der Welt. Vorher war über der Erde das Nichts. Nun aber entstanden die sieben Himmel …

Als das junge männliche Schaf freigelassen wurde, rannte es zu dem Feuer, in welches der Abschnitt seines Auges geworfen war. Der junge Widder blickte in die Feuerflamme. Nach einiger Zeit ging darauf aus dem Feuer die Sonne auf, die seitdem die Welt erhellt. Seitdem ist es hell, und das verdankt man dem jungen Widder. Deshalb sagt das kabylische Sprichwort: »Thirt (Auge) isimir (junger Widder) ischa'scha (aufhellen) thimis (Strahlen) thegjenuan (Himmel) tzmura (Erde).«

Die Sterne sind entstanden aus Bohnen, die ein Mann an den Himmel warf.

WARUM DER MOND NUR SEIN GESICHT ZEIGT

Vor langer Zeit wollte sich der Mond einige Muscheln in einem Erdofen garen, doch fand er keine geeignete Rinde, mit der er den Ofen abdecken konnte. Daher zog er sich seine eigene Haut ab und benutzte sie anstatt der Rinde. Doch sobald er sich enthäutet hatte, erlosch sein Licht, und seine Kinder, die Fledermäuse, konnten nichts sehen. Darüber waren sie so erzürnt, daß sie ihren Vater packten und jämmerlich verdroschen. Alsdann warfen sie ihn ins Meer. Seither steigt der Mond jeden Monat aus dem Meer in den Himmel auf, doch zuvor bedeckt er seinen ganzen Körper außer seinem Gesicht mit Ruß, um ihn unsichtbar zu machen, damit ihn seine rachelustigen Söhne nicht mit ihren Speeren erlegen können. Sein Gesicht bemalt er mit weißer Kalkfarbe, und daher sieht man nur das Gesicht des Mondes am Nachthimmel. Die beiden Sterne, die ganz in der Nähe des Mondes leuchten, sind seine beiden Frauen.

WIE DER MOND IN DEN HIMMEL GESETZT WURDE

Zwei Sperberbrüder zogen einst aus, um Honig zu suchen. Sie fanden einen hohlen Baum, der so aussah, als könnte er ein Bienennest enthalten. Mit der Axt schlugen sie ein schmales Loch in den Baumstamm, und einer der Brüder zwängte seinen Arm hindurch, um nach dem vermeintlichen Bienennest zu tasten. Doch zu seinem Schrecken stellte er fest, daß sein Arm in dem Loch steckenblieb, und so sehr er sich auch bemühte, ihn mit Hilfe seines Bruders durch heftiges Ziehen und Reißen zu befreien, er schaffte es nicht. Schließlich ging der Bruder zur nächsten Lagerstelle, um Hilfe zu holen. Doch alle seine Angehörigen und Freunde hatten eine Ausrede, und er wollte ihnen gerade als ein Zeichen seiner Verachtung sein Hinterteil zukehren, als er den Mond, den Bruder seiner Mutter, in einiger Entfernung vom Lager sitzen sah. Zu jener Zeit lebte der Mond nämlich auf der Erde wie alle anderen Menschen. Nachdem der Sperber den Mond über die schwierige Lage seines Bruders aufgeklärt hatte, erhob sich der Mond sofort und begleitete seinen Neffen zu dem hohlen Baum, in dem sein anderer Neffe feststeckte. Der Mond kletterte auf den Baum, steckte seinen Kopf tief in die Öffnung der Baumhöhle und nieste so heftig in das Loch hinein, daß der plötzliche Luftdruck den Arm des Sperbers aus dem Baum preßte. Der Sperber war allerdings über die Gleichgültigkeit der anderen Leute, die ihn beinahe das Leben gekostet hatte, so erzürnt, daß er sich an ihnen rächen wollte. Damit sein Retter, der Mond, jedoch durch seinen Rachezug nicht zu Schaden kam, grub er ihn in die Erde ein. Dann setzte er ringsumher das Gras in Brand, um das Lager seiner Angehörigen niederzubrennen. Aber einige Lagerbewohner entkamen dem Brand und brachten sich in Sicherheit. Daraufhin grub der Sperber den Mond aus und setzte ihn auf den Wipfel des höchsten Baumes. Dann legte er ein neues Feuer, das die Büsche und kleineren Bäume im weiten Umkreis ergriff. Doch wiederum entkamen einige Leute und brachten sich in Sicherheit. Der Sperber gab sich noch nicht zufrieden, denn er wollte sie alle für ihre Gleichgültigkeit bestrafen. Deshalb hob er den Mond aus dem höchsten Baum und setzte ihn in den Himmel. Dann steckte er das ganze Land in Brand, und alle Einwohner kamen in dem Feuer um. Und seither begibt sich der Mond regelmäßig in den Himmel, wo er vor der Gefahr der Waldbrände sicher ist.

DIE ZWILLINGE

Am Anfang waren nur zwei Menschen, Mann und Frau, und die Frau war schwanger. Der Gatte befahl ihr, Mais zu pflanzen. Als diese Arbeit getan war, befahl er ihr, zurückzukehren und grüne Maiskolben zu suchen. Sie hielt es nicht für möglich, sie zu finden, und gehorchte ihm nicht. Er bestand darauf und fügte hinzu, daß der Sohn, den sie bei sich trug, auch Hunger habe. Da wurde sie zornig und erklärte ihm, daß er nicht der Vater des Sohnes wäre. Der Gatte verließ sie. Die Frau folgte traurig seiner Spur. Von weitem erblickte sie ihn am Horizont, wo er verschwand. Der Sohn gab ihr den Weg an, den sie gehen mußte, aber zur Belohnung bat er sie, ihm Blumen und Früchte zu reichen. Dabei wurde sie verschiedene Male von der Wespe gestochen. Darüber geriet sie in Zorn und züchtigte den Sohn, indem sie sich auf den Leib schlug. Da hörte der Sohn auf, ihr den Weg zu zeigen, und sie verirrte sich.

Sie kam zu der Wohnung der Jaguare, einer Höhle neben einem Abgrund. In dem Eingang stand die alte Jary, die Mutter der Jaguare, und teilte ihr mit, daß die einzigen lebenden Wesen sie und ihre Söhne wären, die bei ihrer Rückkehr sie fressen würden.

Gerührt durch ihre Bitten gab ihr die Alte ein Viertel eines Hirsches zum Essen und verbarg sie.

Die Jaguare kamen heim mit ihrer Jagdbeute. Nur der letzte, der nichts brachte, schnupperte und sagte: »Da hältst du ja ein gutes Wildbret versteckt, Großmutter. Ich werde es essen.«

Die alte Jaguarin bat, sie sollten ihr den Sohn überlassen, der doch wohl zarter für sie sei, da sie keine Zähne mehr hätte. Die Jaguare fraßen die Mutter auf und überließen die Zwillinge, die sie in ihrem Leibe fanden, Jary. Diese wollte die Kleinen auf den Bratrost legen, aber sie entwischten ihr. Sie wollte sie mit Steinen und in dem Mörser töten, aber sie entsprangen ihren Händen, bis sie ermüdete und die Kinder auf den Boden losließ. Als die Jaguare sich zurückzogen, blieb der ältere der Zwillinge, Derekey, stehen und bat die Alte, ihm Bogen und Pfeile zu machen, indem er ihr versprach, Vögel für sie zu jagen, was ihr sehr zusagte. Der jüngere, Derevuy, aß nicht und weinte vor Hunger. Der ältere erfuhr durch die roten Araras, wie seine Mutter gestorben war. Er suchte in dem Kot der Jaguare ihre Knochen und fügte sie zusammen. Es fehlte nur noch sehr wenig an ihrer Vollendung, da warf sich der jüngere Sohn über sie, um an ihrer Brust zu trinken, und zerstörte das Werk.

Zornig trat Derekey auf ein faules Holz, und heraus kamen gelbe Bienen und eine süße Flüssigkeit, die Honig war.

Er ließ das Brüderchen in der Obhut der Bienen, die es ernährten, bis es heranwuchs und aufhörte zu weinen.

Darauf banden sie die Jaguare an, außer Jary und einer ihrer Töchter, und gingen auf die Suche nach ihrem Vater. Nach vielen Wechselfällen und verschiedenen Trennungen, die der Jüngere verschuldete, kamen sie zur Wohnung des Uhan, mit dessen Tochter sich der Jüngere verheiratete und einen Sohn hatte. Als Uhan einmal ausgegangen war, um nachzusehen, ob die Bäume einem Sturm Widerstand leisten würden, benutzten sie seine Abwesenheit und entflohen und nahmen den Sohn mit.

Von einem hohen Baum rief Derekey: »Unser Vater!« Und dieser antwortete von fern: »Kommt alle! Ich bin hier.«

Sie kamen und fanden den Vater, der ein alter weißer Mann war mit einer Krone von roten Arara- und Tukanfedern und feurigen Augen.

Er nahm sie mit in sein Haus und fragte sie, wie sie leben wollten. Da wählte der Ältere den Tag und der Jüngere die Nacht, und sie verwandelten sich in die Sonne und den Mond.

SONNE UND MOND

Obassi Nsi, der Herr der Erde, hatte drei Söhne: Eyo, die Sonne, Ejirum, die Finsternis, und Mi, den Mond. Die beiden ersten liebte er, aber den jüngsten liebte er nicht. Eines Tages sagte Nsi zu Mi: »Geh in den Busch und fange mir einen Leoparden.«

Traurig brach Mi auf. Als er aus der Stadt herauskam, begann er zu weinen. Da begegnete ihm ein Mann namens Isse und fragte ihn, was los sei. Mi antwortete: »Mein Vater liebt mich nicht und schickt mich in den Busch, einen Leoparden zu fangen, damit ich umkomme.«

Der Mann tröstete ihn. »Ich gebe dir ein Zaubermittel, das dir helfen wird.« Dann ging er weg, kam aber gleich wieder und rieb das Mittel auf die Hand des Jungen.

Mi zog in den Busch, und schon entdeckte er einen schlafenden Leoparden. Er schnitt starke Lianen ab und fesselte das Tier, daß es sich nicht bewegen konnte. Dann zog er es hinter sich her nach Hause.

Als er vor seinem Vater stand, war der sehr erstaunt, verbarg aber seinen Ärger und sagte hinterlistig: »Das ist aber ein guter Sohn.«

Einige Zeit später heiratete Nsi eine neue Frau. Obassi Osau, der Herr des Himmels, seine Söhne und Töchter und ein großes Gefolge kamen zur Hochzeitsfeier und vergnügten sich mit den Erdbewohnern. Im Spiel wickelten sie ein Tuch zu einem Bündel und befestigten einen Strick an einem Ende. Nsis Sohn zog das Ganze über den Boden, und alle versuchten, mit Stöcken das Bündel zu treffen, während es am Boden hin und her gezerrt wurde. Auch Ejirum versuchte das Bündel zu treffen, aber als sein Stock auf den Boden schlug, sprang ein Spreißel ab und traf einen von Osaus Söhnen ins Auge, so daß er erblindete.

Osau war sehr erbost darüber und sagte: »Dafür blende ich Obassi Nsi.«

Das Volk umringte ihn und bat um Mitleid, aber vergebens. So versteckten sie Nsi, damit Osau ihn nicht finden konnte. Osau suchte vergeblich und schwor dann: »Ich gehe zurück in meine Stadt, aber Nsi entkommt mir nicht.«

Nach zehn Tagen schickte er zehn Männer, um Obassi Nsi zu fangen, aber das Volk sagte: »Hier sind Geschenke, Kühe, Bullen, Ziegen. Bringt sie eurem Herrn, vielleicht ist er dann besänftigt.«

Die Männer kehrten in den Himmel zurück und berichteten: »Obassi Nsi schickt dir eine Botschaft. Er bittet um Verzeihung. Er sagt: ›Nicht ich war es, der deinem Sohn das Auge verletzte.‹«

Aber Osau hörte nicht, sondern schickte drei andere Männer und ließ sie ausrichten: »Auch wenn du meinen Sohn nicht selbst geblendet hast, so mußt du doch mit heraufkommen.«

Als Nsi das hörte, rief er seine Leute zusammen und sagte zu seinem Sohn Eyo, der Sonne: »Hier sind vierzig Tücher. Bring sie Osau und bitte ihn um Verzeihung.«

Eyo brach auf. Als er auf halbem Wege war, traf er fünf schöne Mädchen an einem Stadttor. Kaum sah er sie, vergaß er auch schon seinen Auftrag, tauschte seine Stoffe gegen Kochbananen, Palmöl und Palmwein und feierte ein Fest für die schönen Frauen. Er verweilte einige Wochen, dann zog er mit dem Rest der Geschenke weiter, bis er zu einer anderen Stadt kam, in der er wieder zwei Frauen traf, die so schön waren wie die ersten. Vier Jahre lang pendelte er so zwischen den beiden Städten hin und her.

Als Eyo nach vier Jahren weder zurückgekommen war noch eine Nachricht geschickt hatte, rief Nsi seinen Sohn Mi und sagte: »Mein Streit mit Obassi Osau dauert jetzt schon sehr lange. Geh zu Nsann in die Donnerstadt, hol dort eine Kuh und bringe sie Obassi Osau und beende den Fall.«

»Gut«, sagte Mi.

Dann rief ihn seine Mutter und sagte zu ihm: »Tu, was du kannst, für deinen Vater, denn er ist unschuldig, aber gib acht auf dich, wenn du in Nsanns Stadt kommst. Laß niemanden wissen, wo du schläfst, damit du nicht umkommst in der Nacht.«

»Ich tue, was ich kann«, antwortete Mi.

Am nächsten Morgen brach er auf, und bevor noch der Abend da war, erreichte er Nsann. »Wo willst du schlafen?« fragten ihn die Bewohner, und er antwortete: »Bei den Ziegen.« Aber als es dunkel war, verließ er den Ziegenpferch und legte sich im Egbohaus zum Schlafen nieder.

Um Mitternacht schlug ein Blitz in den Ziegenpferch und tötete alle Ziegen.

Am Morgen kamen die Leute und öffneten das Gatter. Sie sahen, daß alle Ziegen tot waren, konnten aber den Burschen nicht finden. Als sie noch ratlos herumstanden, erschien Mi und sagte: »Wäre ich nicht so schlau, hätte mich der Blitz getötet. So aber habe ich mich gerettet.«

Die Leute bedauerten den Burschen und sagten: »Wir wollen ihm die Kuh für seinen Vater geben.«

Zufrieden zog der Junge heimwärts. Angekommen, zeigte er Nsi die Kuh, aber Nsi sprach leise zu sich selbst und glaubte, niemand höre ihn: »Was kann ich noch tun, um diesen Sohn umzubringen?«

Aber Mi hatte ihn gehört. Am nächsten Morgen nahm er sein Gewehr und ging zur Jagd in den Wald. Zuerst schoß er Ise, die kleine graue Antilope, dann Ngumi, den wilden Eber. Er trug beide nach Hause und brachte sie seinem Vater. Der aber sagte: »Ich esse nichts davon.«

Traurig brachte Mi die Beute seiner Mutter. Sie bereitete das Fleisch köstlich zu und brachte es ihrem Mann. Dem schmeckte es gut. Aber als er hörte, was sie getan hatte, sagte er: »Schaff deinen Sohn fort von hier. Von heute an soll keiner von euch beiden mehr in meiner Stadt leben.«

Mi war darüber sehr böse. Er nahm Gewehr und Buschmesser und ging zu seinem Freund Isse, der ihm schon einmal mit dem Leoparden-Zaubermittel geholfen hatte. Zu seinem Leidwesen erfuhr er aber, daß sein Freund gestorben war, während er in Nsann weilte. Traurig zog er in den Wald zur Jagd, damit seine Mutter wenigstens keinen Hunger litte.

Nach einer Weile entdeckte er ein Eichhörnchen zwischen den dicken Ästen, aber als er sein Gewehr anlegte, wurde plötzlich alles dunkel, und eine Stimme hinter ihm rief: »Mi, Mi.«

»Wer ruft mich?«

»Ich bin dein toter Freund«, antwortete die Stimme, »sag mir, willst du lieber leben oder sterben?«

»Lieber sterben«, antwortete Mi, »was nützt mir das Leben, wenn mein Vater versucht, mich umzubringen?«

Kaum hatte er gesprochen, überfiel ihn ein tiefer Schlaf. Als er aufwachte, befand er sich auf einer Lichtung. Die Sonne schien, und vor ihm stand ein langer Tisch mit getrocknetem Fleisch und Keksen, mit Rum, Palmwein und allen Arten von Gin. Isse lief wie zu Lebzeiten hin und her und gab vielen eifrig arbeitenden Leuten Anweisungen. Immer mehr Menschen kamen aus dem Wald, und alle arbeiteten schwer, bis in kurzer Zeit ein Haus errichtet war.

»Das ist dein Haus«, sagte Isse, »und das ist dein Gefolge. Weil die Sache deines Vaters aber langwierig ist, will ich dir Geschenke geben, damit du sie regeln kannst.«

Am nächsten Morgen rief Mi sieben Gefolgsleute und gab ihnen dreihundert Tücher, viele Bündel Tabak und zahllose Korbflaschen Palmwein. Dann setzte er sich an ihre Spitze und machte sich auf nach Obassis Stadt.

Am Stadttor angekommen, rief er die Bevölkerung zusammen und sagte: »Ich bin gekommen, um die Sache meines Vaters zu regeln, die schon so lange dauert. Sagt mir, wieviel ich bezahlen muß.«

»Laß sehen, was du hast«, antworteten die Leute.

Er zeigte ihnen alles, und sie gingen zu Obassi und baten ihn, die Geschenke anzunehmen und die Angelegenheit zu beenden.

»Einverstanden«, sagte Obassi, »ich nehme an, was du gebracht hast. Die Angelegenheit ist beendet.«

Mi ging dann zurück in seine Vaterstadt, um seine Mutter

zu holen. Er begegnete ihr, als sie vor dem Stadttor spazierenging. Aber als er sie gerade wegführen wollte, kam Nsi herbei.

»Wo geht ihr hin?« fragte er.

»Ich hole meine Mutter in meine eigene Stadt«, antwortete Mi. »Sie ist weit weg von hier und voller Reichtümer.«

»Ich möchte deine Stadt sehen«, sagte Nsi und folgte seiner verbannten Frau und ihrem Sohn, bis sie zu der neuen Stadt im Wald kamen.

Nsi war höchst erstaunt über das, was er da sah, um so mehr, als er erfuhr, daß seine Angelegenheit mit Obassi Osau geregelt war. Dann schickte er eine starke Truppe los, um Eyo festzunehmen. Er sagte zu seinen beiden Söhnen:

»Von heute an, Eyo, bist du mein ungeliebter Sohn. Du bist zu hitzköpfig. Niemand kann dich mehr leiden. Du bist oft sorglos und vernichtest die zarten Schößlinge auf dem Feld.«

Und zu Mi sagte er: »Du, Mi, bist mein guter Sohn. Des Nachts sollst du sanft leuchten, damit die Menschen ihren Weg finden.« Als Eyo das hörte, dachte er: »Jetzt wird mich mein Vater hassen, wie er einst Mi gehaßt hat. Vielleicht wird er jetzt versuchen, mich umzubringen. Ich bleibe nicht auf der Erde, ich gehe in den Himmel zu Osau.«

Und auch Mi dachte: »Vielleicht betrügt mich mein Vater, oder eines Tages haßt er mich vielleicht von neuem. Es ist wohl besser, wenn ich zu Obassi Osau in den Himmel gehe. Von da kann ich sehen, was in beiden Ländern geschieht. Auch kann ich von oben viel heller scheinen, so daß Himmel und Erde voller Licht sind.«

So verlor Nsi beide Söhne und blieb allein zurück auf der Erde mit seinem dritten Sohn, Ejirum, der Dunkelheit.

Im Langen Weißen Gebirge gibt es eine Felsspitze, die »Sonne- und Mondspitze« heißt. Von fern sieht sie aus wie ein Mädchen, das mit zusammengelegten Händen, sich verbeugend, grüßt. Das Gesicht hat es nach Osten gewandt, und es scheint zu beten. Sieht man genauer hin, so merkt man, daß das Mädchen nur Nase, Mund und Ohren, jedoch keine Augen besitzt.

Worum betet es? Wo hat es seine Augen verloren?

Die Geschichte geht auf die ferne Zeit der Weltschöpfung zurück. Damals gab es weder Sonne noch Mond oder Sterne, und auf der Erde war es stockfinster. Die eiskalte Erde lag in tiefer Todesstarre, und natürlich bewohnten sie auch keine Lebewesen. Eines Tages sprach die jüngste Tochter des Himmelsgottes zu ihrem Vater:

»Kaiservater! Auf der Erde ist es aber doch zu dunkel! Man sollte sie heller werden lassen!«

Der Himmelsvater wiegte seinen Kopf, ohne etwas zu sagen. Wieder sprach die Tochter eines Tages:

»Kaiservater! Auf der Erde ist es aber doch zu kalt! Man sollte es dort warm werden lassen!«

Doch der Himmelsvater schüttelte abermals sein Haupt und sagte nichts.

Zum dritten Mal sprach sie zu ihrem Vater:

»Kaiservater! Auf der Erde ist es aber doch zu öde! Man sollte sie blühen und gedeihen lassen!«

Der Himmelsgott wurde nun ungehalten, heftig schüttelte er den Kopf, warf die Arme hoch und ging davon.

Darüber geriet die kleine Fee sehr in Wut. Sie stahl sich aus dem Himmelspalast, bestieg eine Glückswolke, und gelangte schwebend zur Erde, wo sie auf dem Langen Weißen Gebirge hinabstieg.

Welch hohe Berge! Doch die nackten Steinfelsen waren das einzige, das weit und breit zu sehen war. Keine Bäume, keine Blumen, keine Vögel oder anderen Tiere … wie leid ihr dies tat!

Wie sie auf den hohen Bergen umherwanderte, beschloß sie, es auf der Erde hell und warm und voller Leben werden zu lassen. Sie wußte nicht, wie lange sie dort schon verbracht und gegrübelt hatte, aber immer noch nicht war ihr eingefallen, wie sie dies bewerkstelligen könnte.

Niemand weiß, wie lange sie so auf der Erde blieb. Als der Himmelsgott davon erfuhr, geriet er in großen Zorn und befahl, daß seine Tochter zur Strafe nie wieder zum Himmel zurückkehren dürfe.

Die eigensinnige kleine Fee beschloß nun ihrerseits, dem Himmel für alle Zeiten den Rücken zu kehren. Sie war bereit, alles, was sie besaß, herzugeben, damit es auf der dunklen, kalten und leblosen Erde anders werden möge. Nach einer schier endlosen Zeit des Umherwanderns und Nachsinnens verfiel sie endlich auf eine Lösung: Da sie bemerkte, wie stark die Leuchtkraft ihrer Augen war, ganz als würden diese Lichtstrahlen aussenden, und auch, wie sehr die Kette kostbarer Perlen, die sie am Hals trug, funkelte und leuchtete, beschloß sie, ihren eigenen Körper zur Hilfe zu nehmen.

Die kleine Fee dachte voller Freude bei sich: »Wenn ich meine Augen hoch zum Himmel hinaufwerfe, werden sie gewiß die Erde ganz hell erleuchten. Gibt es Licht, dann gibt es auch Wärme, und auch auf der Erde wird es warm werden. Hat sich die Erde aber erst einmal erwärmt, dann werden auf ihr Blumen und Bäume wachsen, und Würmer und Fische, Vögel und wilde Tiere werden auf ihr gedeihen können.«

Welch schwerer Entschluß war das aber! Waren die Augen erst einmal hinaufgeworfen, würde sie nie wieder zum Himmelspalast zurückkehren und nie wieder etwas sehen können – damit wäre es für alle Zeiten vorbei. Wieder lief sie lange umher und dachte lange, lange nach.

Eines Tages jedoch machte sie ihr Herz gefühllos, biß sich die Lippen blutig und preßte die Zähne fest zusammen, riß sich unter Schmerzen ihr linkes Auge heraus und warf es hoch zum Himmel empor, wo im selben Augenblick die strahlende Sonne erschien.

Aber nachdem die Sonne am Himmel einen halben Kreis zurückgelegt hatte, tauchte sie langsam in die Westberge ein, und auf der Erde wurde es wieder dunkel. Da bezwang sich die kleine Fee ein weiteres Mal, riß sich das rechte Auge heraus und schleuderte es gen Himmel, wo sogleich ein bleicher Mond erschien. Er leuchtete jedoch nicht sehr kräftig, so daß man alles nur undeutlich und verschwommen wahrnehmen konnte. Daraufhin warf sie auch noch die Perlenkette, die sie am Hals trug, hoch in die Luft empor. Die Perlen verwandelten sich sogleich in Sterne, sie funkelten und glitzerten über den ganzen Himmel verstreut, und die Erde wurde viel heller.

Die kleine Fee hatte beide Augen verloren und vermochte sich nun keinen Schritt mehr zu bewegen. Ihre Perlenkette hatte ihr einst als ein Zauberding zum Fliegen auf Wolken und Nebel gedient, und da sie sie nun verloren hatte, gab es für sie keinen Weg mehr zum Himmelspalast zurück. Nichts blieb ihr übrig, als dort, wo sie gerade war, stehenzubleiben und den Wind blasen, den Regen strömen und die Sonne brennen zu lassen. Allmählich gab sie das Atmen auf, und langsam erstarrte sie, bis sie schließlich zu einer Felsspitze wurde. Doch hat sie sich das Aussehen und die Haltung eines schönen jungen Mädchens bewahrt: Das Gesicht nach Osten gewandt, verharrt es den ganzen Tag in Gebetspose; abwechselnd begrüßt es die Ankunft von Sonne und Mond, als wolle es sie einladen, der Erde Licht zu spenden.

Die Erde wurde hell und erwärmte sich, und seitdem gibt es Leben auf ihr. Dies ist die Geschichte der Sonne- und Mondspitze, die von den Vorfahren der Mandschu als heilige Bergspitze verehrt wurde.

DER MOND

Die Kutanaua wollten die Marinaua töten. Der Marinaua floh. Da kam der Kutanaua und brachte viele Pfeile mit und gab sie dem Marinaua, um ihn zu versöhnen. Dieser freute sich. Er nahm die Pfeile an und hing sie oben in seiner Hütte auf. Darauf unterhielten sie sich miteinander. Als sie damit fertig waren, sagte Kutanaua zu Marinaua: »Nun komm mit mir und besuche auch mein Haus. Mein Weib möchte dich sehen.« Da freute sich Marinaua. Er ergriff alle seine Pfeile und setzte sich eine Krone aus Schwanzfedern des Japu auf das Haupt. Dann gingen sie weg.

Sie traten in den Wald und zupften Nisch'po ab. Auf dem

ganzen Weg kaute Marinaua Nisch'po, so daß seine Zähne ganz schwarz wurden. Als er sich der Hütte des Kutanaua näherte, schämte sich Marinaua und blieb stehen.

Da fragte ihn Kutanaua: »Warum bleibst du stehen?«

»Aus keinem besonderen Grund«, antwortete ihm jener, »ich schäme mich vor deiner Frau; deshalb tue ich es.«

»Du brauchst dich nicht zu schämen. Geh weiter, Marinaua!«

Da kämmte sich Marinaua. Er holte seine Armbänder hervor und legte sie um seine Arme. Er putzte sich. Dann gingen sie weiter, Kutanaua an der Spitze.

Sie traten ein in die Hütte. Kutanaua band eine sehr große, bunte Hängematte mitten im Haus an und ließ Marinaua darauf niedersitzen. Dann befahl er seinem Weib: »Frau, hier bringe ich dir Marinaua. Gib ihm recht viel zu essen, damit er satt wird zum Platzen.« Die Frau sagte: »Ja!« Sie füllte eine sehr große Schale mit Stärkebrühe und gab sie jenem. Marinaua löffelte die Stärkebrühe aus und legte sich nieder. Darauf gab sie ihm gekochte Makaschera und gekochte Bananen; reife Bananen und geröstete Erdnüsse gab sie ihm; sie gab ihm Klöße aus Erdnüssen, gekochte Kürbisse, Kara und Inhame; sie gab ihm gerösteten Mais und Maiskuchen. So viele Speisen trug sie ihm auf. Marinaua aß von allen Speisen ein bißchen und wickelte sich ein bißchen ein, um es mitzunehmen und zu Hause zu essen. Marinauas Haare waren sehr lang.

Als sich die Sonne neigte, wollte er heimkehren, und er sprach zu Kutanaua: »Ich gehe weg, Kutanaua!« Dieser antwortete: »Du kannst gehen, Marinaua!« Da sagte Marinaua: »Gut!« und stand auf. Er verabschiedete sich auch von Kutanauas Frau. Jetzt ging Marinaua voraus. Kutanaua ergriff sein mächtiges, scharf geschliffenes Waldmesser und nahm seine Pfeile. Da fragte ihn Marinaua: »Kutanaua, warum nimmst du ein so großen Waldmesser mit?«

»Ich sah einen schönen Baum, den will ich auf dem Rückweg umhauen und heimtragen«, erwiderte ihm dieser.

»Wozu willst du den Baum haben?« fragte ihn jener weiter.

»Ich will mir ein Grabscheit daraus machen«, antwortete ihm Kutanaua. Dann nahm Marinaua das große Bündel mit den vielen Speisen unter den Arm, und sie machten sich auf den Weg.

Als sie sich der Hütte Marinauas näherten, schwang Kutanaua sein Waldmesser mit aller Kraft und hieb Marinaua das Haupt ab, daß es zu Boden fiel. Nur sein Körper blieb stehen; er konnte nicht mehr weiterschreiten. So stand er da und zitterte und zitterte. Da schlug ihn Kutanaua in den Rücken, und er stürzte nieder. Nun blickte ihm Kutanaua in die Augen; da zuckte er mit den Wimpern. Als Kutanaua dies sah, schnitt er einen Stock, spitzte ihn zu, spießte den Kopf darauf und pflanzte ihn mitten in den Weg. Dann ging er heim.

Nun ging ein anderer Marinaua weit auf die Jagd. Er kam den Weg daher und gelangte an diesen Ort. Mitten auf dem Weg schüttelte der Wind die langen Haare des Kopfes, und die Haare flatterten. Der Marinaua dachte, es sei ein böser Geist, und fürchtete sich. Er machte von ferne kehrt und lief den Weg zurück. Dann kehrte er wieder um. »Was mag das nur sein?« sagte er. »Ich will doch hingehen und nachsehen!« Er kam und erblickte zuerst den Körper. Dann lief er hin und sah den Kopf da hängen. Er blickte ihn an. Der Kopf war nicht tot; die Augen glänzten; die Wimpern zuckten; der

Mund öffnete sich. Da rief der andere Marinaua: »Oh!« Er fürchtete sich vor dem Kopf und weinte. »Oh!« rief er. »Warum haben sie dich geköpft und haben deinen Kopf auf eine Stange gespießt und hier in die Erde gesteckt und sind dann weggelaufen?« Aber der Kopf konnte seinem Bruder nicht antworten. Nur seine Augen blinzelten. Da sagte der andere: »Ich will gehen und es meinen Leuten sagen!« und er lief davon. Der Kopf blieb allein da hängen und weinte, und seine Tränen tropften herab.

Da kam der andere Marinaua heim und sprach: »Freunde, einer hat unserem Bruder den Kopf abgeschlagen. Ich weiß nicht, wer es war. Sie haben den Kopf auf eine Stange gespießt und mitten im Weg aufgepflanzt und sind dann weggegangen. Dort hängt nun sein Kopf; er ist nicht tot; dort hängt er. Ich habe um ihn getrauert. Lange Zeit habe ich geweint. Dann kam ich hierher.« So sagte er zu seinen Leuten. Da sagten diese: »Vorwärts! Wir wollen ihn holen!« Und sie machten sich auf.

Viele machten sich auf. Der eine ergriff einen Wurfspeer, der andere seine Pfeile, der andere eine Keule; ein anderer nahm einen Korb, ein anderer nahm noch einen Korb. Dann verließen sie die Hütte und gingen hin, laut schreiend den ganzen Weg.

Kutanaua hatte sich dort, wo er den Marinaua enthauptet hatte, versteckt und erwartete sie da. Er hörte, wie alle Marinaua laut schreiend daherkamen. Kutanaua hörte, wie sie schrien, und kletterte auf einen sehr hohen Mulattenbaum. Dort verbarg er sich gut und setzte sich nieder. Der Marinaua, der den Kopf gesehen hatte, ging an der Spitze und zeigte ihn den anderen.

Der Kopf war nicht tot; er blinzelte mit den Augen; da hing er und weinte, und seine Tränen tropften herab; sein Mund war offen, aber er konnte nicht sprechen. So hing er da, der Kopf des Marinaua. Alle seine Verwandten trauerten um ihn. Alle setzten sich bei dem Kopf nieder und weinten.

Als sie damit fertig waren, ergriff einer den Kopf; ein anderer riß die Stange aus und warf sie beiseite. Kutanaua sah sie von dem hohen Baum, aber er rührte sich nicht und blieb sitzen. Die Marinaua steckten den Kopf in einen Korb und gingen zurück, schreiend den ganzen Weg. Mitten auf dem Weg durchbrach der Kopf den Korb und fiel heraus. Da nahm ihn der andere auf und tat ihn in seinen Korb, aber auch dieser Korb zerriß, und der Kopf fiel heraus. Da gingen die beiden heim, um neue Körbe zu holen, und derweil bestatteten die anderen den Leichnam. Sie gruben ein sehr tiefes Loch und beerdigten den Marinaua. Dann gingen sie weg. Die beiden anderen kamen mit neuen Körben. Abermals steckten sie den Kopf nacheinander in die beiden Körbe, aber er durchbrach beide Körbe und fiel heraus. Sie sahen nicht, daß der Kopf mit den Zähnen den Korb durchbiß. Da nahm ihn der eine auf den Rücken und ging weiter, aber der Kopf biß ihn in den Hintern. Der Mann schrie laut und warf den Kopf schleunigst fort. Wiederum taten sie den Kopf in einen Korb, aber er fiel heraus. Da meinte ein Marinaua: »Wir sind gekommen, den Kopf zu suchen; wir haben ihn mehrmals in einen Korb gesteckt, aber jedesmal ist er herausgefallen. Wer weiß, wer ihn enthauptet hat! Vielleicht will er uns bezaubern. Wir wollen ihn nicht mehr mitnehmen!« Die anderen waren damit einverstanden. Sie ließen den Kopf am Wege liegen und gingen davon. Da sagte der Kopf: »Soll ich hinter meinen

Leuten hergehen?« Und er tat es und rollte den ganzen Weg dahin. Da erblickte ihn einer von den Marinaua und rief: »Dort kommt der Kopf hinter uns hergerollt! Vielleicht will er uns bezaubern! Laßt uns laufen!« und sie liefen davon. Der Kopf aber rief: »Freunde, wartet auf mich! Ich will mit euch heimgehen!« Sie hörten es und liefen weiter. Nun kamen sie an einen angeschwollenen Bach und schwammen hinüber. Der Kopf war hinter ihnen und weinte auf dem ganzen Weg. Am anderen Ufer stand ein sehr hoher Bakupary-Baum mit reifen Früchten. Weinend machte der Kopf am Ufer halt. Da sagte der Marinaua: »Laßt uns langsam gehen! Der Kopf kann doch nicht über den Fluß!« Aber der Kopf rollte weiter, stürzte sich in den Fluß und schwamm hinüber. Da erblickte ihn ein Marinaua und rief: »Dort kommt der Kopf ge-schwommen!« Eilends liefen sie weiter und kletterten auf den Bakupary. Der Kopf kam aus dem Wasser auf das hohe Ufer und rollte weiter. Als er seine Leute sah, blieb er unter dem Bakupary liegen. »Freunde«, rief er, »kommt schnell herab! Ich habe euch schon gesehen.«

Die Leute aßen Bakupary-Früchte. Da bat sie der Kopf: »Freunde, gebt mir auch Bakupary!« Da riß ein Marinaua eine grüne Frucht von dem Baum und warf sie ihm zu, aber der Kopf aß sie nicht. »Ich esse sie nicht«, sagte er, »sie ist ja noch grün! Gib mir eine andere, reife!« Da pflückten sie eine reife Frucht ab und gaben sie ihm. Der Kopf ergriff die Frucht und wollte sie hinunterschlucken, aber sie fiel aus dem Loch seines Halses wieder heraus. Wiederum bat er um eine Bakupary. Da pflückte ein Marinaua eine Frucht und warf sie mitten in den Fluß. Der Kopf aber sagte: »Du hast sie ja mit-ten in den Fluß geworfen! Von dort hole ich sie nicht. Gib mir eine andere!« Da kam ein Marianaua auf einen anderen Gedanken. Er sprach zu seinen Gefährten: »Pflücke eine Bakupary und wirf sie weit weg!« Dieser riß eine sehr große Frucht ab und warf sie weit weg. Der Kopf rollte den ganzen Weg dahin, sie zu holen, und alle Marinaua stiegen vom Baum herab und liefen davon. Nach einer Weile blieben sie stehen und sagten: »Ob wohl der Kopf wieder hinter uns herkommen wird?«

Der Kutanaua hatte sie die ganze Zeit beobachtet und gesehen, wie sie weggingen. Da stieg er von dem Baum herab und ging heim.

Inzwischen hatte sich der Kopf die Frucht geholt. Er kam zurück und machte am Bakupary-Baum halt. Er blickte in die Höhe und sah sie nicht mehr. Da machte er sich wieder auf den Weg und rollte weiter. Seine Leute standen da und warteten. Der Kopf kam hinter ihnen hergerollt. Da erblickte ihn einer und rief: »Dort kommt der Kopf!« und sie liefen weiter. Der Kopf sah sie und rief: »Freunde, wartet auf mich!« aber sie blieben nicht stehen, sondern rannten weiter. Sie liefen in ihr Haus und verschlossen es. Da sprach der Kopf zu ihnen: »Freunde, öffnet das Haus! Ich will hinein!«, aber seine Leute öffneten das Haus nicht. Nun rollte der Kopf um das Haus herum und weinte. Seine Leute öffneten das Haus nicht, und der Kopf weinte und wischte seine Tränen mit seinen Haaren ab. Dann sagte er zu seinen Leuten: »Freunde, öffnet mir doch! Ich will mir nur meine Sachen holen!« Aber sie öffneten nicht, und der Kopf weinte.

Dann sagte er: »Soll ich mich verwandeln?« Und er dachte nach und sprach: »Kutanaua hat mir den Kopf abgeschlagen, so daß ich meine Leute nicht sehen kann. Nur mein Kopf kam hinter ihnen her, aber meine Leute fürchteten sich vor mir und verschlossen das Haus, so daß ich nicht eintreten und meine Sachen holen kann.«

Dann rief er seinen Leuten zu: »Freunde, ihr habt euch vor mir gefürchtet und das Haus verschlossen, so daß ich nicht eindringen und meine Sachen holen kann. Ich will mich verwandeln.«

Und seine Leute fragten: »Marinaua, in was willst du dich denn verwandeln?«

»Ich habe darüber nachgedacht, wie ich mich verwandeln soll«, antwortete er. »Ich werde mein Blut verwandeln und ebenso meine Augen und meinen Kopf.«

»Freunde«, fuhr er fort, »wenn ich mein Blut verwandele, werde ich den ›Weg der Fremden‹ (Regenbogen) machen. Ich gedenke aber auch meine Augen und meinen Kopf zu verwandeln. Was soll ich nun werden? Wollte ich Gemüse sein, so könnt ihr mich essen. Wollte ich Makaschera sein, so könnt ihr mich essen. Wollte ich Banane sein und ihr pflücktet Bananen und kochtet sie, so könnt ihr mich essen. Wollte ich Kara sein, so könnt ihr mich essen. Wollte ich Inhame sein, so könnt ihr mich essen. Wollte ich Batate sein, so könnt ihr mich essen. Wollte ich Bohne sein, so könnt ihr mich essen. Wollte ich Pflanzung sein und ihr pflanzt Früchte auf mich und die Früchte reifen, so könnt ihr mich essen. Wollte ich Erde sein, so könnt ihr auf mir herumgehen. Wollte ich Wasser sein, so könnt ihr mich trinken. Wollte ich Fisch sein und ihr finget Fische, so könnt ihr mich essen. Wollte ich Timbo sein und ihr risset Timbo aus und löset ihn im Wasser auf und ich tötete Fische und ihr zöget sie heraus, so könnt ihr die Fische essen. Wollte ich Jagdtier sein und ihr tötetet mich, so könnt ihr mich essen. Wollte ich Schlange sein und ich würde über euch ärgerlich und bisse euch, so könnt ihr mich töten. Wollte ich Skorpion sein und ich bisse euch, so könnt ihr mich töten. Wollte ich Baum sein und ihr hiebet mich nieder und ich wäre trocken und ihr spaltetet Brennholz und kochtet Speise, so könnt ihr mich essen.

Was soll ich denn werden?

Wollte ich Fledermaus sein und ich käme in der Dunkelheit und bisse euch, so könnt ihr mich töten.

Wollte ich Sonne sein und ihr fröret, so kann ich euch erwärmen.

Wollte ich Regen sein und ich regnete und füllte die Flüsse und ihr finget die Fische und eßt sie und ich feuchtete das Gras an und das Gras wächst, so können mich die Jagdtiere essen.

Wollte ich Kälte sein und die Sonne brennt euch, so kann ich euch abkühlen.

Wollte ich Nacht sein und ich dunkelte, so könnt ihr schlafen.

Wollte ich Morgen sein und ihr schliefet im Dunkel die ganze Nacht und es würde Morgen und ihr erwachtet, so könnt ihr gehen.

Was soll ich also werden? Ich denke an etwas anderes. Mein Blut verwandle ich in den ›Weg der Feinde‹ (Regenbogen). Meine Augen aber verwandle ich in Sterne. Und mein Kopf soll Mond werden.«

Dann rief der Kopf des Marinaua seine Leute und sprach zu ihnen: »Freunde, mein Kopf wird Mond werden. Wenn meine Augen Sterne sein werden und mein Blut Regenbogen, dann werden auch eure Weiber und alle Mädchen bluten.«

Alle Weiber und alle Mädchen hörten es und fürchteten sich. Dann fragten sie den Kopf: »Warum sollen wir alle bluten, Marinaua?«

Der Kopf antwortete: »Um nichts weiter! Wenn mein Kopf Mond geworden ist und der Vollmond glänzt, dann werdet ihr bluten.«

Die Weiber hörten, was der Kopf des Marinaua zu seinen Leuten sagte.

Dann zog der Marinaua sein Blut heraus, schüttete es auf einen Teller und schleuderte es aufwärts in den Himmel. Im Himmel ergoß sich sein Blut und lief auseinander, und es bildete sich der »Weg der Fremden« (Regenbogen).

Dann riß er seine Augen aus und warf sie aufwärts, und schon verwandelten sich seine Augen in viele Sterne.

Darauf bat der Kopf seine Leute um seine beiden Garnknäuel, und sie warfen sie ihm hinaus. Er ergriff die beiden Garnknäuel und warf sie aufwärts in den Himmel. Da kam der himmlische Aasgeier geflogen, nahm die Garnknäuel in den Schnabel und flog damit aufwärts. Im Himmel befestigte der himmlische Aasgeier die Garnknäuel für den Kopf.

Nun sprach der Kopf zu seinen Leuten: »Freunde, jetzt gehe ich in den Himmel und werde Mond. Wenn ich Mond geworden bin, und es ist Vollmond, dann werden alle eure Frauen bluten.«

So sprach er zu ihnen. Dann nahm er die beiden Fäden in den Mund und sagte zu seinen Leuten: »Freunde, jetzt werde ich Mond«, und er schwebte dahin.

Da riefen seine Leute: »Laßt uns den Kopf des Marinaua sehen!« Sie öffneten das Haus, liefen hinaus und blieben auf dem Platz stehen. Sie schauten aufwärts und erblickten den

Kopf, wie er hängend dahinging den ganzen Weg. Dann sahen sie den Regenbogen. Aus Marinauas Blut ist der Regenbogen entstanden. Sein Blut hat er in ihn verwandelt.

Dann, als es dunkelte, sahen sie, daß sein Kopf zum Vollmond geworden war und seine Augen zu funkelnden Sternen. Nun glänzte der Vollmond, und alle Weiber bluteten, und es bluteten alle Jungfrauen. Als die Weiber bluteten, wohnten ihre Gatten ihnen bei. Dann schwieg das Blut, und die Weiber wurden schwanger.

Sie sahen den Kopf des Marinaua als Vollmond und sagten: »Siehe da diesen Vollmond!« Und einer sprach: »Marinauas Kopf ist Mond geworden. Da glänzt er! Diesen Vollmond, diese Sterne, diesen Regenbogen hat er selbst verwandelt. Dieser Regenbogen ist sein Blut; diese Sterne sind seine Augen; dieser Vollmond ist sein Kopf!«

So sprachen sie, als Marinauas Kopf sich in den Mond verwandelte.

Marinaua wurde von Kutanaua enthauptet, und sein Kopf verwandelte sich in den Mond.

Soweit erinnere ich mich der Geschichte von Marinaua, der von Kutanaua enthauptet wurde. Mehr gibt es nicht.

WARUM DER MOND
EIN FLECKIGES GESICHT HAT

Der Mond und seine Schwester lebten zusammen in einem Haus. Er hatte viele Neffen, die Tiere verschiedenster Art waren. Früh am Morgen erhoben sich diese und stiegen auf den Berg, um zu arbeiten, und am Abend kehrten sie nach Hause zurück. Da es keine anderen Frauen gab, vereinigte sich der Mond mit seiner Schwester. Eines Nachts, während sie schlief, legte er sich zu ihr; aber die Schwester wachte gar nicht auf und schlief weiter. In der darauffolgenden Nacht geschah dasselbe. Die Schwester wollte nun wissen, was das für ein Tier gewesen sei, das sie in der Nacht verführt habe. Da sie aber einen festen Schlaf hatte, erschuf sie die Laus, damit sie von ihr geweckt werde; aber der Versuch mißlang. Hierauf schuf sie den Floh, aber als der Bruder sich näherte, lief das Tier davon. Zuletzt machte sie die Zecke und den Beifuß, den sie unter die Hängematte legte, um ihn demjenigen ins Gesicht zu werfen, der in der Nacht zu ihr kommen würde. Sodann ließ sie alles Wasser vertrocknen, das sich in der Nähe des Hauses befand. Des Nachts, als der Bruder sich näherte, biß die Zecke das Mädchen und weckte es auf diese Weise. Dieses nahm sogleich den Saft des Beifuß und schüttete ihn dem Bruder ins Gesicht. Der lief dorthin, wo das Wasser war, fand aber alles ausgetrocknet und konnte sich nicht waschen. Am Morgen rief das Mädchen all die Neffen zu sich, um ihnen etwas zu trinken zu geben, bevor sie auf den Berg gingen. Es blickte in eines jeden Gesicht, aber auf keinem fand es Flecken. Der Bruder schlief noch. Es ging, um ihn zu wecken, aber er sagte, er habe Kopfschmerzen. Zu Mittag schlief er noch immer. Die Schwester rief ihn abermals, denn er sollte auf die Jagd gehen; aber er antwortete, er könne sich nicht erheben, weil er mit einem Tuch bedeckt sei. Da zog sie es weg, und er erhob sich voll Zorn gegen die Schwester und lief davon. Das Mädchen wollte ihm sagen, daß sie nicht wisse, wer in der Nacht zu ihr gekommen sei; aber er blieb nicht stehen, obwohl sie ihm nachrief, er solle auf sie warten. Sie lief ihm nach, aber es gelang ihr nicht, ihn einzuholen. So kam sie zu einer Stelle, an der sich die Wege kreuzten, und sie fragte sich, welchen ihr Bruder eingeschlagen haben mochte. Sie fragte die Tiere, die in der Nähe arbeiteten, aber die gaben zur Antwort, daß sie es ihr nur dann sagen würden, wenn sie käme, um mit ihnen zu leben. Das Mädchen willigte ein. Hierauf schlug sie den Weg ein, den sie ihr gezeigt hatten, und ging, bis sie zu einem Fluß kam. Am Ufer lebte eine alte Frau, die Kabayay hieß und mehrere Söhne hatte. Als nun das schwangere Mädchen zu ihrer Hütte kam, wurde es von Kabayay freundlich aufgenommen. Die Söhne waren nicht zu Haus. Als sie kamen, stieg ihnen der Duft von etwas Süßem in die Nase. Sie fragten die Mutter, ob sie etwas Süßes im Hause habe, aber sie sagte nein und schickte sie zum Spielen an das Ufer des Flusses. Das Mädchen war in einem großen Krug versteckt; aber plötzlich kamen die Söhne der Kabayay zurück und sahen es. Und nachdem sie es zum Fluß geschleppt hatten, töteten sie es. Die Mutter sagte ihnen, daß sie den Bauch und die Eingeweide des Mädchens haben wolle. Die Söhne gaben sie ihr, und sie begann sie zu kochen. In dem Augenblick, da sie zu sieden begannen, kam

57

ein Kind aus dem Kessel, hierauf noch eines und dann noch einige mehr.

Kabayay zog die Kinder groß. Als einige Jahre vergangen waren, erzählte sie ihnen, sie seien ihre Söhne. Sie sahen aber, daß Kabayay keine Nase hatte, und so fragten sie, warum sie keine habe. Da ging sie jeden Tag an das Ufer des Flusses, um sich aus Schlamm eine Nase zu machen und sie auf diese Weise zu täuschen. Aber die Jünglinge wollten wissen, wer ihre wirkliche Mutter sei.

Als eines Tages einer der Jünglinge auf den Berg stieg, um zu jagen, hörte er einen Vogel, der folgendermaßen sang: »Die Fische haben deine Mutter gefressen.« Er lief nach Hause und erzählte Kabayay, was er gehört habe, und sie sprach: »Dieser Vogel hat meinen nahen Tod angekündigt.«

Am nächsten Morgen stiegen alle Jünglinge auf den Berg und hörten den Vogel dieselben Worte sagen. So erfuhren sie, daß ihre wirkliche Mutter tot sei und daß die alte Kabayay sie betrogen habe. Und sie sprachen zueinander: »Laßt uns sie in den Fluß werfen, denn sie hat uns getäuscht.« Sie kehrten nach Hause zurück und sprachen: »Laßt uns zum Fluß gehen, um zu baden!« Als sie bis zur Mitte des Flusses gewatet waren, fiel ein starker Regen. Die Jünglinge gaben der Alten einen Stoß, so daß sie ins Wasser fiel. Sogleich wurde Kabayay von der Strömung erfaßt. Sie verwandelte sich in einen Frosch und begann, wie ein Frosch zu klagen. Die Jünglinge schnitten ihr die Vorderbeine ab und sprachen: »Sobald der Regen fällt, sollst du schreien, damit die Menschen wissen, daß es regnet!«

Nachdem sie viele Jahre auf der Erde gelebt hatten, gingen sie fort, um im Himmel zu wohnen, und so wurden sie zu

Sternen. Aus diesem Grund sagt man, daß das Gesicht des Mondes mit dem Saft des Beifuß befleckt sei.

WARUM DIE SONNE IM OSTEN UND DER MOND IM WESTEN AUFGEHT

Sonne und Mond waren Brüder. Der eine hatte dreißig Frauen geheiratet, und der andere hatte dreißig Frauen geheiratet. Sie hatten die gleiche Anzahl von Frauen. Das Gefolge der Sonne und das Gefolge des Mondes bestiegen zwei Kanus. Sonne und Mond saßen auf den beiden Plattformen. Sie fuhren zum Netzfischen. Nachdem sie gefischt hatten, gaben sie dem Mond die Fische der Sonne und der Sonne die Fische des Mondes. So machten sie es viele Male.

Eines Tages log Mond Sonne an. Er sagte. »Mein Bruder, gehe alleine fischen, ich bin krank.« Sonne sagte: »Bleibe nur hier.« Das Gefolge der Sonne und das Gefolge des Mondes gingen fischen. Mond blieb daheim. Mond ging hin und packte eine der Frauen von Sonne. Sie schliefen miteinander. Mond wollte sich zurückziehen, aber die Scheide der Frau klemmte ihn fest. Mond wollte aufgehen, konnte aber nicht. Sonne kam heim und wollte in seine Hütte gehen. Er ging hinein und entdeckte die beiden. Er sagte: »Oh, mein Bruder. Du hast Böses getan. Du hast mich betrogen.« Und Sonne ging in seine eigene Hütte. Sie aßen, sie tranken, sie kauten Betelnuß. Sonne sagte: »Mein Gefolge, Leute, der Mond hat uns betrogen. Er hat Böses getan. Ihr, sein Gefolge, bleibt hier. Ich nehme mein Gefolge, und wir ziehen weg.« Sie zogen weg. Sie bestiegen ein Kanu. Sie nahmen Sand. Sie paddelten. Sie kamen nach Park. Sie fragten: »Werden wir hier bleiben?« Sonne sagte. »Hier noch nicht.« Sie kamen nach Tong. Die Leute fragten: »Werden wir hier bleiben?« Sonne sagte: »Hier noch nicht.« Sie paddelten aufs hohe Meer. Es gab kein Land . Das Land war ganz verschwunden. Sie fragten: »Sollen wir hier bleiben?« Sonne sagte: »Ja.« Sie schütteten den Sand ins Meer. Sonne sagte: »Mein Sand, wachse zu Land.« Der Sand wuchs zu Land. Sie ließen sich dort nieder. Sonne sagte: »Ihr, meine Leute, bleibt hier. Ich gehe baden.« Er ging baden. Er schwamm für immer nach Jap.

Mond stemmte sich schließlich von der Frau. Der Hund trank ihr Blut. Der Penis des Hundes längte sich. Hätte Mond sich anständig benommen, würden Sonne und Mond beide im Osten aufgehen. So aber hat Mond Böses getan, und Sonne hat sich von ihm getrennt. Jetzt geht Mond mit seinem Gefolge im Westen auf. Sonne geht im Osten auf. Das Gefolge des Mondes sind die Sterne. Die Sonne hat ihr Gefolge zurückgelassen. Ihr Gefolge lebt in Nauna. Die Sonne erschuf die Insel Nauna und die Menschen darauf.

WIE DIE SIEBEN GEFÄHRTEN
ZU STERNEN WURDEN

Es kamen einmal sieben Jünglinge aus der Tiefe des Meeres an Land, um Arbeit zu suchen. Sie gingen von Kampong zu Kampong und fragten die Leute, ob sie eine Hilfe benötigten. Einige hatten Glück und bekamen eine Arbeit als Feuerholzsammler, und andere arbeiteten als Entenhüter. Diejenigen, die eine Arbeit bekommen hatten, blieben an Land, während die Erfolglosen ins Meer zurückgingen.

Unter denen, die auf dem Land blieben, war einer, der im Hause eines Raja lebte und als Kuhhirt arbeitete. Er galt als fleißiger und folgsamer Junge und wurde daher von dem Raja sehr geliebt. Morgens trieb er die Rinder des Raja ordentlich auf die Weide, und nachmittags führte er sie wieder zurück in den Stall. Weil zu jener Zeit aber zwischen den Menschen aus dem Meer und denen vom Festland Feindschaft herrschte und weil die Festlandleute schließlich erfuhren, daß der fleißige Hirte des Raja aus dem Meer stammte, fingen und töteten sie ihn. Seinen Leichnam warfen sie in den Wald. Niemand aus dem Palast des Raja erfuhr, wohin der Junge verschwunden war. Einige meinten, er sei möglicherweise an einer Krankheit gestorben. Der Raja befahl seinen Untertanen, den von ihm geliebten Hirten zu suchen; doch vergeblich, niemandem war es möglich, ihn zu finden. Sein Körper war von wilden Tieren gefressen, und übrig waren nur seine verstreuten Knochen.

Als seine sechs Gefährten die traurige Nachricht hörten, kamen sie und suchten den Leichnam des Hirten. Sie gingen durch Wälder und Dschungel, überquerten Flüsse und weite Ebenen, ohne im geringsten zu ermatten. Nach einigen Tagen, als sie fast verzweifelten, stießen sie in einem Wald auf die verstreuten Gebeine ihres Gefährten. Traurig sammelten sie die Knochen ein und trugen sie unter einem Waringin-Baum zusammen. Dann sagte der Älteste: »Geht zum Meer und holt dort Wasser und bringt es hierher.« Die fünf anderen gingen, und bald darauf kamen sie mit dem Meerwasser zurück. Sie gossen das Wasser über den Knochenhaufen, und in einem Augenblick veränderten sich die Knochen in einen Menschen, nämlich in den getöteten Hirten. Doch sein Körper war noch schwach, und er besaß nicht die Kraft zu gehen. Als sie sahen, daß der Hirte wieder lebte, freuten sich seine Gefährten und begannen abwechselnd den Geschwächten auf ihren Rücken zum Meer zu tragen. Ihr Ziel war, wieder ins Meer zurückzukehren, denn sie befürchteten, die Festlandleute könnten davon erfahren. Doch bevor sie ins Meer tauchen konnten, kamen Leute aus der Tiefe der See und verjagten sie mit folgenden Worten: »Wir kennen euch nicht. Ihr seid an Land gegangen, um Arbeit zu suchen, und habt vor langer Zeit das Meer verlassen. Daher zählen wir euch zu den Landleuten.« Betrübt gingen die sieben wieder hoch aufs Land, doch dort wurden sie verfolgt und sollten getötet werden. Da sprach der Älteste von ihnen: »Weil wir im Meer nicht mehr aufgenommen und auf dem Land immer verfolgt werden, wäre es gut, wir gingen zum Himmel.« Seine sechs Gefährten stimmten dem Vorschlag zu, und so gingen sie zum Himmel. Dort angekommen, wurden die sieben Jungen zu einer Gruppe von sieben Seite an Seite stehenden Sternen, die gemeinsam ihre Strahlen auf die Erde schicken. Die

Strahlen des einen der sieben Sterne sind sehr schwach, und das ist der Stern, der von dem Hirten stammt, den die Festlandleute getötet hatten. Weil sein Körper noch geschwächt war, als er zum Stern wurde, sind seine Strahlen trüb und fahl.

WIE DER ABENDSTERN ENTSTAND

Es war einmal ein alter Mann, der auf dem Eis stand und auf Seehunde wartete, die zu dem Atemloch kommen sollten, um Luft zu schöpfen. Aber genau gegenüber seinem Fangplatz spielte eine Schar Kinder in einer Felsschlucht. Und jedesmal, wenn ein Seehund sich näherte und er ihn harpunieren wollte, verscheuchten ihn die Kinder durch ihren Lärm.

Schließlich wurde der alte Mann auf die Kinder, die ihm immer wieder seine Beute verscheuchten, böse, und er rief laut zum Lande hin: »Schließe dich, Schlucht, über die, welche mir meine Fangtiere verjagen!«

Und sofort schloß sich die Schlucht über den spielenden Kindern. Ein größeres Kind, das ein kleines trug, bekam dabei einen Pelzzipfel entzweigeschnitten.

Jetzt fingen alle in der Schlucht zu schreien an, weil sie nicht mehr herauskommen konnten. Und keiner konnte ihnen da unten Essen hinbringen. Nur etwas Wasser ließ sich durch eine kleine Spalte hinuntergießen. Es wurde gierig von den Kindern aufgeleckt.

Schließlich starben sie alle vor Hunger.

Man stürzte sich nun auf den alten Mann, weil er die Felsenschlucht über den Kindern zugezaubert hatte. Aber er lief davon, und die anderen setzten ihm nach.

Aber plötzlich begann er zu leuchten und flog zum Himmel hinauf und steht nun dort oben als ein großer Stern. Man sieht ihn im Westen, wenn das Licht nach der großen Dunkelheit zurückkehrt. Er steht aber ganz unten und kommt niemals hoch hinauf.

Man nennt ihn Nâlagssartoq. Das heißt: der, welcher dasteht und lauscht.

Diesen Namen bekam er nach dem alten Mann, der draußen auf dem Eise stand und lauschte, ob die Seehunde kommen würden.

WIE DIE PLEJADEN AN DEN HIMMEL KAMEN

Es war einmal ein Mann namens Schilischoaibu; der hatte eine Frau, Wayulale, die nichts von ihm wissen wollte. Er hatte einen schönen Bruder, den sie liebhatte.

Bei einer Gelegenheit pflückte Schilischioaibu Abacatefrüchte und stieg auf den Baum. Sie hatte eine Axt mitgenommen und hielt sie versteckt. Der Mann stieg auf den Baum, um Früchte zu holen. Er warf die Früchte herab, und sie las sie zusammen und wartete nur auf den Augenblick, wenn er herunterkäme. Er stieg herab. Als er auf der Hälfte der Stammes war, nahm sie die Axt und schlug ihm das rechte Bein ab, wie man noch heute sieht. Sie kehrte in das Haus zurück.

Der Bruder war in der Pflanzung und arbeitete. Da saß ein kleiner Vogel auf einem Baum und sang: »schirischowaid!« Der Bruder fragte: »Was sagt der Vogel?« Dieser kam weiter herunter, schlug mit den Flügeln und sang: »Deines Bruders Bein schlug ab seine Frau mit der Axt!« Der Bruder ließ seine Hacke liegen und lief zornig nach Hause.

Wayulale lag in der Hängematte. Sie stand auf, als er kam, und gab ihm Kaschirí. Er fragte: »Wo ist mein Bruder?« Sie sagte: »Er ist dort geblieben und pflückt Früchte!« Er wurde traurig und legte sich in die Hängematte. Sie kam und legte sich über ihn. Er wollte herausspringen, aber sie wickelte ihn in die Hängematte ein. Es wurde Nacht.

Der Mann lag im Wald und schrie vor Schmerz.

Sie sagte: »Laß deinen Bruder! Er ist vielleicht fischen gegangen. Wenn er kommt, gehe ich heraus aus der Hängematte.«

Der Bruder aber wußte alles, da es ihm das Vöglein erzählt hatte.

In der Nacht bat er sie um Speise, damit er Zeit hätte, vor das Haus zu gehen. Sie verließ die Hängematte. Da kam ihr Mann an, kriechend, und schrie: »O mein Bruder, mein Bein ist mit der Axt abgeschlagen! Töte diese Frau!« Der Bruder fragte die Frau: »Was hast du mit deinem Mann gemacht?« Sie antwortete: »Ich habe nichts mit ihm gemacht! Ich ließ ihn zurück, fischend und Früchte pflückend.« So betrog sie immer den Bruder. Er antwortete: »Du hast etwas mit meinem Bruder gemacht! Der kleine Vogel hat mir die Geschichte erzählt!« Sie sagte: »Lüge! Ich habe nichts mit ihm gemacht! Ich habe ihm nichts Böses getan!«

Als der Mann draußen vor Schmerz schrie, ging sie wieder zu dem Bruder in die Hängematte und hielt ihn fest umschlungen, so daß er nicht wegkonnte. Der Bruder sagte: »Du hast etwas mit dem Mann gemacht! Hörst du nicht, wie er schreit?« Die Frau aber ließ den Bruder nicht aus der Hängematte heraus, während der andere vor dem Haus lag und schrie: »Mein Bruder, mein Bruder, hilf mir, mein Bruder!« Er konnte nicht herauskommen.

Der verwundete Bruder hatte eine Rohrflöte. Er blieb liegen und schrie bis Mitternacht. Da antwortete der Bruder: »Ich kann dir nicht helfen! Deine Frau läßt mich nicht aus der Hängematte heraus!« Sie hatte die Tür geschlossen und mit Stricken zugebunden. Da sagte der Bruder: »Ich werde dich eines Tages rächen! Leide da draußen! Deine Frau soll auch eines Tages leiden!« Er schlug das Weib, aber sie ließ ihn nicht los.

Der Verwundete richtete sich draußen am Pfosten der Tür hoch, kletterte auf das Dach und blies auf seiner Rohrflöte: »ting-ting-ting«. Der Bruder im Haus weinte, denn er hatte Mitleid mit ihm. Dieser nahm die Flöte vom Mund und sprach zu dem Bruder: »Bleib im Haus! Zieh gute Söhne und gute Töchter auf! Gute Gesundheit und Glück! Ich gehe weg! Schaffe eine gute Familie, aber nimm dich vor der Frau in acht und mißtraue ihr immer!«

Der Bruder fragte: »Wohin gehst du?« Er antwortete: »Ich gehe zum Himmel! Ich will sein Tamökang, Körper mit einem Bein, das zurückbleibt!« Da antwortete der Bruder: »Ich bleibe hier für einige Zeit, solange ich keinen Ärger habe und mir kein Unglück zustößt. Ich bin traurig, daß du so leiden mußt! Deine Frau wird eines Tages büßen, was sie dir getan hat! Ich habe großes Mitleid mit dir!« Da sagte der andere: »Wenn ich zum Himmel komme, gibt es viel Gewitter und Regen. Dann kommen die Fischzüge, und du wirst viele Fische essen!« – Bis auf den heutigen Tag zeigt Tamökang die Regenzeit an.

Tamökang ging zum Himmel, immer flötend: »ting-tingting«. Da ließ die Frau den Bruder los, machte die Tür auf und spähte ihm nach. Der Bruder setzte sich auf die Erde und weinte. Auch Tamökang weinte und sagte: »Ich will sehen, wo ich bleiben kann, wo ich einen Platz finde am Himmel!«

Der jüngere Bruder blieb mit der Frau zusammen, machte Haus und Pflanzung und hatte mit ihr fünf Kinder, zwei Töchter und drei Söhne. Er dachte immer traurig an die Reise seines Bruders.

Eines Tages ging er jagen und fand ein Bienennest. Er sann immer auf ein Mittel, seine Frau zu töten. Als er nach Hause zurückkehrte, sagte er zu seiner Frau: »Dort sind Bienen. Wir wollen den Honig holen!« Die Frau antwortete: »Wir wollen ihn holen!« Er dachte immer daran, wie sein Bruder gelitten hatte, und sann auf ein Mittel, die Frau zu töten. Sie nahm dieselbe Axt mit, mit der sie seinem Bruder das Bein abgeschlagen hatte. Das Bienennest war nicht hoch. Er machte mit der Axt ein großes, rundes Loch in den Stamm und probierte so lange, bis er den Kopf hineinstecken konnte. Dann sog er den Honig heraus. Dabei sah er immer mißtrauisch nach der Frau zurück, da er sich immer der Worte seines Bruders erinnerte. Aber sie saß da und wollte ihn nicht töten, denn sie war sehr zufrieden mit ihm, nachdem sie den Bruder getötet hatte. Dann sagte er: »Mein Leib ist voll. Jetzt kommst du. Versuch es! Saug den Honig!«

Sie nahm die Kalebasse, um den Honig mit der Hand hineinzuschöpfen. Da sagte er: »Steck den Kopf hinein! Es geht zuviel Honig verloren!« Der Mann hatte den Honig tief hinuntergedrückt, damit sie recht tief eindringen konnte. Da ließ sie die Kalebasse und drang mit Kopf und Oberkörper in das Loch ein. Er faßte sie an den Beinen und stieß sie ganz hinein. Er nahm das Stück Holz, das er aus dem Baum gehauen hatte.

Die Frau fragte: »Wozu ist das? «Er antwortete: »Das ist, um höher zu steigen.« Da nahm er das Stück Holz und stieß es in das Loch hinein. Die Frau rief: »Was machst du da? Du willst mich wohl töten!« Er antwortete: »Was du mit meinem Bruder gemacht hast, das sollst du mir jetzt büßen! Du wirst jetzt das leiden, was mein Bruder gelitten hat! Es tut mir sehr leid um dich, Weib, aber ich kann es nicht mehr ertragen, was du meinem Bruder getan hast!« Er verschloß das Loch.

Dann horchte der Mann am Baum. Er wollte hören, was aus ihr würde. Sie schrie zuerst laut: »Meine armen Kinder! Meine armen Kinder! Wenn ich auch in ein Gürteltier verwandelt werde, so werde ich mich doch immer meiner Kinder erinnern!« Dann schrie sie immer leiser, machte: »kenong-kenong-kenong«, wie das Gürteltier macht, und blieb in ein Gürteltier verwandelt.

Der Mann kehrte nach Hause zurück. Die Kinder fragten ihn: »Wo ist unsere Mutter?« Er aber erzählte ihnen nicht, was er mit ihr gemacht hatte, sondern täuschte die Kinder und sagte: »Ich habe eure Mutter im Walde gelassen und weiß nicht, wo sie ist. Vielleicht hat sie der Jaguar gefressen!«

Einige Tage später ging er mit seinen Kindern in den Wald und fand ein Bienennest. Er führte die Kinder tiefer in den Wald hinein und ließ sie dort. Er kehrte zurück und zündete das Haus an. Er wollte sie nicht sehen lassen, wie er das Haus anzündete. Dann kehrte er zu seinen Kindern zurück, und sie gingen, den Honig zu holen. Er schlug den Baum um, nahm Honig und aß ihn, bis sein Bauch voll war. Dann sagte er zu den Kindern: »Was sollen wir nun werden?« Eine Tochter sagte: »Ich weiß es nicht.« Er sagte: »Kutia, das kann nicht sein! Tapir, das kann nicht sein! Hirsch, das kann nicht sein! Mutum, Inambu, Kujubim, das kann nicht sein! Wenn wir uns in diese Tiere verwandeln, werden sie uns töten und aufessen! Wir wollen sein Araiuag, denn diese töten und essen sie nicht!«

Er sagte: »a –«, und alle Kinder sagten: »a-a-a-«, und sie verschwanden einer hinter dem anderen in den Wald.

Deshalb liebt der Araiuag den Honig bis auf den heutigen Tag und hat keine Angst vor den Bienen.

DIE PLEJADEN

Ein Mann hatte sieben Söhne, die jeden Tag weinten und nach den Eltern riefen: »Papa, ich will etwas zu essen haben! Mama, ich will etwas zu essen haben!«

»Ach, Kinder, ich gab euch schon zu essen, und jetzt ist es genug!«

Man sagt, daß sie immer weiter greinten, und die Mutter sie deswegen anfuhr: »Ihr seid Freßsäcke!«

»Du willst uns also nichts zu essen geben, Mutter?« riefen sie. Man sagt, daß die Mutter eine Tapirkinnlade vom Bratrost nahm und sie ihnen hinwarf mit den Worten: »Da habt ihr zu essen!«

»Das reicht nicht für uns, meine Mutter«, riefen die Kinder. Da nahm der älteste Sohn seine jüngeren Brüder und gab jedem von ihnen ein Stück zu essen.

»Da habt ihr zu essen, meine Brüder, aber es reicht immer noch nicht für uns.«

Man sagt, daß jeder sein Stück nahm und es verzehrte. Dann sprach der älteste Bruder: »Gut, meine Brüderchen, wir wollen zum Himmel gehen, um Sterne zu sein!« Er packte darauf seine kleinen Brüder unter seine beiden Arme, und sie tanzten und sangen: »Laßt uns gehen zum Onkel Ueré! Laßt uns gehen zu Ueré! Ueré!«

Und tanzend stiegen sie empor und entfernten sich.

Die Mutter kam heraus, schaute ihnen nach und sah, wie sie davongingen.

»Ach, meine Söhne, wohin geht ihr? Hier ist Speise für euch!«

»Es ist umsonst, meine Mutter! Bleibe da! Wir gehen jetzt zum Himmel, um bei unserem Onkel zu wohnen und Sterne zu sein!«

So zogen sie tanzend dahin in Kreisen wie der Aasgeier und stiegen höher und höher, bis sie zum Himmel kamen.

Ein Mann hatte sieben Kinder, die jeden Tag vor Hunger weinten.

»Ach, meine Kinder«, sagte er eines Tages, »ich gebe euch zu essen, was ich finden kann, und ihr seid nie zufrieden.«

Die Mutter schalt sie, aber da sie nicht zu weinen aufhörten, gab sie ihnen den geräucherten Kiefer eines Tapirs. Der Älteste teilte die spärliche Nahrung unter seinen Brüdern; dann nahm er sie in die Arme, begann zu singen und zu tanzen und stieg in den Himmel.

Als die Mutter sie fortgehen sah, rief sie die Kinder und bot ihnen Fleisch an, aber sie lehnten es ab und sagten, sie wollten sich in Sterne verwandeln. Sie zogen Kreise wie der Aasgeier, wenn er zu den Wolken aufsteigt, und kamen schließlich im Himmel an.

DER MOND

Vorzeiten gab es ein Land, wo die Nacht immer dunkel und der Himmel wie ein schwarzes Tuch darübergebreitet war, denn es ging dort niemals der Mond auf, und kein Stern blinkte in der Finsternis. Bei Erschaffung der Welt hatte das nächtliche Licht ausgereicht.

Aus diesem Land gingen einmal vier Bursche auf die Wanderschaft und gelangten in ein anderes Reich, wo abends, wenn die Sonne hinter den Bergen verschwunden war, auf einem Eichbaum eine leuchtende Kugel stand, die weit und breit ein sanftes Licht ausgoß. Man konnte dabei alles wohl sehen und unterscheiden, wenn es auch nicht so glänzend wie die Sonne war. Die Wanderer standen still und fragten einen Bauer, der mit seinem Wagen vorbeifuhr, was das für ein Licht sei. »Das ist der Mond« antwortete dieser, »unser Schultheiß hat ihn für drei Taler gekauft und an dem Eichbaum befestigt. Er muß täglich Öl aufgießen und ihn rein erhalten, damit er immer hell brennt. Dafür erhält er von uns wöchentlich einen Taler.«

Als der Bauer weggefahren war, sagte der eine von ihnen: »Diese Lampe könnten wir brauchen, wir haben daheim einen Eichbaum, der ebenso groß ist, daran können wir sie hängen. Was für eine Freude, wenn wir nachts nicht in der Finsternis herumtappen!«

»Wißt ihr was?« sprach der zweite, »wir wollen Wagen und Pferde holen und den Mond wegführen. Sie können sich hier einen andern kaufen.«

»Ich kann gut klettern«, sprach der dritte, »ich will ihn schon herunterholen.« Der vierte brachte einen Wagen mit Pferden herbei, und der dritte stieg den Baum hinauf, bohrte ein Loch in den Mond, zog ein Seil hindurch und ließ ihn herab. Als die glänzende Kugel auf dem Wagen lag, deckten sie ein Tuch darüber, damit niemand den Raub bemerken sollte. Sie brachten ihn glücklich in ihr Land und stellten ihn auf eine hohe Eiche. Alte und Junge freuten sich, als die neue Lampe ihr Licht über alle Felder leuchten ließ und Stuben und Kammern damit erfüllte. Die Zwerge kamen aus den Felsenhöhlen hervor, und die kleinen Wichtelmänner tanzten in ihren roten Röckchen auf den Wiesen den Ringeltanz.

Die vier versorgten den Mond mit Öl, putzten den Docht und erhielten wöchentlich ihren Taler. Aber sie wurden alte Greise, und als der eine erkrankte und seinen Tod voraussah, verordnete er, daß der vierte Teil des Mondes als sein Eigentum ihm mit in das Grab sollte gegeben werden.

Als er gestorben war, stieg der Schultheiß auf den Baum und schnitt mit der Heckenschere ein Viertel ab, das in den Sarg gelegt ward. Das Licht des Mondes nahm ab, aber noch nicht merklich. Als der zweite starb, ward ihm das zweite Viertel mitgegeben, und das Licht minderte sich. Noch schwächer ward es nach dem Tod des dritten, der gleichfalls seinen Teil mitnahm, und als der vierte ins Grab kam, trat die alte Finsternis wieder ein. Wenn die Leute abends ohne Laterne ausgingen, stießen sie mit den Köpfen zusammen.

Als aber die Teile des Mondes in der Unterwelt sich vereinigten, so wurden dort, wo immer Dunkelheit geherrscht hatte, die Toten unruhig und erwachten aus ihrem Schlaf. Sie erstaunten, als sie wieder sehen konnten; das Mondlicht war ihnen genug, denn ihre Augen waren so schwach geworden, daß sie den Glanz der Sonne nicht ertragen hätten. Sie erhoben sich, wurden lustig und nahmen ihre Lebensweise wieder an. Ein Teil ging zum Spiel und Tanz, andere liefen in die Wirtshäuser, wo sie Wein forderten, sich betranken, tobten und zankten und endlich ihre Knüttel aufhoben und sich prügelten. Der Lärm ward immer ärger und drang endlich bis in den Himmel hinauf.

Der heilige Petrus, der das Himmelstor bewacht, glaubte, die Unterwelt wäre in Aufruhr geraten, und rief die himmlischen Heerscharen zusammen, die den bösen Feind, wenn er mit seinen Gesellen den Aufenthalt der Seligen stürmen wollte, zurückjagen sollten. Da sie aber nicht kamen, so setzte er sich auf sein Pferd und ritt durch das Himmelstor hinab in die Unterwelt. Da brachte er die Toten zur Ruhe, hieß sie sich wieder in die Gräber legen und nahm den Mond mit fort, den er oben am Himmel aufhing.

DER TAPIR UND DIE STERNE

Es gab einen Genipapobaum, zu dem die Kinder jeden Tag kamen. Sie kletterten auf den Baum, pflückten die reifen Früchte und aßen sie oben sitzend. Auch der Tapir, auch Anta genannt, ging täglich hin, um Genipapofrüchte zu suchen, hatte aber niemals Glück. Die Kinder pflückten sie nicht nur, sondern sammelten auch alle, die auf den Boden gefallen waren. Jedesmal hatte der Tapir den Weg umsonst gemacht. Eines Morgens gingen die Kinder zum Genipapobaum. Sie machten sich früh auf den Weg. Wie immer aßen sie die Früchte, die sie auf dem Boden fanden, und stiegen dann auf den Baum, um die zu essen, die noch oben hingen. Nachdem alle Kinder hinaufgeklettert waren, kam der Tapir. Als er sich langsam näherte, bemerkte eines der Kinder:

»Da kommt der Alte.«

Der Älteste von ihnen sah den Tapir kommen und riet den anderen: »Wir wollen dem Tapir ein wenig Genipapo geben, sonst wird er böse auf uns.«

Als der Tapir kam, schaute er von unten hinauf und fragte die Kinder:

»Gibt es viel hier?«

»Hier oben gibt es ziemlich viel.«

»So wirf mir ein wenig herunter«, bat der Tapir.

Die Kinder warfen einige Genipapofrüchte hinunter, und der Tapir begann zu fressen. Nachdem sie ihm zuerst ganze Früchte zugeworfen hatten, fingen sie an, nur noch die Schalen fallen zu lassen. Da wurde der Tapir böse auf sie und schlug mit dem Fuß gegen den Baumstamm, so daß alle Kinder zu Boden stürzten. Nur ein einziger Junge blieb auf dem Baum. Er fiel nicht herunter, als der Baum durch den Fußtritt des Tapirs erschüttert wurde. Von oben sagte er zu denen, die heruntergefallen waren:

»Warum habt ihr dem Tapir Schalen hingeworfen?«

Als die Kinder hinunterstürzten, zertrat und begrub der Tapir sie alle mit seinem Fuß. Nachdem er die Kinder getötet und begraben hatte, ging der Tapir sehr weit fort. Einige Zeit später kamen die begrabenen Kinder wieder zu Leben, einige als kleine Tracajá-Schildkröten, andere sogar als Menschen. Der Junge auf dem Baum sagte zu ihnen:

»Geht es euch gut da unten?«

»Es geht uns allen gut. Hast du gesehen, wohin der Tapir gegangen ist?«

Nachdem der Junge vom Baum aus die Richtung gezeigt hatte, sagten die Kinder unten:

»Wir müssen diesen Tapir töten.«

Alle brachen in die Richtung auf, in die der Tapir gegangen war. Nach einer Weile fanden sie einen Kothaufen und fragten ihn:

»Wohin ist dein Herr gegangen?«

»Er ist in diese Richtung gegangen, und es ist schon lange her, daß er hier war.«

Die Kinder setzten ihren Weg fort und fanden weitere Kothaufen. Sie stellten ihnen dieselbe Frage und erhielten dieselbe Antwort, daß der Herr schon vor langer Zeit dort gewesen sei. So verfolgten die Kinder tagelang den Tapir von Kothaufen zu Kothaufen. Nachdem sie viele Monde gegangen waren, begannen sie frischeren Kot zu finden:

»Wann ist dein Herr hier gewesen?«

»Vor fünf Tagen «, war die Antwort.

Da waren die Kinder froh und gingen schneller weiter. Ein anderer Kothaufen, den sie einige Tage später fanden, war noch feucht. Der nächste dampfte noch. Als die Kinder diesen letzten fragten, sagte er, sein Herr sei am selben Tag dort gewesen. Sie setzten ihren Weg fort und fanden ein Stück weiter ganz frischen Kot. Bald darauf fanden sie den Tapir. Er lag dort und schlief. Sogleich töteten sie ihn mit Spießen und Keulen. Sie schnitten ihn in Stücke, machten einen Scheiterhaufen und brieten das ganze Fleisch. Sie brieten alles, den Kopf, die Beine, das Hinterteil, alles. Dann aßen sie. Da die Kinder aber sahen, daß sie sehr weit fort waren, beschlossen sie, in den Himmel zu steigen. Zuerst schickten sie den Scheiterhaufen in den Himmel, dann stiegen sie selbst hinauf. Im Himmel blieben sie alle auf einem Fleck beisammen. Es sind die Sterne, die man in der kalten Jahreszeit im Süden und in der heißen im Norden sieht.

(1)

In der Jevenstedter Gegend ist der Mann im Mond ein Holzdieb. Ein Mann hatte einst Holz gestohlen – so wird nämlich von den Alten erzählt. Der Diebstahl kam heraus, doch der Dieb leugnete hartnäckig und sprach: »Habe ich dies Holz gestohlen, so will ich bis zum ewigen Tage in dem Mond sitzen.«

Seit der Zeit sitzt er da im Mond mit seinem Holzbündel auf dem Rücken.

(2)

In der Landschaft Schwansen in Schleswig wie auch in der Umgegend von Bornhöved in Holstein sammelte ein Mann im Mondschein dürre Reiser im Walde und trug sie auf dem Rücken heim. Unterwegs begegnete ihm der Herrgott und fragte ihn, ob er auch wüßte, wie das dritte Gebot hieße? Wie er das nicht wußte, sagte Gott (der Mann wußte nicht, daß er es war), daß er bestraft werden müsse, doch könne er wählen, ob er lieber in dem Mond oder in der Sonne sitzen wolle. Sprach der Mann: »Wenn ich durchaus bestraft werden muß, so will ich lieber in dem Mond erfrieren als in der Sonne verbrennen.« Und so ist es denn auch gekommen.

Die Sonne und der Mond waren Geschwister. Einmal im Winter, als große Dunkelheit herrschte, vertrieb man sich in den Häusern die Zeit mit dem Lampenlöschspiel. War das Spiel beendet, führten die Männer die Frau, mit der sie sich bei gelöschten Lampen vergnügt hatten, vor das Haus, zündeten Fackeln an und waren gespannt, mit wem sie zusammengewesen waren.

Als der Mond seine Gespielin hinausgeführt und eine Fakkel entzündet hatte, sah er, daß es die Sonne, seine Schwester, war.

Die Sonne schämte sich sehr, schnitt ihre Brüste ab und warf sie ihrem Bruder vor die Füße.

»Wenn ich so nach deinem Geschmack bin, dann kannst du sie auch essen!« rief sie voller Zorn.

Dann lief sie fort, und der Bruder setzte ihr nach. Beide hielten ihre brennenden Fackeln in den Händen.

Plötzlich, als sie so dahinstürmten, begannen sie sich zu erheben und flogen auf den Himmel zu.

Aber der Mond blieb zurück, und seine Fackel erlosch, so daß sie nur noch ein wenig glühte.

Schließlich erreichten beide den Himmel. Die Sonne, die ihre Fackel brennend erhielt, ist leuchtend und heiß. Aber der Mond, dessen Fackel nur glüht, kann nur leuchten, ohne Wärme abzugeben. Im Himmel haben sie nun ihr Haus, das in zwei Räume geteilt ist.

Im großen Sommer geht die Sonne niemals in ihr Haus hinein. Sie ist Tag und Nacht draußen. Und die Erde wird dann herrlich, wenn der Schnee fortschmilzt und die Blumen aus dem Boden sprießen. In dieser Zeit verläßt der Mond niemals sein Haus.

Aber im Winter, wenn die Sonne ihre Wohnung nie verläßt, kommt die große Dunkelheit, und dann wird es den Menschen unheimlich. Der kalte Mond leuchtet dann ganz allein. Aber da er den Menschen auch auf andere Weise helfen soll, verschwindet er zeitweise. Dann muß er nämlich Fangtiere für die Menschen holen. Daher sagt man zum Neumond: »Hab Dank, daß du mit Beute gekommen bist!«

Während der großen Dunkelheit fahren die Menschen nicht auf Fang, sie besuchen sich dann nur gegenseitig und singen Trommelgesänge. Nur wenn ein Bär in die Nähe der Häuser kommt oder sich im Loch eines Eisberges versteckt, zündet man große Fackeln an und jagt ihn.

Wenn das Sternbild des Großen Bären der Morgendämmerung begegnet, werden die Menschen von übergroßer Freude erfüllt, denn dann kommt das Licht bald wieder.

DER MORGEN- UND DER ABENDSTERN

Es waren einmal zwei Söhne des goldenen Himmelsgottes. Der eine hieß Hesperus, der andere Luzifer. Die beiden gerieten einst in Streit, und Hesperus schlug dem Luzifer die Hüfte entzwei. Da taten die beiden Sterne einen Schwur, sich nie mehr zu sehen. Hesperus kam immer nur abends hervor und Luzifer immer nur in der Früh, und erst wenn Hesperus verschwunden ist, wird Luzifer wieder sichtbar. Darum heißt es: Wenn zwei Brüder nicht in Frieden leben, so sind sie Hesperus und Luzifer.

BESONDERE EIGENSCHAFTEN UND FÄHIGKEITEN

Vor vielen, vielen Jahren, lange, bevor es an den Ufern des Großen Sklavensees Menschen gab, lebten alle Tiere friedlich zusammen, halfen einander und redeten eine gemeinsame Sprache. Damals gab es überall genug zu essen, und niemand brauchte Not zu leiden. In einem Winter jedoch blieb der Schnee länger als gewöhnlich liegen. Die Sonne wollte und wollte sich nicht sehen lassen, und in großen Flocken fiel das Schweigen vom Himmel. Bald deckte der Schnee die ganze Erde zu, und die hohen Tannen hatten Mühe, sich gegen den brausenden Sturm zu behaupten. Es gab so viel Schnee, daß selbst die höchsten Spitzen der Bäume unter der weißen Last begraben waren. Der Frühling ließ auf sich warten, und die Sonne schien gestorben zu sein, denn monatelang herrschte völlige Dunkelheit. Die Tiere hatten große Not zu leiden, und viele von ihnen verhungerten oder verirrten sich im Schnee, wo sie jämmerlich erfroren. Da beschlossen die Überlebenden, eine Abordnung in den Himmel zu schicken, die nachsehen sollte, wohin die Sonne wohl verschwunden war.

Mühsam stapften die Tiere nach Norden, denn dort, wo am Himmelseingang die Geister der Verstorbenen zu tanzen pflegten, daß der ganze Himmel leuchtete, dort mußte auch für sie ein Weg sein. Nach langer Suche fanden sie schließlich den Eingang zur oberen Welt und befanden sich bald darauf in einem Lande voller Sonnenschein und Wärme. Gras und Blumen gab es dort, und freundlich spiegelte sich die Sonne im Wasser eines Sees. Am Ufer aber stand das Zelt des

Schwarzen Bären, eines Tieres, das damals auf der Erde noch unbekannt war.

Neugierig traten die Tiere näher, betrachteten das Lederzelt aus Rentierhäuten und fanden so drei kleine Schwarzbären, die ängstlich in einer Ecke saßen. Der alte Bär jedoch war nicht daheim, sondern zum See gegangen, um Rentiere zu erlegen. Dies war die Zeit der großen Wanderung, und täglich schwammen die Herden der Karibus über den See, dort, wo sich die beiden Ufer fast berührten. Eigentlich hatte der Schwarze Bär die Aufgabe, den Eingang zur Oberwelt zu bewachen und ungebetene Gäste zu verscheuchen, aber manchmal ging eben der Jagdeifer mit ihm durch. Die drei kleinen Bären hatte er daheim gelassen, damit sie die heiligen Medizinbeutel im Zelt bewachen sollten, in denen ein großer Zauber verborgen war. Die Tiere wunderten sich, was wohl in den Beuteln sein mochte, aber die Bärlein blieben stumm, und selbst der Elch traute sich nicht, sie einfach aufzumachen und nachzuschauen.

Als die Tiere merkten, daß es ihren Brüdern, den Karibus, ans Leben gehen sollte, hatten sie großes Mitleid. Rasch sandten sie die Maus hinunter ans Ufer, damit sie die Paddel im Kanu des Bären zernagen sollte. Sogleich machte sich diese an die Arbeit, aber sie hatte kaum richtig begonnen, als der Schwarze Bär erschien, um auf die Jagd zu gehen. Mit mächtigen Schlägen paddelte er auf den See hinaus, ängstlich drängten sich die Rentiere zusammen, als sie den Jäger nahen sahen, und enttäuscht standen die Tiere am Ufer. Mit einem Male, als sich der Jäger mitten auf dem See befand, zerbrach das angenagte Paddel in seiner Hand, das Kanu kenterte, und der Schwarze Bär verschwand im Wasser.

Die Tiere hatten alles mit angesehen und machten sich sogleich über die heiligen Medizinbeutel her, um sie zu öffnen. Da fanden sie die Sonne, den Mond und die Sterne, die von der Erde verschwunden waren! Rasch warfen sie diese Beute hinunter auf die Welt, wo der Schnee sogleich zu schmelzen begann, als die Sonne plötzlich wieder schien.

Anschließend machte sich die Abordnung auf den beschwerlichen Rückweg, der allerdings nicht ohne Unfälle abging. Bison, seit jeher ein ungeschickter Geselle, der zudem noch äußerst kurzsichtig war, trat dem Biber aus Versehen auf den Schwanz. Das Blut spritzte über die Wildkatze, die neben dem Biber ging. Seit dieser Zeit hat die Wildkatze dunkle Streifen auf ihrem Fell, während der Biber mit einem platten Schwanz durchs Leben gehen muß. Der Elch stolperte über seine eigenen Beine und fiel auf die Nase; noch heute ist sie davon krumm und geschwollen. Die drei kleinen Bären aber folgten den übrigen Tieren aus reiner Neugierde.

Am Ende erreichten die Tiere die Erde; aber wie erstaunt waren sie, als sie nur eine riesige Wasserfläche vor sich sahen, aus der auch nicht ein einziger Baum ragte. Weit und breit war kein Land zu sehen, und niemand wußte sich einen Rat. Schließlich entdeckten die Fische, die bisher brav auf dem Lande gelebt hatten, daß sie schwimmen konnten. So nahmen sie ihre Gefährten auf den Rücken und schwammen davon, trockenes Land zu suchen. Die Enten aber bemühten sich vergeblich, das Land an die Oberfläche zu ziehen; ein Unterfangen, das sie seitdem noch nicht ganz aufgegeben haben, denn jedesmal, wenn sie im Wasser sind, versuchen sie es von neuem.

Als die Fische müde wurden, schickte man die Vögel aus,

um nach dem Lande Umschau zu halten. Ein sehr bunter Vogel, der sich auf sein Gefieder viel einbildete, war der Rabe. Er war ebenfalls auf die Suche gegangen. Aber statt sich anzustrengen, fand er einen alten Knochen, den er abzunagen begann. Zur Strafe wurde er ganz schwarz und verlor zu allem Überfluß auch noch seine schöne Stimme. Obgleich er bisher nur Körner und Beeren gefressen hatte, darf er nun nichts wie Abfälle verzehren und muß von dem leben, was andere fortwerfen.

Nach langer Suche fand das Schneehuhn schließlich trockenes Land, und zur Belohnung darf es seit dieser Zeit zwei Kleider tragen, ein weißes im Winter und ein braunes im Sommer. Alle Tiere machten sich auf, um sich ein trockenes Plätzchen zu suchen, und als sie an Land stiegen, wurden sie von den Zurückgebliebenen freudig begrüßt. Langsam verlief sich das Wasser, aber das alte Leben wollte sich nicht wieder einstellen. Jedes Tier zog in eine Gegend, die ihm besonders gefiel. Die Fische blieben im Wasser, die Hirsche zogen in die Wälder, der Biber, der sich seines platten Schwanzes wegen nicht mehr in der Gesellschaft anderer wohl fühlte, ließ sich mitten im See nieder, wo ihn niemand besuchen konnte. Die Vögel flogen in alle Richtungen, und der Elch zog in den Sumpf, um seine Nase zu kühlen. Langsam vergaßen die Tiere ihre gemeinsame Sprache. Lange Zeit danach sind dann die ersten Menschen ins Land gekommen.

Vor langen Zeiten wollte der Himmelsherrscher die Mondgöttin dem Sonnengott zur Gattin geben. Der Sonnengott war ziemlich häßlich, und die schöne Göttin wollte nicht mit ihm verheiratet sein. Mehrmals ging der Himmelsherrscher zur Göttin des Mondes und sagte ihr Gutes über den Gott der Sonne. Nicht gut sei in der Tat sein Äußeres, sagte der Himmelsherrscher, aber sein Herz sei gut. Nachdem der Himmelsherrscher mehrmals zu ihr gekommen war, meinte die Göttin, es wäre nicht höflich, den Antrag abzuweisen. Und deshalb sagte sie: »Ich nehme den Antrag an, unter einer Bedingung.« Der Himmelsherrscher sagte: »Sprich die Bedingung aus!«

»Die Frau des Sonnengottes will ich sein«, erwiderte die Göttin des Mondes, »vorausgesetzt, daß er mich selber holen kann. Kann er es nicht, wird aus der Heirat nichts.« Sofort nach diesen Worten ging die Mondgöttin eilig auf ihren Nachtspaziergang. Der Himmelsherrscher brachte inzwischen dem Sonnengott die Nachricht, und augenblicklich rannte der Sonnengott hinter der Mondgöttin her. Doch als er im Osten ankam, hatte sie schon den Westen erreicht; und als er im Westen ankam, war sie schon wieder im Osten. Sie einzuholen gelang ihm nicht. Und deshalb sind bis heute Mondgöttin und Sonnengott nicht miteinander vermählt.

In alten Zeiten stand ein großer Mond am Himmel, viel größer als der, den wir heute haben.

Eines Tages beschloß der Mond, zur Erde zu reisen. Er kletterte an dem Seil herab, das Himmel und Erde verband, und kam in ein Dorf, als alle Erwachsenen auf den Feldern waren und nur die Kinder spielten. Der Mond tötete einige Kinder und fraß sie auf.

Als die Eltern von den Feldern zurückkamen, konnten sie nicht verstehen, was mit ihren Kindern geschehen war. Jedesmal, wenn sie auf den Feldern waren, kam der Mond, tötete und fraß ihre Kinder. Schließlich hielten die Eltern eine Versammlung ab, besprachen die Angelegenheit und beschlossen, daß ein Mann aufpassen und herausfinden sollte, wer ihre Kinder tötete. Am nächsten Tag gingen wieder alle zur Arbeit, aber ein Mann versteckte sich im Bananenfeld. Nach einer Weile sah er den Mond an dem Seil herabklettern, ein paar Kinder fangen und fressen. Dann kletterte er schnell in den Himmel zurück.

Am Nachmittag kehrten alle Menschen ins Dorf zurück und hörten die Geschichte des Mannes.

Am nächsten Morgen rüsteten sie sich mit Äxten, Speeren und Pfeilen, um den Mond zu töten. Sie taten, als gingen sie auf die Felder, versteckten sich aber im Dorf. Nur die Kinder blieben im Freien und spielten, so daß der Mond sie sehen konnte.

Nach einer Weile kletterte der Mond langsam am Seil herab, schaute sich sorgfältig um, konnte aber niemanden entdecken. Dann ließ er das Seil los und verfolgte die Kinder. Die Menschen stürzten sich auf ihn. Einige zerschnitten schnell das Seil, an dem er in den Himmel kletterte, so daß er nicht mehr entwischen konnte. Dann töteten sie ihn und zersplitterten ihn in kleine Stücke und warfen sie in die Gegend.

Von da an herrschte Dunkelheit in der Nacht, und die Menschen waren unglücklich, weil es nun überhaupt kein Licht mehr gab.

Schließlich versammelten sich Menschen, Vögel und Tiere, um etwas anderes zu finden, das ihnen leuchten könnte. Aber sie fanden nichts, was dem Mond ähnlich gewesen wäre.

Da schlugen die Vögel vor, man könne doch wenigstens ein Stück des alten Mondes wieder am Himmel befestigen. Sie sahen sich nach dem stärksten Vogel um und wählten den Adler. Er nahm ein Stück Mond und flog hinauf, bis er müde wurde, aber der Himmel war noch weit weg, und er kehrte zur Erde zurück. Alle großen Vögel wurden ausgewählt, den Mond hinaufzutragen, aber keiner konnte den Himmel erreichen.

Schließlich baten sie den Spatz, der sein Nest unter den Felsen baut. Der Pentaung-Vogel, der noch viel kleiner ist als der Spatz und rote Brustfedern hat, sollte ihn begleiten.

Die zwei Vögelchen hielten gemeinsam den Mond und flogen in den Himmel. Sie passierten die Stelle, die die großen Vögel erreicht hatten, und flogen höher und höher, bis sie an den Himmel kamen und an die Stelle, an der der Mond vorher gewesen war. Dort setzten sie den kleinen Mond ab und befestigten ihn.

Die ganze Welt war überrascht und glücklich, als sie den Mond wieder am Himmel sah, wenn es auch nur noch ein kleines Stück war. Als die beiden Freunde zurückkamen, bedankten sich Vögel und Menschen.

An klaren Nächten kann man einen Ring um den Mond sehen – das gibt euch eine Vorstellung davon, wie groß der ursprüngliche Mond einmal war.

WESHALB DIE EULE BEI VOLLMOND SCHREIT

Es wird erzählt, daß früher einmal im Himmel ein Reich existierte, das von einem Raja mit seiner Gemahlin und seinen drei Söhnen regiert wurde. Wegen seiner Lage im Himmel erhielt das Reich den Namen »Himmelland«. Weiter wird erzählt, daß Himmelland ein blühendes Reich war, dessen Bürger einmütig und friedfertig lebten, so daß es nicht erstaunlich war, wenn viele Kaufleute und Händler dorthin zu Besuch kamen. Unter den Kaufleuten und Händlern, die kamen, waren auch Kaufleute aus Erdenland anzutreffen, dem größten Feind von Himmelland. Die ankommenden Kaufleute und Händler vergaßen nie, dem klugen und weisen Herrscher von Himmelland Geschenke und Gaben als Dankeszeichen zu übergeben.

Es verwundert nicht, wenn der Herrscher von Erdenland mißgünstig die schnelle Entwicklung in Himmelland ansah und immer nach einer günstigen Gelegenheit suchte, es zu vernichten. Allerdings mußte der Herrscher von Erdenland eine recht lange Zeit auf die von ihm ersehnte Gelegenheit warten, denn zunächst besaß der Herrscher von Himmelland noch keine Tochter. Der Herrscher von Erdenland beabsichtigte nämlich, seinen Feind erst dann anzugreifen, wenn der eine erwachsene Tochter besitze, um sodann die Prinzessin zu entführen und zu seiner Königin zu machen.

Doch zurück zum Leben der Familie des Herrschers von Himmelland. Schon lange sehnte sich der Herrscher nach einer Tochter, und eines Tages, so wird berichtet, versammelte er die Ulama, die Weisen, die Minister und die Generale und auch alle anderen Würdenträger des Landes um sich. Er wünschte von ihnen Auskunft darüber zu erhalten, ob er einmal eine Tochter bekommen werde. Da trat einer der anwesenden Weisen hervor, küßte des Herrschers Hand, gab sie wieder frei und studierte sie dann voller Aufmerksamkeit. Dann fiel er auf die Knie, verneigte sich und sprach: »Mein Herr! Zunächst möchte ich Euch meine Ergebenheit bekunden und um Gnade wegen meiner Dreistigkeit bitten, Euch zu prophezeien, was sich mit Euch zutragen wird. Nach Betrachtung der Rillen und Linien in Eurer Hand, mein Herr, werdet Ihr wohl in Kürze eine Tochter bekommen. Diese Tochter wird ein schönes und anmutiges Mädchen werden, und kein Mensch im ganzen Erdenland wird sich mit ihr an Schönheit messen können. Doch Gnade, mein Herr! Tausendfach Gnade«, verneigte sich der Weise und fuhr in seiner Prophezeiung fort. »Durch diese Tochter, die demnächst geboren werden wird, wird Euer ruhmreiches Land zugrunde gehen, denn ein Herrscher von Erdenland, der Himmelland schon immer beneidet, wird Euch angreifen, weil er Euch Eure Tochter, die Ihr auf Händen tragt, entreißen will. Dann werdet Ihr, Herr, mit dem von Euch geliebten Himmelland und zusammen mit den Ministern, den Generalen, den Bürgern und dem gesamten Staat zugrunde gehen.«

Dann – nicht lange darauf – bewahrheitete sich die Prophezeiung für den Herrscher. Nachdem der Zeitpunkt gekommen war, den die allmächtigen Götter vorausbestimmt hatten, gebar die Königin dem Herrscher die langersehnte, reizende und anmutige Tochter. Alle Palastangehörigen und die gesamte Bevölkerung von Himmelland freuten sich mit und begrüßten die Geburt der Prinzessin. In allen Ecken des Landes hielten die Bürger Festlichkeiten ab, veranstalteten Wettkämpfe und die verschiedensten Spiele als Zeichen ihres Jubels und ihrer Mitfreude über das Glück, das die Angehörigen des Herrscherhauses durch die Geburt der Prinzessin erfahren hatten. Man verhätschelte die neugeborene Prinzessin und übergab sie einer Amme, die sie ordentlich versorgen und pflegen sollte. Und immer, wenn der Herrscher Zeit hatte, rief er nach der Amme, und die brachte dann die Prinzessin, damit der Herrscher sie sich anschauen konnte. So groß war die Liebe des Herrschers zu seiner neugeborenen Tochter.

Als dann die Prinzessin herangewachsen war, so wird erzählt, erinnerte sich der Herrscher an die Prophezeiung des Weisen damals in dem Palast, der erklärt hatte, Erdenland werde einmal sein Land angreifen und es vernichten, um die Prinzessin zu bekommen. Im Herzen des Herrschers entstand der Wunsch, die Prinzessin an einen Ort zu bringen, der als sicher angesehen werden konnte, wenn Erdenland tatsächlich einmal einen Angriff unternehmen sollte. Aber es sah so aus, als gäbe es keine andere Möglichkeit, die als sicher gelten konnte, als die Prinzessin zu nehmen und auf dem

Mond zu verstecken und dort für einige Zeit zu lassen. Da befahl der Herrscher, auf dem Mond einen prächtigen Palast zu bauen. An einem Tag, der vorher festgelegt worden war, brach die Prinzessin gemeinsam mit ihrer Amme zum Mond auf, begleitet mit aller Würde, wie es herrschaftlicher Brauch ist. Der Herrscher und die Königin – Begleiter der von ihnen sehr geliebten Prinzessin – vergossen nur Tränen und vermochten nicht das geringste zu sagen. All dies hatte seinen Grund in der Liebe des Herrschers zu der Prinzessin, der er ersparen wollte, in die Hände des als roh bekannten Herrschers von Erdenland zu fallen.

Unterdessen verbreitete sich unter den Bewohnern der Erde die Nachricht, daß der Herrscher von Erdenland eine große Armee zur Vorbereitung eines Angriffes auf Himmelland aufstellte, denn er begehre sehr die Tochter des Herrschers von Himmelland. Jeden Tag wurden Militärübungen abgehalten, und auch eine Art von Wehrpflicht für alle Bürger des Reiches wurde eingeführt. Alle Vorbereitungen für den Krieg wurden getroffen, um dann einen glänzenden Sieg davontragen zu können. Als der vorher festgelegte Zeitpunkt dann gekommen war, drangen die Truppen von Erdenland in das Gebiet von Himmelland ein, und von flammender Begeisterung getragen, marschierten sie auf seinen Palast zu. Der Angriff auf den Palast wurde vom Herrscher von Erdenland persönlich geführt, und als sie ihn erreicht hatten, suchte er sogleich nach der Prinzessin. Sehr groß wurde der Zorn des Herrschers von Erdenland, als er erkannte, daß die Prinzessin versteckt worden war, um sie dem Zugriff der Erdenleute zu entziehen. Der Herrscher von Himmelland wurde zusammen mit seiner Königin, sämtlichen Ministern, den Generalen und allen Palastangehörigen durch die Streitkräfte von der Erde getötet, auch die Gebäude rings um den Palast wurden völlig zerstört und dem Boden gleichgemacht. Zunächst hatten die Armeen von Himmelland noch den Angriffen der Streitkräfte von Erdenland widerstehen können, doch weil dessen Truppen immer zahlreicher wurden, konnten die Heere im Himmel den entsetzlichen Angriffen nicht standhalten.

Es dauerte nicht lange, und die traurige Nachricht erreichte die auf dem Mond wohnende Prinzessin, und ihr Schmerz war groß, als sie hörte, daß Vater, Mutter und alle Palastangehörigen von den Armeen aus Erdenland getötet worden waren. Sie wünschte, das Grausame, das ihr der Herrscher von Erdenland angetan hatte, zu vergelten, doch was sollte sie tun? Sie, eine Prinzessin, dazu noch ohne Reichsinsignien und mit zerstörtem Kriegsgerät. Jetzt besaß sie nur noch eine Amme, die sie sehr liebte. Seitdem die Prinzessin die Unglücksbotschaft vernommen hatte, war sie immer traurig. Tagsüber war ihre einzige Tätigkeit, an einem Fenster des Palastes zu sitzen, zu grübeln und dorthin zu starren, wo früher der jetzt zerstörte Palast ihres Vaters gestanden hatte. Währenddessen suchte die Amme ständig nach einem Mittel, um die Prinzessin zu trösten, doch alles war vergeblich, denn die Prinzessin dachte ständig an das Antlitz ihrer Eltern und an den Glanz ihres Palastes.

Eines Tages dann, so wird erzählt, als die Prinzessin so ins Leere starrte und an die ruhmvollen Zeiten früher im Reiche ihres Vaters dachte, da fiel ihr Blick plötzlich auf eine Blume, die sich auf der Erdoberfläche entfaltete. Die Blume sah äußerst prächtig aus und funkelte, von den Strahlen der Sonne getroffen. Die Prinzessin wünschte sich, sie zu besitzen, doch was sollte sie tun? Die Blume befand sich auf der Erde, im Gebiet des Landes, das früher das Reich ihres Vaters zerstört hatte. Sie wollte gerne hinuntergehen, fürchtete aber, der Herrscher von Erdenland könne sie ergreifen. Dennoch bat sie die Amme, ihr die Erlaubnis zu geben, auf die Erde hinabzusteigen und jene Blume zu holen. Die Amme riet ihr, auf keinen Fall einen Fuß auf den Boden der Erde zu setzen, denn wenn sie einmal dorthin gegangen sei, werde sie bestimmt nicht mehr nach oben kommen können.

Die Prinzessin beachtete den Rat ihrer Amme nicht, und eines Tages stieg sie herab auf die Erde, ohne ihrer Amme vorher Bescheid zu geben, um die Blume, nach der sie sich schon lange sehnte, zu holen. Groß war ihre Reue, denn das, was sie als eine Blume angesehen hatte, waren offensichtlich nichts anderes als hier und dort verstreute Zuckerrohrabfälle. Auch erkannte sie, daß sie sich in eine Falle begeben hatte und daß Abfall und Schmutz nur ein Köder gewesen waren. Sie versuchte, zurück zum Mond zu fliegen, aber was sollte sie tun? Auf einmal konnte sie ihre Flügel nicht mehr bewegen. Da entfernte sie sich von jenem Ort und setzte sich verlassen und grübelnd unter einen Baum, wobei sie sich aus Furcht, ein Bewohner der Erde könne sie sehen, verborgen hielt. Als sie über ihr Geschick nachdachte, schoß es ihr auf einmal in den Sinn, den Baum zu ersteigen und von dort zu versuchen, zurück zum Mond zu fliegen. Offensichtlich war es der Prinzessin aus dem Himmel aber vorbestimmt, immer, wenn sie hochflog, zurückkehren zu müssen, denn ihre Bemühungen, zum Mond zu gelangen, blieben erfolglos. Dabei verwandelte sich ihr Körper, ohne daß sie sich dessen bewußt wurde,

Stück für Stück in den eines Vogels, und mit der Zeit wurde sie zu einer richtigen Eule.

Das ist der Grund, warum man bei Vollmond immer eine Eule schreien hören kann, die dabei von Baum zu Baum fliegt und sich bemüht, zu ihrer Amme zurückzukehren.

Die Amme im Mond wartet schon lange auf ihre Ankunft, doch niemand kommt. So sitzt sie sinnend unter einem großen Waringin-Baum, und das ist das, was man bei Vollmond deutlich sicht: einen Waringin und unter ihm einen sitzenden Menschen.

DER ANFANG DER SONNENFINSTERNIS

Diese Geschichte ist eine Geschichte der alten Leute von früher. Meine Mutter hörte sie und erzählte sie mir. Das ist der Anfang der Sonnenfinsternis, so sagen sie, als Mond und Sonne einander begegneten. Ich war erst fünf Jahre alt, als ich die Geschichte von meiner Mutter hörte.

Eines Tages unterhielten sich die alten Leute darüber, was der Anfang der sogenannten Sonnenfinsternis war. Die vergangenen Jahre, in denen der Mond und die Sonne Eheleute waren, können nicht gezählt werden, sagten sie. Sie liebten sich sehr, und sie riefen einander »Oh, mein Mond« – »Oh, meine Sonne«, und sie würden sich nicht voneinander trennen, sagt man. Wo auch immer sie hingingen, sie gingen immer zusammen. Sie waren schon lange Gefährten füreinander. Wenn die Sonne des Nachts unterwegs war, ging der

Mond ganz gewiß mit ihr. Der Mond war männlich, und die Sonne war weiblich.

Eines Tages war der Mond über die Sonne verärgert, denn sie kam lange nicht nach Hause. Der Mond war eifersüchtig. Sie stritten miteinander, bis sie sich voneinander trennten. Sie schworen einander, daß sie sich nie wieder treffen würden. Damit sie sich nicht treffen würden, würde der Mond des Nachts reisen und die Sonne würde tagsüber unterwegs sein. Deshalb, wenn der Mond scheint, ist der Mond unterwegs. Denn sie schworen einander, daß wenn sie sich treffen würden, die Erde dunkel werden würde.

Eines Nachts war der Mond unterwegs. Sie wußten nicht, daß ihnen der [mythische] Mandukawa-Vogel auflauern würde. Das Licht des Mondes erstrahlte nicht, denn der Mandukawa-Vogel hatte ihn in seinen Schnabel genommen. Der Mandukawa-Vogel wollte den Mond nur dann freigeben, wenn die Leute hier auf der Erde sehr laut schreien würden. Da waren einige Leute, die auf Büchsen schlugen. Die Leute machten einen großen Lärm. Da ließ der Mandukawa-Vogel den Mond frei. Nun war die Nacht wieder klar, denn das Mondlicht strahlte wieder.

Eines Tages schlief der Mond. Er wußte nicht, daß es bereits Tag war. Die Sonne war noch nicht direkt über ihm, als er plötzlich aufwachte und sich auf den Weg machte. Er dachte nicht, daß er die Sonne treffen würde. Die Sonne war erstaunt, denn etwas hatte ihr Licht weggenommen. Die Sonne schaute: Es war der Mond. Sie ärgerte sich. Ihre Lichtstrahlen hatten sich getroffen. Plötzlich wurde die Erde dunkel. Das nannten die Leute von damals Sonnenfinsternis. Die Sonnenfinsternis dauerte lange, und die Leute waren sehr traurig. Ihre Leiter sagten: »Holt eure Sachen, die ihr zum Feuermachen benutzt, und macht Feuer, zündet eure Lampen an.« Nachdem sie Feuer gemacht hatten, dauerte es nicht lange, bis es wieder hell wurde. Die Leute freuten sich, daß sie nun die Sonne wieder sahen. Es war bereits Nachmittag. Sie waren erstaunt, daß der Mond neben der Sonne war.

Die alten Leute sagen, daß das der Grund ist, weshalb es eine Sonnenfinsternis gibt, weil die Sonne und der Mond einander begegneten.

DER HIRTE HERSCH

Das war einmal vor sehr langer Zeit, vielleicht noch damals, als im Wassertal und in den jüdischen Gemeinden an der Wischau noch keine Menschen lebten; es war einmal, und wenn es nicht gewesen wäre, würde man es nicht erzählen, und meine selige Bobe, die Rochele vom Schneider Zurowitsch, hätte die Geschichte nicht gehört, und dann hätte auch ich sie nicht gehört, »fun der Bobe mejne«, und auch du, mein Hawerle, hättest diese Geschichte nicht aufschreiben können.

Es ist die Geschichte vom Hirten Hersch – »a Kaskale, a jiddisches, fun wie es is gewejn«.

Ich hab gesagt, daß diese Geschichte sich vor sehr langer Zeit zugetragen hat, also, das könnte vor einigen tausend Jahren gewesen sein; und ich hab gesagt, daß damals hier in der Gegend noch keine Menschen lebten. Das ist richtig. Aber einen Menschen gab es damals doch, und das war der Hirte Hersch. Ob er nun der einzige Mensch war, der hier auf den Bergen lebte – wer weiß?

Von anderen Menschen hab ich nichts gehört, und auch meine Bobe hat davon nichts erwähnt, als sie dies Kaskale erzählte.

Also: Oben auf dem hohen Berg, der dort drüben steht, neben dem Pjetroß, etwas weiter nach Norden hin, am Rande der Bukowina, man nennt ihn Tschorna Hora, den Schwarzen Berg, dort oben also wohnte einst ein Hirte, und der hieß Hersch, einfach Hersch, denn den Namen seines Vaters wußte man nicht.

Dieser Hersch hatte dort eine Styna, und in der kleinen Kulibn wohnte er den ganzen Sommer hindurch. Erst wenn der erste Schnee fiel, das war meist schon Anfang Oktober, zog er mit seinen vielen Schafen ins Tal hinunter, an die Goldene Bistritz, und dort verbrachte er dann die Wintermonate – immer ganz allein, nur mit seinen Hunden und den Schafen, etwa hundert Stück.

Wie das so ist, auch heute noch, die Menschen hier im Tal können alle Ski laufen, die kleinen Kinder lernen es bereits, wenn sie kaum noch richtig gehen können, und die Alten können es noch, wenn sie sich beinahe schon auf Krücken fortbewegen müssen.

Auch der Hersch konnte Ski laufen, und er konnte es sehr gut; denn wie hätte er sich sonst fortbewegt, wenn der Schnee zwei Meter hoch steht? No na, nur mit Skiern, wie sonst?!

Da hat es einmal mehrere Tage immerzu geschneit. Und als sich am Himmel noch mehr Schneewolken übereinandertürmten, konnte eines Abends der Mond nicht mehr aus seinem Haus treten, und da war es furchtbar dunkel, und es schneite weiter.

Am zweiten Abend stemmte sich der Mond gegen die Tür seiner Kulibn und versuchte, die schweren Schneewolken wegzuschieben, denn er wollte ja seinen Weg gehen, oben am Himmel, um dem armen Hersch, der unten im Tal wohnte, ein wenig zu leuchten.

Der Mond war ja nicht besonders stark, er hatte nicht die Kraft eines Hirten oder Bauern, und so stemmte er sich immer wieder gegen die klumpigen, nassen Schneewolken, er stemmte sich so lange dagegen, bis ihm beinahe der Atem ausging. Aber dann hatte er es doch geschafft.

Mühsam kroch er aus seiner Kulibn heraus und stieg auf die Schneewolke, die ihm den Ausgang versperrt hatte.

Die aber schüttelte sich vor Ärger, weil der Mond nun auf ihr herumtrampelte, sie schüttelte sich so stark, daß er in ihren kalten großen Bauch hineinrutschte. Jetzt war der Mond gefangen, und es blieb weiterhin dunkel.

Als Hersch merkte, daß da oben am Himmel etwas geschehen war, nahm er seine Ski, schnallte sie an, legte einen kleinen Brinsn und ein gutes Stickele von der Mamaliga in seine Trajsta, und stieg so auf den Tschorna Hora.

Als er oben auf dem Berg angekommen war, sah er, daß die Wolken so nah waren, wie du, mein Hawerl, jetzt hier sitzt. Also, er hätte ihnen eine Tetschen geben können. Und wie er staunte und sich wunderte, hörte er auch eine leise Stimme: »Hilf mir, Hersch, hilf mir, daß ich herauskommen kann, weil da drinnen ist es so naß und kalt!« Tjuh, wer war das? Das war der Mond, der in der Wolke steckte und mit den Zähnen klapperte.

»Lua-te-ar naiba!« sagte der Hersch auf walachisch, weil er wußte, daß die Wolken kein Jiddisch verstehen. Dann holte er Streichhölzer hervor und verbrannte seine Trajsta (schade drum, aber er konnte sich ja nachher eine andere weben, Wolle hatte er ja genug von den vielen Schafen).

Das Feuerchen von der Trajsta aber war stark genug, und an einer Stelle begann die Schneewolke zu schmelzen; das genügte, denn nun half der Mond mit seinen feinen weißen Händen etwas nach, und schließlich konnte er aus der nassen kalten Schneewolke herauskriechen.

Er bedankte sich beim Hersch, denn der hatte ihm ja das Leben gerettet (der Mond wäre vielleicht schon in den nächsten Tagen erfroren, und dann hätten wir auch heute nur noch stockdunkle Nächte). Dann aber machte sich der Mond sogleich auf den Weg, um all den Lebewesen, die es damals auf der Erde gab, zu leuchten.

Der Hirte Hersch aber fuhr auf seinen alten Skiern wie der Wind den hohen Berg hinunter und war sehr bald wieder bei seinen Schafen.

Lange danach, als Menschen von überall ins Tal zogen und der Hirte Hersch längst nicht mehr lebte, fragte einmal ein Kind seinen Großvater, was das für ein weißer Weg sei, der nachts über den Himmel führt. Und da sagte ihm der Großvater das, was er von anderen Leuten gehört hatte, und denen wiederum hatten es auch andere Leute erzählt: »Das ist die Spur von den Skiern des Hirten Hersch, als er oben am Himmel war.«

VOM SONNENGOTT UND
DEN MONDMÄDCHEN

Zu der Zeit, als die ersten Menschen auf der Welt lebten und langsam begannen, überall zu siedeln, hatte der Sonnengott zwölf Schwestern als Frauen. Sie lebten alle mit ihm im Himmel, bei Tage leuchteten sie, die Nächte aber waren damals ganz finster und ohne jedes Licht.

Hin und wieder besuchte der Sonnengott die Menschen, um sich von ihnen Fleisch zum essen zu holen, und bei der Gelegenheit fragte er sie: »Wie geht es euch? Gibt es etwas, womit ich euch helfen kann?«

»Ja«, sagten sie, »das gibt es. Wir haben es immer sehr schwer in der Nacht, weil wir gar nichts sehen können. Gib uns doch ein Licht für die Nacht!«

Der Sonnengott versprach es. Und nachdem er in den Himmel zurückgekehrt war, sagte er zu seinen Frauen: »Hört!« sagte er, »die Menschen haben sich beklagt, daß sie während der Nacht nichts sehen. Ich habe nun beschlossen, daß immer sechs von euch bei mir bleiben sollen und mit mir wach sein und mit mir schlafen. Und die sechs anderen sollen am Tage schlafen und in der Nacht über die Himmelswiese gehen. Und in einigen Jahren werden wir wechseln, und dann sollen die Mädchen, die bei mir gewesen sind, in der Nacht auf die Himmelswiese gehen, und die andern sollen mit mir leben.«

Wie der Sonnengott es befohlen hatte, so geschah es. Und die Menschen freuten sich, weil die sechs Mondmädchen in der Nacht ein gutes Licht gaben, so daß man auch während der Nacht auf die Jagd gehen oder fischen konnte.

Es verging einige Zeit. Aber man muß wissen, daß die Mondmädchen sehr heißblütig waren, und die Zeit, da sie nicht mit dem Sonnengott schlafen konnten, machte sie noch hitziger. Und sie konnten den Zeitpunkt nicht mehr erwarten, da sie den Dienst mit ihren sechs Schwestern wechseln sollten. Endlich aber war es soweit, und der Sonnengott sagte zu jenen Mädchen, die bei ihm waren: »Geht zu euren Schwestern und löst sie in ihrem Dienst ab!«

Als nun aber die sechs Mondmädchen, die in der Nacht geleuchtet hatten, zum Sonnengott kamen, da wollte jede von ihnen zuerst auf sein Lager. Sie rissen sich und prügelten sich bis aufs Blut, und da der Sonnengott mitten unter ihnen war, wurde er auch gekratzt und geschlagen, bis er blutete. Das Blut aber tropfte auf die Erde herunter, und wo es niederfällt, da bildet sich auf einmal Gold, wenn es Blut vom Sonnengott ist, und Silber, wenn es Blut von einem Mondmädchen ist.

Der Sonnengott aber wurde sehr zornig, als er sah, wie es da zuging und wie sich die Mondmädchen um ihn rauften. Und er sagte: »Von jetzt ab werden wir es anders machen, damit ihr nicht mehr so hitzig werdet und übereinander herfallt. Es soll nur mehr eine in der Nacht leuchten, und auch das nur mehr zwanzig Nächte hindurch. Die andern aber sollen bei mir bleiben.«

Und so geschah es.

Wenn nun das Mondmädchen, das seinen Dienst auf der Himmelswiese antritt, kommt, dann ist es so erschöpft, daß es ganz schmal ist und kaum leuchten kann. Aber nach einigen Tagen erholt es sich und wird ganz rund und prall wie eine schöne Frau. Es dauert aber nicht lange, da wird die Sehnsucht nach dem Sonnengott bei ihr so groß, daß sie wieder schmaler wird. Und endlich sehnt sie sich so nach ihrem Mann, daß sie vom Himmel verschwindet, wenn sie auch eigentlich in der Nacht noch ihren Dienst tun und leuchten sollte. Und da die Schwestern einander gern haben, verraten sie die Schwester nicht, die früher heimkommt, denn jede zählt darauf, daß die andern auch sie nicht verraten werden, wenn sie Dienst haben.

SONNE UND MOND

In alten Zeiten, da lebten in einem Haus fünf Leute zusammen, Vater, Mutter, Sohn und Tochter und noch ein ganz kleines Kind. Eines Tages ging die Mutter in das Dorf auf der anderen Seite der Berge, um für jemanden zu weben. Obwohl der Tag zu Ende ging, war die Mutter noch nicht zurückgekommen, und da verriegelten die Kinder die Tür und warteten darauf, daß die Mutter zurückkomme.

Die Mutter mußte bis zu dem Dorf, in das sie wegen ihrer Webarbeit ging, zwölf Pässe überqueren. Als sie mit ihrer Arbeit fertig war, bekam sie als Entlohnung Reiskuchen, und die trug sie auf dem Kopf und kehrte zurück. Doch als sie einen Paß heraufkam, saß ein Tiger zusammengekauert da und sagte: »Alte, Alte, wenn du mir einen Reiskuchen gibst, dann werde ich dich nicht fressen«, und sie nahm einen Reiskuchen heraus und gab ihn her.

Als sie zum nächsten Paß heraufkam, verlangte wieder ein Tiger: »Alte, Alte, wenn du mir einen Reiskuchen gibst, dann werde ich dich nicht fressen«, und sie nahm wieder einen Reiskuchen heraus und gab ihn her.

Als sie den nächsten Paß heraufkam – war da doch wieder ein Tiger, der die gleichen Worte wiederholte.

Und diesmal blieb ihr nur ein einziger Reiskuchen übrig.

Als sie wieder einen Paß heraufkam, kam wieder ein Tiger heraus, ihm gab sie das letzte Stück.

Am nächsten Paß sagte ein Tiger: »Alte, wenn du mir einen Arm gibst, werde ich dich nicht fressen«, und sie gab ihm einen Arm. Als sie den nächsten Paß heraufkam – kam ein Tiger heraus, und sie mußte ihm den anderen Arm überlassen. Noch einen Paß kam sie herauf – ein Tiger kam, und sie gab ihm ein Bein. Und als sie den nächsten Paß überqueren wollte, kam wieder ein Tiger, und sie mußte sogar das letzte übriggebliebene Bein weggeben.

Und der Tiger am nächsten Paß fraß die Mutter ganz auf, zog sich ihre Kleider an und ging zu ihrem Haus. »Kinder, Kinder! Macht die Tür auf!« rief er, die Kinder aber sagten: »Das ist nicht die Stimme unserer Mutter« – und da sagte der Tiger: »Ja, ich bin über zu viele Pässe gelaufen, da habe ich mich erkältet, deshalb ist meine Stimme so.« Die Kinder verlangten nun: »Dann streck mal deine Hand aus!« Und der Tiger streckte seine Pfote aus. Als die Kinder sahen, daß da Haare drauf waren, meinten sie, das sei nicht die Hand ihrer Mutter. Und da erklärte der Tiger, das sei durch die Weberei so geworden, und verlangte, sie sollten die Tür endlich aufmachen. Und die Kinder machten die Tür auf.

Der Tiger kam ins Zimmer, umarmte das kleinste Kind, und mit »krach, krach« biß er ihm in die Hand und fing an zu kauen. Die anderen Kinder fragten, als sie das hörten: »Mutter, was ißt du denn da?«

»Im Nachbarhaus habe ich geröstete Bohnen bekommen, und die esse ich« – doch da erkannten die Kinder, daß das nicht ihre Mutter war, und sie fürchteten sich. Das Mädchen ließ sich was einfallen: »Mama, ich muß mal!«

»Dann mach in den Topf!«

»Aber wenn Vater kommt und schimpft?«

»Dann geh auf die Veranda und mach da!«

»Aber wenn Vater kommt und da reintritt?«

»Schon gut, ich bind' dir dies Seil um, dann gehst du raus in den Garten und machst dort.«

Und so banden sich Bruder und Schwester das Seil am Körper fest, gaben das andere Ende dem Tiger, gingen hinaus in den Garten, taten so, als ob – und machten sich in Wirklichkeit davon. Das Seil banden sie an einem Mörser fest, liefen weg und kletterten auf eine Pappel neben dem Brunnen. Der Tiger wartete, dann versuchte er, am Seil zu ziehen, aber es hing fest. Komisch, dachte er, und ging hinaus. Er sah nicht, wohin die Kinder gegangen waren, nur, daß das Seil am Mörser festgemacht war. Der Tiger lief hierhin und dorthin und suchte die Kinder, so kam er auch zum Brunnen. Als er in den Brunnen sah – waren die Kinder da drin. Als er das sah, wollte er in den Brunnen hinuntersteigen. Die Kinder sahen das mit an und mußten laut lachen. Da blickte der Tiger auf zur Baumspitze, und da oben waren die Kinder.

Der Tiger wollte auch auf den Baum klettern und gab sich alle Mühe, aber er schaffte es nicht. »He, ihr Kinder! Wie seid ihr denn da hinaufgekommen?«

»Im Nachbarhaus haben wir Sesamöl geholt und auf den Baum geschmiert, dann sind wir hochgeklettert«, sagten die Kinder, und kaum hatten sie geantwortet, schon lief der Tiger zum Nachbarhaus, holte Sesamöl, schmierte es auf den Baum und versuchte hinaufzugelangen, aber es war zu glitschig, und er konnte erst recht nicht hinauf. Und so fragte er die Kinder noch einmal: »Wie seid ihr da raufgekommen?«

»Ins Nachbarhaus sind wir gegangen, haben ein Beil geholt, Kerben gemacht und sind so heraufgeklettert.«

Da holte der Tiger ein Beil, machte Kerben und kam so fast ganz den Baum hinauf.

Die Kinder bekamen Angst und sahen zum Himmel auf. »Gott, Gott, wenn du uns helfen willst, dann laß uns ein gutes Seil herunter. Wenn du uns aber sterben lassen willst, dann laß ein schlechtes Seil herunter!« sagten sie, und da kam ein gutes Seil herunter. Daran kletterten sie zum Himmel hinauf.

Auch der Tiger sprach: »Gott, Gott, wenn du mir helfen willst, dann laß mir ein gutes Seil herunter. Wenn du mich aber sterben lassen willst, dann laß mir ein schlechtes Seil herunter«, und es kam etwas herunter, was wie ein gutes Seil aussah, und er freute sich und kletterte daran hinauf. Doch weil dieses Seil ein schlechtes, schon gebrauchtes Seil war, riß es, als er auf halbem Wege war, und er fiel herunter auf ein Maisfeld und starb. Und weil die Maisstengel mit Blut besprizt wurden, färbten sie sich rot.

Als die beiden Kinder in den Himmel kamen, wurde zuerst einmal der Junge die Sonne und das Mädchen der Mond. Aber das Mädchen fürchtete sich, weil es immer nachts draußen herumziehen mußte, und so tauschten sie miteinander, und das Mädchen wurde die Sonne und der Junge der Mond.

DIE ERSTEN MENSCHEN UND SONNE UND MOND

Am Anfang gab es nur einen Mann und eine Frau. Die Frau aber war schwanger mit einem Zwillingspärchen.

Eines Tages wollte der Mann auf die Jagd gehen, und er befahl seiner Frau, ihm zu folgen. Der Mann aber ging ziemlich schnell, und die Frau konnte ihm nicht so rasch folgen. So verlor sie seine Spur.

Was machte sie, als sie den Weg nicht mehr wußte? Sie fragte ihre Kinder, denn die Kinder wußten, wohin der Vater gegangen war. Nach einiger Zeit aber war die Frau hungrig, und sie setzte sich hin, um Mais zu essen. Da sagten die Kinder in ihrem Leib: »Gib uns auch zu essen!« Aber die Mutter antwortete: »Nein, ihr seid noch zu klein.«

»Dann sagen wir dir auch nicht mehr, wohin der Vater gegangen ist.«

Da schlug sich die Frau auf den Bauch, um die Kinder zu züchtigen, und die Kinder schwiegen. So verirrte sich die Frau und kam zu der Hütte eines Jaguars. Der Jaguar aber war gerade auf die Jagd gegangen.

Die Frau ging in die Hütte hinein, fand dort einen Fleischvorrat, nahm sich davon, machte ein Feuer und briet das Fleisch. Als sie es gegessen hatte, kam der Jaguar nach Hause. »Hier ist ja besseres Fleisch, als ich mir mitgebracht habe!« sagte er.

Dann fiel er über die Frau her, um sie aufzufressen. Da kam das Zwillingspaar aus dem Bauch heraus und lief davon. Der Jaguar lief hinter ihnen her, aber da der Bruder in eine andere Richtung lief als die Schwester, rannte er einmal hierhin und einmal dorthin und erwischte so keins von den Kindern. Endlich sagte er: »Zuerst den Burschen und dann seine Schwester!« Und er rannte hinter dem Burschen her. Als er ihn fast erreicht hatte, machte der einen großen Sprung zum Himmel hinauf und verwandelte sich in die Sonne.

Da wandte sich der Jaguar um, weil er nun das Mädchen fressen wollte. Er rannte so schnell, daß er es fast eingeholt hätte. Aber im gleichen Augenblick, als er schon seine Krallen in ihr Fleisch schlug, reichte ihr der Bruder vom Himmel die Hand herunter und zog sie hinauf. Und da wurde aus dem Mädchen der Mond. Die Spuren der Krallen aber kann man heute noch sehen.

In der Zwischenzeit hatte der Mann ein Tier erlegt und wunderte sich, daß seine Frau nicht nachkam. Er ging zurück und fand sie tot mit zerrissenem Bauch.

Da nahm er Bast und flickte den Bauch der Frau wieder zusammen, so gut er konnte. Aber der Bast reichte nicht ganz, und so blieb unten die Wunde offen.

Dann machte er die Frau wieder lebendig und sagte zu ihr. »Bleib immer in meiner Nähe, damit dir nichts zustößt. Ein zweites Mal könnte ich dich nicht wieder heilen und auch nicht wieder lebendig machen.«

So blieben sie nun immer zusammen, und die Frau gebar viele Kinder, unsere Ahnen.

Viele glauben, die Mutter sei rot gewesen wie die Sonne und der Vater weiß wie der Mond.

DER FREIGEBIGE HASE

Einstmals, als Brahmadatta zu Benares regierte, wurde der Bōdhisatta als Hase wiedergeboren und lebte im Walde. Auf einer Seite dieses Waldes waren die Vorhügel eines Gebirges, auf der anderen war ein Fluß und auf der dritten ein Grenzdorf. Der Bōdhisatta hatte drei Freunde, einen Affen, einen Schakal und einen Fischotter. Diese vier Weisen lebten nun zusammen, und wenn sie sich ihre Nahrung, ein jeder auf seinem eigenen Jagdgrund, gesucht hatten, kamen sie zur Abendzeit immer zusammen. Der weise Hase pflegte dann die drei anderen in der Lehre zu unterweisen, indem er sie ermahnte: »Man muß Almosen geben, die Gebote halten und die Fasttagsbräuche beobachten.«

Sie nahmen seine Ermahnung gut auf, und jeder begab sich dann in den Teil des Dickichts, wo er seine Wohnung hatte, und blieb dort.

So verging die Zeit. Da guckte der Bōdhisatta eines Tages in die Luft und sah den Mond. Und als er gesehen hatte, daß am nächsten Tage Fasttag sei, sagte er zu den drei anderen: »Morgen ist Fasttag. Feiert ihr drei den Fasttag, indem ihr das Gelübde, die Gebote zu halten, auf euch nehmt! Wenn einer sich fest an die Gebote hält, dann bringt das Geben von Gaben großen Lohn. Wenn daher ein Bettler kommt, gebt ihm von eurer eigenen Mahlzeit und esset selbst erst hinterher!« Sie erklärten sich damit einverstanden, und jeder blieb in seiner Wohnstätte.

Am nächsten Tag am frühen Morgen zog von den vieren der Fischotter aus, um sich Futter zu suchen, und ging zum Ufer des Ganges. Da hatte nun ein Fischer sieben Rotkarpfen gefangen, hatte sie auf eine Rute gezogen, sie am Ufer des Ganges mit Sand bedeckt und schritt nun, Fische fangend, den Ganges abwärts. Der Otter spürte den Geruch der Fische, scharrte den Sand weg, entdeckte die Fische und zog sie heraus. Dann rief er dreimal laut: »Gehören diese Fische jemandem?«, und als er keinen Eigentümer sah, packte er die Rute mit den Zähnen und stapelte die Fische in dem Teil des Dickichts, wo er seine Wohnung hatte, auf. »Erst wenn es an der Zeit ist, werde ich sie essen«, dachte er, und dann legte er sich, über seine Pflichterfüllung nachdenkend, nieder.

Auch der Schakal zog aus, um sich Futter zu suchen. Da sah er in der Hütte eines Feldhüters zwei Spieße mit Fleisch, eine Eidechse und einen Topf Dickmilch. Dreimal rief er laut: »Gehört dies jemandem?«, und als er keinen Eigentümer sah, tat er sich den Strick zum Tragen des Dickmilchtopfes um den Hals, packte mit dem Maule die Fleischspieße und die Eidechse, schleppte sie fort und stapelte sie in dem Teil des Dickichts, wo er seine Wohnung hatte, auf. »Erst wenn es an der Zeit ist, werde ich sie essen«, dachte er, und dann legte er sich, über seine Pflichterfüllung nachdenkend, nieder.

Auch der Affe ging in den Wald und holte sich ein Bündel Mangos und stapelte es in dem Teil des Dickichts, wo er seine

Wohnung hatte, auf. »Erst wenn es an der Zeit ist, werde ich sie essen«, dachte er, und dann legte er sich, über seine Pflichterfüllung nachdenkend, nieder.

Der Bōdhisatta aber legte sich mit dem Gedanken »Erst wenn es an der Zeit ist, werde ich ausgehen und Kusagras fressen« auf sein Lager. »Wenn Bettler zu mir kommen«, dachte er, »kann ich ihnen unmöglich Gras geben, auch habe ich keinen Sesam, keinen Reis oder sonst etwas. Wenn ein Bettler zu mir kommt, werde ich ihm das Fleisch meines eigenen Körpers geben.«

Durch die Macht seiner Pflichterfüllung aber zeigte der mit einer weißen Wolldecke versehene Steinsitz Sakkas Zeichen von Hitze. Nach einigem Nachdenken erkannte Sakka die Ursache und beschloß, den Hasenkönig auf die Probe zu stellen. Er ging zuerst nach dem Orte, wo der Otter wohnte, und stellte sich in der Gestalt eines Brahmanen hin. »Brahmane, warum stehst du hier?« fragte der Otter. »Weiser, wenn ich etwas Speise bekommen könnte, würde ich den Fasttag halten und so die Asketenpflichten erfüllen können.«

»Gut«, antwortete jener, »ich werde dir Speise geben«, und im Gespräch mit ihm sprach er den ersten Vers:

> *»Sieben rote Karpfen hab' ich*
> *aus dem Fluß ans Land gebracht.*
> *Das, Brahmane, kann ich bieten.*
> *Iß und bleib im Wald zur Nacht!«*

»Laß es nur bis morgen früh«, antwortete der Brahmane, »ich werde später daran denken«, und ging zum Schakal.

Auch der fragte: »Brahmane, warum stehst du hier?«, und der andere erwiderte ebenso.

»Gut«, sagte der Schakal, »ich werde dir etwas geben«, und im Gespräch mit ihm sprach er den zweiten Vers:

> *»Die Eidechs', ein Topf saurer Milch,*
> *Zwei Spieße Fleisch, das Mahl,*
> *Zur Nacht bestimmt, das ich mit List*
> *dem Dorfflurhüter stahl,*
> *Das biet' ich dir, Brahmane. Iß*
> *und bleib im Waldestal!«*

»Laß es nur bis morgen früh«, antwortete der Brahmane, »ich werde später daran denken«, und ging zum Affen.

Auch der fragte: »Brahmane, warum stehst du hier?«, und der andere erwiderte ebenso.

»Gut«, sagte darauf der Affe, »ich gebe dir etwas«, und im Gespräch mit ihm sprach er den dritten Vers:

> *»Reife Mangos, kaltes Wasser,*
> *Schattenkühl' an schöner Halde,*
> *Das, Brahmane, kann ich bieten.*
> *Iß und bleib zur Nacht im Walde!«*

»Laß es nur bis morgen früh«, antwortete der Brahmane, »ich werde später daran denken«, und ging zu dem weisen Hasen. Auch der fragte: »Warum stehst du hier?«, und der andere erwiderte ebenso. Als der Bōdhisatta das hörte, sagte er erfreut: »Brahmane, du hast wohl daran getan, daß du um Speise zu mir gekommen bist. Jetzt werde ich dir eine Gabe geben, wie

113

ich sie noch nie gegeben habe. Du aber sollst den Geboten getreu kein Leben vernichten. Geh, Lieber, suche Holz auf, mache ein Kohlenfeuer und sag es mir an! Mich selbst opfernd, will ich mitten in die Kohlen springen; du aber sollst, wenn mein Leib gebraten ist, das Fleisch essen und die Asketenpflichten erfüllen«, und im Gespräch mit ihm sprach er den vierten Vers:

>*»Keinen Sesam hat der Hase,*
>*Keinen Reis und keine Bohnen.*
>*Brat mich selbst an diesem Feuer!*
>*Iß und bleib im Walde wohnen!«*

Als Sakka seine Worte gehört hatte, schuf er durch seine übernatürliche Macht einen Kohlenhaufen und meldete es dem Bōdhisatta. Der erhob sich von seinem Lager aus Kusagras und ging dorthin. »Wenn kleine Tiere in meinen Haaren sind, sollen sie nicht umkommen«, sagte er und schüttelte sich dreimal, und dann brachte er seinen Körper als Gabe dar. Er sprang auf, und wie ein Königsschwan in eine Lotusgruppe stürzte er heiteren Sinnes in den Kohlenhaufen hinein. Das Feuer aber konnte nicht einmal eine Haarpore am Körper des Bōdhisatta heiß machen. Es war, als ob er in Schnee gesprungen wäre. Da wandte er sich an Sakka und sagte: »Brahmane, das Feuer, das du angemacht hast, ist überkalt. Es kann nicht einmal eine Haarpore an meinem Körper heiß machen. Was bedeutet das?«

»Weiser, ich bin kein Brahmane. Ich bin Sakka, der gekommen ist, um dich auf die Probe zu stellen.«

Da stieß der Bōdhisatta den Löwenruf aus. »Wenn auch

außer dir, Sakka, die ganze Welt mich wegen meiner Freigebigkeit auf die Probe stellte, so würde sie mich nicht unwillig zum Geben finden.«

»Weiser Hase«, sagte Sakka zu ihm, »deine Tugend soll ein ganzes Weltalter hindurch bekannt sein.« Und damit zerquetschte er einen Felsen und zeichnete mit dem Saft des Felsens das Bild des Hasen in die Mondscheibe. Dann verabschiedete er sich von dem Bōdhisatta, bettete ihn auf das zarte Kusagras dort im Dickicht jenes Waldes und ging wieder nach seinem Göttersitze. Die vier Weisen aber lebten einträchtig zusammen, erfüllten die Gebote, beachteten die Fasttagsbräuche und fuhren dahin nach ihren Werken.

DIE FÄRBER DES MONDES

Altvater hatte schon die ganze Welt erschaffen, aber noch war sein Werk nicht vollkommen, wie es wohl sein sollte, denn noch mangelte es der Welt an reichlichem Licht. Des Tages wandelte die Sonne ihre Bahn am himmlischen Zelt, aber wenn sie abends unterging, so deckte tiefe Finsternis Himmel und Erde. Alles, was geschah, verbarg die Nacht in ihrem Schoße.

Gar bald ersah der Schöpfer diesen Mangel und gedachte, dem abzuhelfen. So gebot er denn dem Ilmarinen, dafür Sorge zu tragen, daß es fortan auch in den Nächten auf Erden hell sei. Ilmarinen gehorchte dem Befehl, trat hin zu seiner Esse, wo er vordem schon des Himmels Gewölbe geschmiedet, nahm viel Silber und goß daraus eine gewaltige runde Kugel. Die überzog er mit dickem Gold, setzte ein helles Feuer hinein und hieß sie nun ihren Wandel beginnen am Himmelszelt. Darauf schmiedete er unzählige Sterne, gab ihnen mit leichtem Gold ein Ansehen und stellte jeden an seinen Platz im Himmelsraum.

Da begann neues Leben auf der Erde. Kaum sank die Sonne, da stieg auch schon am Himmelsrande der goldene Mond auf, zog seine blaue Straße und erleuchtete das nächtliche Dunkel nicht anders als die Sonne den Tag. Dazu blinkten neben ihm die unzähligen Sterne und begleiteten ihn wie einen König, bis er endlich am anderen Ende des Himmels anlangte. Dann gingen die Sterne zur Ruhe, der Mond verließ das Himmelsgewölbe, und die Sonne trat an seine Stelle, um dem Weltall Licht zu spenden.

So leuchtete nun Tag und Nacht ein gleichmäßiges Licht hoch von oben auf die Erde nieder. Denn des Mondes Angesicht war ebenso klar und rein wie der Sonne Antlitz, und nur gleicher Wärme ermangelten seine Strahlen. Am Tage brannte aber die Sonne oftmals so heiß, daß niemand eine Arbeit verrichten mochte. Um so lieber schafften sie dann unter dem Schein des nächtlichen Himmelswächters, und alle Menschen waren von Herzen froh über das Geschenk des Mondes.

Den Teufel aber ärgerte der Mond gar sehr, denn in seinem hellen Lichte konnte er nichts Böses mehr verüben. Zog er einmal auf Beute aus, so erkannte man ihn schon von fern und trieb ihn mit Schanden heim. So kam es, daß er sich in dieser Zeit nicht mehr als zwei Seelen erbeutet hatte.

Da saß er nun Tag und Nacht und sann, wie er's wohl anstelle, damit es ihm wieder glückte. Endlich rief er etliche Gesellen herbei, aber die wußten auch keinen Ausweg. So ratschlagten sie denn zu dreien voll Eifer und Sorge, es wollte ihnen aber nichts einfallen. Am siebenten Tage hatten sie keinen Bissen mehr zu essen, saßen seufzend da, drückten den leeren Magen und zerbrachen sich die Köpfe mit Nachdenken. Und sieh, endlich kam dem Bösen selbst ein glücklicher Einfall.

»Wir müssen den Mond wieder fortschaffen, wenn wir uns retten wollen. Gibt es keinen Mond mehr am Himmel, so sind wir wieder Helden wie zuvor. Beim matten Sternenlicht können wir ja unbesorgt unsere Werke betreiben!«

»Sollen wir denn den Mond vom Himmel herunterholen?« fragten ihn die Knechte.

»Nein«, sprach der Teufel, »der sitzt zu fest daran, herunter bekommen wir ihn nicht! Wir müssen es besser machen. Und das beste ist, wir nehmen Teer und schmieren ihn damit, bis er schwarz wird. Dann mag er am Himmel weiterlaufen, das wird uns nicht verdrießen.«

Dem Höllenvolk gefiel der Rat des Alten wohl, und alle wollten sich sogleich ans Werk machen. Es war aber zu spät geworden, denn der Mond neigte sich schon zum Niedergang, und die Sonne erhob ihr Angesicht. Den andern Tag aber schafften sie mit Eifer an ihrer Arbeit bis zum späten Abend. Der Böse war ausgezogen und hatte eine Tonne Teer gestohlen, die trug er nun in den Wald zu seinen Knechten. Indes waren diese geschäftig, aus sieben Stücken eine lange Leiter zusammenzubinden, und ein jedes Stück maß sieben Klafter. Darauf schafften sie einen tüchtigen Eimer herbei und banden aus Lindenbast einen Schmierwisch zusammen, den sie an einen langen Stiel steckten.

So erwarteten sie die Nacht. Als nun der Mond aufstieg, warf sich der Böse die Leiter samt der Tonne auf die Schulter und hieß die beiden Knechte mit Eimer und Borstwisch folgen. Als sie angekommen waren, füllten sie den Eimer mit Teer, schütteten auch Asche hinzu und tauchten dann den Borstwisch hinein. Im selben Augenblick lugte auch schon der Mond hinter dem Walde hervor. Hastig richteten sie die Leiter auf, der Alte aber gab dem einen Knechte den Eimer in die Hand und hieß ihn hurtig hinaufsteigen, indes der andere unten die Leiter stützen sollte.

So hielten sie nun unten beide die Leiter, der Alte und sein Knecht. Der Knecht aber vermochte der schweren Last nicht zu widerstehen, also daß die Leiter zu wanken begann. Da glitt auch der Mann, der nach oben gestiegen war, auf einer Sprosse aus und stürzte mit dem Eimer dem Teufel auf den Hals. Der Böse prustete und schüttelte sich wie ein Bär und fing an, schrecklich zu fluchen. Dabei hatte er der Leiter nicht mehr acht und ließ sie fahren, so daß sie mit großem Donner zu Boden fiel und in tausend Stücke schlug.

Als ihm nun sein Werk so übel geraten und er selbst anstatt des Mondes vom Teer begossen ward, da tobte der Teufel in seinem Zorn und Grimm. Wohl wusch und scheuerte, kratzte und schabte er seinen Leib, aber Teer und Ruß blieben an ihm haften, und ihre schwarze Farbe trägt er noch bis auf den heutigen Tag.

So kläglich schlug dem Teufel sein Versuch fehl, aber er wollte von seinem Vorsatz nicht ablassen. Darum stahl er anderntags wiederum sieben Leiterbäume, band sie gehörig zusammen und schaffte sie an den Waldsaum, wo der Mond am tiefsten steht. Als der Mond am Abend aufstieg, schlug der Böse die Leiter fest in den Grund ein, stützte sie noch mit beiden Händen und schickte den anderen Knecht mit dem Teereimer hinauf zum Monde, gebot ihm aber streng, sich fest an die Sprossen zu hängen und sich vor dem gestrigen Fehltritt zu hüten. Der Knecht kletterte so schnell wie möglich mit dem Eimer hinauf und gelangte glücklich auf die letzte Sprosse. Eben stieg der Mond in königlicher Pracht hinter dem Walde auf. Da hob der Teufel die ganze Leiter auf und trug sie eilig bis hin an den Mond. Und welch ein Glück! Sie war wirklich gerade so lang, daß sie mit der Spitze an den Mond reichte.

Nun machte sich des Teufels Knecht ohne Säumen ans Werk. Es ist aber nichts Leichtes, oben auf einer solchen Leiter stehen und dem Monde mit einem Teerwisch ins Gesicht fahren wollen. Zudem stand auch der Mond nicht still auf einem Fleck, sondern zog ohne Unterlaß seinen Weg weiter. Darum band sich der Mann da oben mit einem Seil fest an den Mond, und da er also vor dem Fall behütet war, ergriff er den Wisch aus dem Eimer und begann, den Mond zuerst von der hinteren Seite zu schwärzen. Aber die dicke Goldschicht auf dem reinen Monde wollte keinen Schmutz leiden. Der Knecht strich und schmierte, daß ihm der Schweiß von der Stirne lief, bis es ihm nach vieler Mühe endlich doch gelang, des Mondes Rücken mit Teer zu überziehen.

Der Teufel unten schaute offenen Mundes der Arbeit zu, und als er das Werk zur Hälfte vollendet sah, sprang er vor Freude von einem Fuß auf den andern.

Als er so des Mondes Rücken geschwärzt hatte, schob sich

der Knecht mühsam nach vorn, um auch hier den Glanz des Himmelswächters zu vertilgen. Da stand er nun, verschnaufte ein wenig und dachte nach, wie er es anfinge, um mit der andern Seite leichter fertig zu werden. Es fiel ihm aber nichts Gescheites ein, und er mußte es wie zuvor machen.

Schon wollte er sein Werk wieder beginnen, als gerade Altvater aus kurzem Schlummer erwachte. Verwundert nahm er wahr, daß die Welt um die Hälfte dunkler geworden, obgleich kein Wölkchen am Himmel stand. Wie er aber schärfer nach der Ursache der Finsternis ausschaute, erblickte er den Mann auf dem Monde, der eben seinen Wisch in den Teertopf tauchte, um die erste Hälfte des Mondes der zweiten gleichzumachen. Unten aber sprang der Teufel vor Freuden wie ein Ziegenbock hin und her. »Solche Streiche macht ihr also hinter meinem Rücken!« rief Altvater zornig aus. »So mögen denn die Übeltäter den verdienten Lohn empfangen! Auf dem Monde bist du und sollst du ewig mit deinem Eimer bleiben, allen zur Warnung, die der Welt das Licht rauben wollen.«

Altvaters Worte gingen in Erfüllung. Noch heute steht der Mann mit dem Teereimer im Monde, der deswegen nicht mehr so hell leuchten will wie sonst. Oft wohl steigt der Mond hinab in den Schoß des Meeres und möchte sich reinwaschen von seinen Flecken; aber sie bleiben ewig an ihm haften.

Am Hang des Hushihanan-Berges bei Ninguta gab es einen Stamm namens Ussuri-hala. Der Stammesführer war ein Alter von achtzig Jahren mit Namen Ussuri-khan. Der alte Ussuri-khan hatte weder Sohn noch Tochter, besaß ein gutes Herz und sah die Leute seines Stammes wie sein eigenes Fleisch und Blut an. Gab es in einem Haus Not oder Unglück, wußte er immer zu helfen, und die Leute seines Volkes nannten ihn »daoye mafa«, was »verehrter Alter« bedeutet. Nicht nur, daß er sich Tag für Tag um die Angelegenheiten des Stammes kümmerte, er weidete auch für alle Familien das Kleinvieh. Die Weide war ein Grasfeld, auf dem es einen klaren Quell gab.

Eines Tages geschah es, daß ein Kalb zum Trinken an den Quell kam, seinen Kopf hob, ihn anstarrte, seinen Hals streckte und ein paarmal blökte. Der alte Ussuri-khan ging nach vorn, um nachzusehen. Da zeigte es sich, daß der Quell versiegt war, und wie er nochmals hinschaute, zappelte darin ein kleiner Schlammbeißer. Von der Sonne war er bereits so ausgetrocknet, daß seine Haut faltig geworden war. Der Alte hob den kleinen Schlammbeißer vorsichtig aus dem Quell heraus. Da richtete der kleine Fisch seinen Schwanz leicht auf, und wie der alte Mann sah, daß der Fisch noch lebte, setzte er ihn in einen kleinen Bachgraben am Feldrand. Der kleine Schlammbeißer nahm langsam zwei Mundvoll Wasser, hob seinen Kopf, sah den Alten an, und mit erhobener Schwanzflosse schwamm er davon.

Am nächsten Tag weidete Ussuri-khan wie gewöhnlich

wieder das Vieh auf dem Grasfeld. Als die Sonne über den Bergen stand, kam von Westen her ein kleiner Junge in einem blauen Gewand herbei. Vor dem Alten angekommen, stützte er beide Hände auf sein linkes Knie, und indem er auf sein rechtes Knie niederfiel, sprach er: »Daoye mafa, Ihr seid mein Lebensretter! Wie kann ich es Euch vergelten?«

Der Alte musterte den Jungen eine lange Weile, und obwohl er von sich sagen konnte, daß er nicht wenige Menschen gerettet hatte, war ihm doch dieser kleine Junge, der vor ihm stand, vollkommen unbekannt. Er schüttelte nur den Kopf und sprach:

»Kleiner Bruder! Du irrst dich, ich habe dich nicht gerettet.« Mit diesen Worten wandte er sich zum Gehen, aber der kleine Kerl wurde ungeduldig und hielt den alten Mann am Ärmel fest:

»Alter Herr, der kleine Schlammbeißer, den Ihr aus dem versiegten Quell gerettet habt, bin eben ich!«

Der alte Mann schüttelte voller Erstaunen den Kopf und wollte wieder weggehen. Da warf sich der Junge mit einem Bums vor dem Alten auf die Knie und fragte ihn, welches Geschenk er haben wolle. Der Alte sprach: »Wir Dschurtschen-Leute nehmen seit jeher von Fremden keine Geschenke an. Wollen wir nicht lieber Freundschaft schließen?«

Doch was der alte Mann auch sagte – der Junge hielt ihn am Rockaufschlag fest und ließ ihn nicht gehen. So mußte der Alte schließlich einlenken: »Nun gut, die Leute meines Stammes besitzen noch keine Eßschalen. So gib denn in jedes Haus eine Tonschale!«

Der Junge war erfreut, stand auf und sprach: »Daoye mafa!

Kommt morgen in der Frühe, noch bevor die Sonne aufgegangen ist, hierher, um die Schalen zu holen.«

Kaum hatte der Kleine zu Ende gesprochen, als er auch schon verschwunden war.

Am Morgen des folgenden Tages führte der Alte die Leute herbei, um die Tonschalen abzuholen; es standen insgesamt sieben mal sieben Schalen bereit – gerade für jedes Haus eine. Füllte man diese Schalen mit Wasser, so waren sie nicht leerzutrinken, füllte man sie mit Reis, so war er nie aufzuessen, und die Menschen wußten sich nicht genug zu freuen. Mehrere Tage waren vergangen, und der alte Mann hatte den Knaben nicht getroffen. Eines Tages nun, als es schon dunkel zu werden begann, kam der Junge atemlos herbeigelaufen, begrüßte den alten Mann und sprach zu ihm: »Daoye mafa, ein großes Unheil ist im Anzug. Innerhalb von drei Stunden wird es hier eine große Überschwemmung geben. Alter Herr, flieht schnell von hier! Aber sagt unter keinen Umständen jemanden ein Wort davon. Sprecht Ihr darüber, so werdet Ihr umkommen und zu blauem Rauch werden.« Und zum Gehen gewandt, trug er ihm noch einmal auf, so zu handeln.

Der alte Ussuri-khan kehrte nach Hause zurück, packte einige Dinge zusammen, die er mit sich nehmen würde, und verließ heimlich seinen Stamm. Er ging eine halbe Meile Weges, hielt am Bergabhang ein, warf einen Blick zu seinem Stamm hin und sah, daß in jedem Haus noch Licht brannte. Das fröhliche Lachen der Mütter mit ihren Kindern, die Lieder der Mädchen und Jungen vernahm er ganz deutlich. Der Alte konnte keinen Schritt weiter tun. Er machte sich bittere Vorwürfe, daß er je älter desto verwirrter würde – wie könnte er von den über zweihundert Menschen des ganzen Stammes

auch nur einen sich selbst überlassen?! Nein! Er mußte umkehren und den Erwachsenen von der drohenden Gefahr berichten, damit sie schleunigst dem Tigerrachen entkommen
könnten. Aber als er sich umwandte, drang erneut die Stimme des Jungen an sein Ohr, und er hielt wieder ein. Mittlerweile waren die Lichter in den Häusern bereits verloschen
und das Lachen der Kinder und die Lieder der jungen Leute
verstummt. Die Menschen schliefen alle, und plötzlich dachte er bei sich: »Wie schlimm! Wenn das Hochwasser kommt,
wird auch nicht einer entkommen! Das Leben aller Menschen des Stammes muß gerettet werden! Was tut es schon,
wenn ich zu blauem Rauch werde!« Bei diesem Gedanken
drehte sich der Alte um, lief zu seinem Stamm zurück, und
indem er den Kupfergong schlug, weckte er groß und klein
auf. Gerade waren die Leute auf den Gipfel des Berges gelaufen, als schon ein Hochwasser das Land des Stammes überflu-
tete. Alle wandten sich um und suchten den Alten, aber sie
konnten keine Spur von ihm entdecken. So sehr sie auch
nach ihm riefen, nichts war von ihm zu hören. Nur über dem
Dorf sah man einen Schwaden blauen Rauchs gen Himmel
steigen, der im nächsten Augenblick zu einem strahlend
leuchtenden Stern geworden war – als ob die liebevollen Augen des Alten auf alle herabblickten. Die Leute wußten, daß
dieser Stern der alte Ussuri-khan war. Alt und jung knieten
daraufhin auf dem Berg nieder und bekundeten ihm von fern
ihre Verehrung. Seit dieser Zeit müssen die Mandschu beim
Ahnenopfer immer den Sternen opfern. Opfern sie den Sternen, so opfern sie eben jenem alten Ussuri-khan. Diesen
Stern im Norden des Himmels nennen die Menschen auch
»Polarstern«.

es war einmal ein Kuhhirt, der weidete seine Herde am Waldrande. Plötzlich fiel ein gewaltiger Regen vom Himmel herab, und so suchte er Unterschlupf unter den blatt- und schattenreichen Bäumen.

Er erschrak nicht wenig, als plötzlich ein gewaltiges Ungeheuer vor ihm erschien, das die Gestalt einer Schlange hatte. Mit dem Schwanz hielt sie ihre Eier fest, und mit dem Kopfe sah sie bald nach links, bald nach rechts, weil sie nach Nahrung ausspähte.

Da wurde dem armen Hirten klar, daß er in den Bereich der Hala na godang, der Großen Schlange, geraten war.

Was sollte er beginnen? In seiner Bestürzung und Todesangst griff der Hirte nach den Steinen, die am Boden lagen, und schleuderte sie aufs Geratewohl nach der Schlange; der Erfolg war, daß alle ihre Eier zerbrachen.

Wütend wandte die Schlange ihren Kopf und zischte auf den Hirten los: »Du nahmst meinen Kindern das Leben, jetzt nehme ich dir deins.«

Kaum hatte dies der Hirt gehört, als er auch schon die Flucht ergriff. Mit großen Sätzen eilte er davon, und in mächtigen Windungen rollte die Schlange hinter ihm her. Aber es half ihr nichts; sie konnte den Flüchtling nicht einholen.

Endlich kam der Hirt an das Ende der Erde. Nun sprang er in den Luftraum, die Schlange folgte ihm auf den Fersen.

Da erblickte der Hirt den Mond; er eilte auf ihn zu und erflehte seine Hilfe. Aber auch die Schlange war schon da und erzählte in überheblicher Weise dem Monde von der Missetat des Mannes.

Der gute Mond wollte den Hirten wohl retten, doch wußte er nicht wie. Drum zog er die Sonne zu Rate, um sich mit ihr die Sache zu überlegen.

Das Ende der Beratung war, daß Sonne und Mond der Schlange vorschlugen, dem Hirten eine Geldstrafe aufzuerlegen.

Das Ungeheuer wollte jedoch davon nichts wissen. Es bestand darauf, den Zerstörer der Eier zu verschlingen. Das wollten Sonne und Mond wiederum nicht zugestehen. So kam man also nicht weiter.

Schließlich faßte der Mond einen großmütigen Entschluß. Da die Schlange nicht darauf verzichten wollte, den Hirten zu verschlingen, erbot der Mond sich selber, anstatt des Mannes von der Schlange verschlungen zu werden, und versprach außerdem, daß er sich jeden Monat von der Schlange verschlingen lassen wollte.

Und so kommt es, daß der Mond alle neunundzwanzig Tage unsichtbar ist; dann hat die Schlange ihn verschlungen.

Es heißt, daß jedesmal, wenn in der Welt ein Jôbalang vorbei ist, es zu einer Vernichtung und Wiedereinschmelzung kommen muß. Was das bedeutet? Der Tag, an dem der Jôbalang kommt, ist eben der letzte Tag der Welt. Die Meere pfeifen, und die Berge stürzen ein, der Himmel fällt herab, und die Erde versinkt, alle Lebewesen müssen ohne Ausnahme sterben. Außer dem endlosen Meer gibt es auf der Welt nur noch Schlamm und Lehm, Totenstille fällt hernieder, und es ist so einsam, wie es nur sein kann.

Als der Buddha Sagqi-Tûba das sah, war es ihm einfach zu langweilig. Also buddelte er ein Stück Lehm aus, hockte sich hin und knetete daraus, vor sich hin brummelnd, acht kleine Menschenfiguren. Nachdem er sie geformt hatte, hauchte er sie an und sagte dann: »Ha! Nun gibt es endlich wieder Menschen auf der Welt. Geht los, geht in alle Himmelsrichtungen, um euer Leben zu bestreiten! Unter dem Himmel gibt es so viele Wälder und so viel Ackerland, wie ihr nur wollt, das reicht vollkommen, damit ihr euer Leben leben könnt.«

Nachdem er das gesagt hatte, ging der Buddha Sagqi-Tûba fort.

Am nächsten Tag mußte der Buddha Sagqi-Tûba feststellen, daß die acht Lehmmenschen, die er am Vortag geknetet hatte, alle dort geblieben waren und sich nicht von der Stelle gerührt hatten. Der Buddha wunderte sich im stillen, also ging er hin und fragte: »Hei! Warum geht ihr denn nicht los?«

»...«

Sie alle zierten sich lange, offenbar war es ihnen peinlich, den Mund aufzutun. Schließlich sagte ein Mensch, gehemmt stotternd: »Ach Buddha, du sagst, wir sollten gehen und unser Leben bestreiten; wir würden ja nichts lieber tun, aber wie sollen wir leben, wenn wir keine Frauen haben?«

Als der Buddha das hörte, da verstand er. Oh, ein Leben ohne Frauen, das ging nicht. Er wußte nicht, ob die anderen Menschen auch alle so dachten. Also fragte er die anderen sieben Menschen, ob sie auch Frauen haben wollten. Von den sieben Männern sagten sechs wie aus einem Munde: »Na, was gibt es da noch zu fragen, wie soll man denn ohne Frauen leben?«

Nur der Siebte gab keinen Laut von sich. Der Buddha dachte, das wäre ein besonderer Mensch, der bestimmt keine Frau haben wollte. Wer hätte gedacht, daß dieser Mensch noch sehnlicher als die anderen nach einer Frau verlangte, als er sich ihm zuwandte, um nachzufragen. Weil er ohne Frau war, hatte er schon daran gedacht, sich zu erhängen!

Als der Buddha sah, wie wenig Zukunftspläne diese Menschen im Sinn hatten, da seufzte er einmal, und es blieb ihm nichts anderes übrig, als noch acht Mädchen zu kneten. Er gab jedem eine, auf daß sie Paare würden, danach sagte er zu ihnen: »So, diesmal könnt ihr doch keine Einwände mehr haben!? Geht jetzt schnell los!«

Da erst gingen die acht Ehepaare überglücklich fort. Einige von ihnen gingen nach Osten, einige nach Westen, einige nach Süden und einige nach Norden. Daher ist es heute so, daß auf der Welt überall, in allen Himmelsrichtungen, Menschen wohnen. Anfangs, als der Buddha die acht Ehepaare geknetet hatte, da war alles, ob nun ihr Aussehen, ihre Sprache oder sonst etwas, ganz genau gleich. Später, weil das Klima im Süden, Norden, Osten und Westen unterschiedlich war, weil die Dinge, die sie aßen, sich unterschieden, wurden auch langsam die Sitten und die Sprachen verschieden. Im Süden waren die Tage heiß, und die Sonne brannte, im Norden war es klirrend kalt, daher wurde später sogar die Hautfarbe unterschiedlich. Aus diesem Grund gibt es in der heutigen Welt schwarze, weiße und gelbe Menschen.

Das Paar, das sich nach Norden wandte, ging und ging und kam schließlich in die weite, endlose Grassteppe. Die beiden hoben die Augen und sahen, daß es außer der Steppe, in der das Gras bis an die Taille reichte, dort noch einige wilde Pferde, wilde Rinder, mongolische Gazellen, Rehe und Ähnliches gab. Das war alles. Was sollten sie tun? Auf jeden Fall mußten sie doch einen Anfang machen und ihr Leben bestreiten! Also schlugen die beiden ein Zelt auf und machten dann einen kleinen Gemüsegarten urbar. Der Mann ging hinaus zur Jagd, die Frau zähmte und weidete zu Hause die gefangenen wilden Rinder, Pferde und mongolischen Gazellen. Später wurden aus diesen Tieren durch Zähmen und Zucht die Pferde, Rinder und Schafe, die den heutigen Menschen von so großem Nutzen sind.

Auf diese Art lebten sie einige Jahre. Dem Paar wurden fünf Söhne und zwei Töchter geboren, und das unbeschwerte Leben der kleinen Familie verlief recht glücklich.

Eines Tages war die Frau gerade dabei, im Grasland eine Herde Schafe zu weiden. Da sah sie, wie ein Hase rannte und rannte, bis er schließlich mit einem Purzelbaum an einer Bodenwelle stürzte und sich ein Bein brach. Er bemühte sich einige Male, doch er kam nicht wieder hoch. Er lag dort und konnte sich nicht mehr rühren; es schmerzte ihn so sehr, daß er in einem fort fiepend jammerte. Schnell lief die Frau hin. Da sah sie, wie der Hase sie mit herunterlaufenden Tränen ansah, so, als ob er sie um Rettung bäte. Als die Frau den Hasen in diesem erbarmungswürdigen Zustand sah, nahm sie ihn auf den Arm und sagte: »Wieso läufst du als Bewohner des Graslandes denn nicht etwas vorsichtiger. Heute bist du zum Glück auf mich gestoßen, wärest du einem Leckermaul begegnet, wer weiß, ob man dich nicht geschmort verzehrt hätte!«

Die Frau trug den Hasen zurück ins Zelt, mit der Hand massierte sie sein Bein, fügte den Knochen wieder zusammen und riß mit der Hand von ihrem langen Gewand einen Streifen Stoff ab, mit dem sie die Wunde des Hasen verband. Später schnitt sie weiches, mit Tau benetztes Gras ab, fütterte ihn und gab ihm frische Milch zu trinken. So vergingen einige Tage, und schon war das Bein des Hasen wieder ganz in Ordnung. Als die Frau sah, daß die Wunde des kleinen Hasen bereits geheilt war, trug sie ihn zu dem Ort, an dem er sich an jenem Tag verletzt hatte, und sagte zu ihm: »Wer weiß, ob sich deine Eltern in diesen Tagen nicht Sorgen um dich gemacht haben? Lauf schnell den Weg, den du gekommen bist, zurück, und renne in Zukunft nicht einfach überall so wild herum!«

Als ob der kleine Hase die Sprache der Menschen verstünde, nickte er mit dem Kopf, dann hüpfte und sprang er fort. Er lief ein Stück, drehte sich um und schaute eine Weile herüber, dann lief er wieder. Auf diese Weise entfernte er sich immer weiter, so weit, daß man ihn schließlich nicht mehr sah.

Der kleine Hase kehrte heim. Seine Eltern hatten sich so

nach ihm gesehnt, daß sie einfach nur geweint hatten. Als sie sahen, daß er zurückgekommen war, umringte ihn die ganze Familie aufgeregt und wetteiferte darum, ihn eingehend zu befragen. Während sie noch Tränen vergossen, fragten Mutter und Vater ihn: »Wo warst du denn all die Tage? Wärest du nicht zurückgekommen, dann hätten wir uns noch zu Tode gesehnt.«

Der kleine Hase erzählte den Eltern, Brüdern und Schwestern von Anfang bis Ende, wie er, nachdem er sich verletzt hatte, von einem gutherzigen Menschen gerettet worden war. Die ganze Familie hörte zu und war diesem guten Menschen von ganzem Herzen dankbar. Alle meinten, es sei unverzeihlich, wenn sie es diesem guten Menschen nicht vergelten würden. Also redeten alle gleichzeitig drauflos und überlegten, wie sie sich erkenntlich zeigen könnten. Die Eltern des Hasen hatten viel Lebenserfahrung, sie schlugen vor: »In der Grassteppe gibt es das Lingzhi-Kraut, das ist ein Schatz von unermeßlichem Wert und sehr schwer zu finden. Wenn ihr Geschwister nur ein aufrichtiges Herz habt und euch getrennt auf die Suche macht, dann werdet ihr es bestimmt finden. Wenn ihr es gefunden habt, dann vergelten wir jenem Menschen seine lebensrettende Güte.«

Der kleine Hase und seine Geschwister arbeiteten einträchtig zusammen, und nach den Mühen einiger Tage hatten sie ein Lingzhi-Kraut gefunden. Sie beauftragten den kleinen Hasen, es der Wohltäterin zu bringen. Er nahm das Kraut ins Maul und lief einen Tag lang hüpfend und springend. Als er die Frau gefunden hatte, stand die helle Scheibe des Mondes bereits hoch am Himmel. Die Frau pferchte gerade die Rinder und Schafe ein, als sie plötzlich den kleinen

Hasen springen und auf sich zuhüpfen sah. Sie freute sich sehr. Dann bückte sie sich und sagte freundlich zu ihm: »Hast du nicht Vater und Mutter wiedergefunden? Wieso bist du noch einmal zurückgekommen?«

Als sie das gesagt hatte, nahm sie den kleinen Hasen auf den Arm und streichelte ihn. Mit seinem dicht behaarten dreischartigen Mäulchen wühlte er sich drängend in die Handfläche der Frau.

Die Frau fühlte sich gekitzelt und fragte den kleinen Hasen: »Was willst du denn? Bist du wieder in Schwierigkeiten?«

Der kleine Hase öffnete das Maul und spuckte das besonders frisch leuchtende, saftig-grüne Lingzhi-Kraut in die Handfläche der Frau. Sofort drang ihr ein unaussprechlicher Duft in die Nase. Als die Frau gewahr wurde, daß diese Pflanze so sehr duftete, riß sie wie von selbst ein Blatt ab, steckte es in den Mund und begann zu kauen. Ein kleines bißchen davon zu kauen machte noch nicht viel aus. Sie fühlte sich sofort am ganzen Körper entspannt, und eine unaussprechliche, wohlige Behaglichkeit überkam sie. Nachdem sie diesen Bissen gegessen hatte, wollte sie noch einen Bissen, sie hatte das Gefühl, daß es nicht reichte, ein Blättchen zu essen; also steckte sie das ganze Lingzhi-Kraut in den Mund und begann, mit vollem Mund zu kauen. Als alles Lingzhi-Kraut in ihren Magen hinuntergelangt war, erhob sich ihr Körper und begann ganz leicht emporzuschweben. Die Kinder sahen, daß die Mama in der Luft aufstieg, und begannen aufgeregt zu jammern und zu weinen. Mit lauten Stimmen riefen sie: »Mama, komm schnell herunter!«

Sie wurde sehr aufgeregt und wollte hinunterspringen,

doch ihr Körper gehorchte ihr nicht, und so stieg sie ununterbrochen weiter in die Höhe. Sie wollte auf keinen Fall den Mann und die Kinder verlieren und das Zelt, in dem sie so viele Jahre gewohnt hatte, den Garten, den sie mit ihren eigenen Händen bestellt hatte, und die gezähmten Pferde, Rinder und Schafe. Sie fühlte sich, als ob ihr ein Messer ins Herz stach, und erschrak, als ob ihr die Eingeweide zerrissen. Sie bereute zutiefst. Ja, sie hätte das Lingzhi-Kraut nicht essen sollen, dann wäre es nicht dazu gekommen, daß sie Familie und Heim verlassen mußte, als ob sich ihr Fleisch von den Knochen trennte. Doch was nützte es, wenn sie bereute! Mit der Sehnsucht nach Mann, Kindern und Grassteppe, die sie alle so ungern verließ, stieg sie gegen ihren Willen immer höher hinauf und mußte untätig zusehen, wie sie zum Mond hinaufschwebte. Dies also ist die Herkunft von Chang E und dem Jadehasen im Mond.

Doch kehren wir zu dem Mongolen zurück, der zur Jagd hinausgegangen war und nun nach Hause zurückkehrte. Er sah nur die Kinder, die alle zusammen heulten; im Haus waren Topf und Herd kalt, die Teller zeigten nach oben und die Schüsseln nach unten. Er ahnte nicht, was passiert war. Eilig fragte er die Kinder: »Wohin ist die Mama gegangen?«

Ein Kind zeigte weinend zum Himmel und sagte: »Meine Mama hatte einen kleinen Hasen auf dem Arm und ist in den Mond geflogen!«

Als der Mann hörte, daß seine Frau zum Mond aufgestiegen war, da konnte er den Schmerz im Herzen nicht unterdrücken und begann zusammen mit den Kindern laut jammernd zu weinen. Nachdem Vater und Kinder sich ausgeweint hatten, legte sich einer nach dem anderen, ohne etwas gegessen zu haben, mit tränenglänzenden Augen auf den Kang zum Schlafen.

Von da an war diesem Mongolen, als hätte er seine Seele verloren. Was er auch tat, es fehlte ihm die Lust, und er war immer schlechter Stimmung. Zum Essenkochen war er zu faul, zur Jagd zu gehen war er auch zu faul; später wurde er krank vor Trübsinn, krank sank er auf dem Kang nieder, und als er krank war, stand er nicht mehr auf. Überall suchten die Kinder nach Medizin für ihn, aber leider war nichts zu finden, was ihm hätte helfen können. Es schien, daß der Mongole sterben würde.

Die Ohren der Hasen sind lang, so können sie in alle Himmelsrichtungen hören. Die ganze Begebenheit kam bald auch den Eltern des kleinen Hasen zu Ohren. Vater und Mutter des Hasen dachten bei sich: »So ein Unglück! Wir wollten doch ursprünglich eine gute Tat vollbringen und damit die Güte vergelten, die uns widerfahren war. Wer hätte gedacht, daß wir klug sein wollten, uns aber als Narren erwiesen und sogar die Schlechtigkeit begangen haben, die Frau von ihrem Mann und ihren Kindern zu trennen!«

Was sollte man dazu sagen? Also wurden alle Mitglieder der Familie zusammengerufen, um zu überlegen, wie man den Schaden wieder gutmachen konnte. Schwatzend berieten sie einen halben Tag lang, doch niemandem kam eine Idee. Der Ingwer war immer noch genauso scharf wie vorher, und genauso dachten sich die Eltern des Hasen ein Mittel aus. Sie würden noch einmal ein Lingzhi-Kraut suchen und es dem Mongolen schenken, damit er es essen und ebenfalls zum Mond fliegen konnte. Würden Mann und Frau so nicht vereint sein? Als die anderen Hasen das hörten, rieben sie sich voller Begeisterung die Pfoten. Alle waren sich einig, daß dies der beste und sicherste Weg war. Also ging man sofort getrennt los, um das Lingzhi-Kraut zu suchen. Die Hasen liefen sich die Läufe wund, und schließlich fanden sie noch ein Lingzhi-Kraut, das sie eilig dem Mongolen brachten. Der Mongole sehnte sich so sehr nach seiner Frau, daß er nicht darüber nachdachte, zu welchem Zeitpunkt er das Lingzhi-Kraut essen mußte, um zu seiner Frau kommen zu können. Er nahm das Lingzhi-Kraut und schluckte es auf einmal hinunter. Da hob er sich empor und stieg immer höher, immer höher. Es kam ihm so vor, als ob es immer heißer würde. Also schaute er nach oben, und da sah er, daß die hell leuchtende Sonne im Zenit stand. Er war verwirrt und drehte hastig den Kopf hin und her, um den Mond zu suchen. Doch der Körper gehorchte ihm nicht, und er schwebte ohne Unterbrechung der Sonne zu. Weil der Gatte in die Sonne geschwebt ist, können wir sehen, wie eilig die Sonne es hat, auf- und unterzugehen, so, als ob sie immer den Mond verfolgen würde.

ZWEI GÖTTER WERDEN SONNE UND MOND

Es wird überliefert, daß die Götter, als es in der Welt noch nicht Tag geworden war, sich in dem Orte Teotihuacan versammelten. Sie sprachen zueinander: »Ihr Götter! Wer wird es auf sich nehmen, der Welt Licht zu spenden?« Auf diese Frage antwortete ein Gott namens Tecuciztecatl (»Der aus dem Lande der Meerschnecke«) und sprach: »Ich nehme es auf mich.« Wieder fragten die Götter: »Und wer sonst noch?« Gleichzeitig blickten sie einander an und stellten darüber Betrachtungen an, wer der andere sein würde, aber keiner von ihnen wagte, sich zu diesem Amte anzubieten, denn alle hatten Furcht und machten Ausflüchte. Nur einer von den Göttern, von dem niemand viel Aufhebens machte, weil er mit der Lustseuche behaftet war, sagte nichts, sondern hörte nur zu, was die anderen sprachen; und als diese zu ihm sagten: »Sei du es, armseliger Geschlechtskranker!«, da gehorchte er willig ihrer Aufforderung und erwiderte: »Als ein Zeichen eurer Gunst nehme ich auf mich, was ihr von mir verlangt. Sei es drum.«

Nun begannen die beiden eine viertägige Bußübung. Darauf entzündeten sie Feuer auf einem Herde, der auf dem Felsen errichtet wurde, der heute »Götterofen« heißt. Was der Gott Tecuciztecatl opferte, waren lauter Kostbarkeiten; denn an Stelle der Fichtenzweige brachte er Quetzalfedern dar, an Stelle der Grasballen Ballen aus Gold, an Stelle der Agaveblattspitzen solche aus kostbaren Steinen, an Stelle mit Blut bestrichener Agaveblattspitzen solche aus roter Muschelschale, und der Kopal, den er opferte, war vom besten. Der Geschlechtskranke, der Nanauatzin hieß, brachte dagegen an Stelle der Fichtenzweige grüne Rohrstengel, im ganzen neun, zu je dreien zusammengebunden, dar, er opferte Grasballen und Agaveblattspitzen, die er mit seinem eigenen Blut bestrich, und an Stelle der Kopalkugeln den Schorf seiner Schwären. Für jeden der beiden wurde eine Pyramide wie ein Berg erbaut; auf dieser fasteten sie und kasteiten sich vier Nächte lang. Noch heute liegen diese Pyramiden in der Nähe des Ortes San Juan Teotihuacan.

Sobald die vier Nächte ihrer Bußübung vorüber waren, legte man an jenem Ort die Fichtenzweige und sonstigen Geräte nieder. Damit war die Buße beendet. Bevor man um die Mitte der darauffolgenden Nacht mit der heiligen Handlung begann, stattete man kurz vor Mitternacht Tecuciztecatl mit dem Federschmuck »Reiherfedertopf« und einem Wams aus weißem Stoff aus; dem Nanauatzin setzte man eine Papierkrone, »Papierhaar« genannt, aufs Haupt und legte ihm eine Papierschärpe und eine Schambinde aus dem gleichen Stoff an. Als es Mitternacht geworden war, versammelten sich alle Götter um den Feuerherd »Götterofen«, wo das Feuer bereits vier Tage brannte. Dann ordneten sie sich in zwei Reihen, die einen hüben, die andern drüben, worauf die beiden Götter zwischen die Reihen vor das Feuer traten, die Gesichter ihm zugekehrt. Die Götter hatten sich alle erhoben und sprachen zu Tecuciztecatl: »Wohlan, Tecuciztecatl! Hinein ins Feuer!« Da machte er Anstalten, sich ins Feuer zu stürzen; da aber das Feuer groß war und mächtige Glut ausstrahlte, bekam er es, als er die Hitze spürte, mit der Angst zu tun, wagte den Sprung nicht und verzog sich nach rückwärts. Und als er ein zweites Mal, sich Mut machend, einen Anlauf nahm und dem Feuer nahe kam, stutzte er wiederum und wagte es nicht, auf den Herd zu springen. So versuchte er es viermal, ohne ein einziges Mal den Sprung zu wagen. Es war aber bestimmt worden, daß niemand öfter als viermal es versuchen solle; deshalb sprachen die Götter nunmehr zu Nanauatzin: »Auf, Nanauatzin! Versuche du es!« Kaum hatten die Götter dies gesagt, da nahm er allen Mut zusammen, schloß die Augen, nahm einen Anlauf und sprang ins Feuer. Sogleich prasselte es laut auf, wie wenn etwas brät. Als Tecuciztecatl sah, daß der brannte, nahm auch er einen Anlauf und sprang auf den Herd, und es heißt, daß nach ihm ein Adler sich ins Feuer stürzte und gleichfalls verbrannte; deshalb hat der Adler sein schwärzlich-braunes Gefieder. Zuallerletzt sprang ein Jaguar hinein; der verbrannte nicht mehr, sondern versengte nur noch; deshalb ist der Jaguar hell und dunkel gefleckt. Von dieser Geschichte leitet sich der Brauch her, hervorragende Krieger »Adler-Jaguar« zu nennen, und zwar Adler zuerst, weil der Adler vor dem Jaguar ins Feuer sprang …

Nachdem die beiden Götter verbrannt waren, setzten sich die übrigen nieder in der Erwartung, daß Nanauatzin alsbald aufgehen werde. Und als sie schon eine ganze Weile so gesessen und gewartet hatten, begann sich der Himmel zu röten, und allenthalben verbreitete sich das Licht der Morgendämmerung. Es heißt, die Götter seien danach auf die Knie gefallen, um so zu warten, bis irgendwo der zur Sonne gewordene Nanauatzin erschiene. Sie blickten allenthalben umher in der Runde, konnten es aber weder richtig erraten noch voraussagen, wo er aufgehen werde, und waren sich völlig unschlüssig darüber. Die einen dachten, er werde im Norden aufgehen, und starrten unablässig dorthin; andere meinten wieder, im Süden – kurz, in allen Himmelsrichtungen vermuteten sie seinen Aufgang, weil der Glanz der Morgenröte alles erfüllte. Einige richteten ihre Blicke auch nach dem Osten und sagten: »Dort wird die Sonne aufgehen.« Das war die richtige Ansicht, und es ist überliefert, daß diejenigen, die sie vertraten, folgende Götter waren: Quetzalcouatl, der auch »Windgott« heißt, sodann [Xipe] Totec, mit anderem Namen »Herr des Küstenlandes« oder »Roter Tezcatlipoca«, die »Wolkenschlangen«, deren Zahl unendlich ist, und vier Frauen,

138

die ältere, jüngere, mittlere und jüngste Schwester [der Tla-
zolteotl].

Als die Sonne endlich aufging, erschien sie rotglühend und
wiegenden Ganges; niemand konnte sie anblicken, weil er
sonst das Augenlicht verloren hätte, so groß waren ihr Glanz
und die Macht ihrer Strahlen, die sich nach allen Seiten ergossen. Nach ihr ging der Mond an derselben Stelle des Ost-
himmels neben der Sonne auf – erst die Sonne, dann der
Mond, in der Reihenfolge, in der sie ins Feuer gesprungen
waren. Und die Märchenerzähler berichten, daß sie ursprünglich in gleichem Glanze leuchteten. Als die Götter dies
bemerkten, berieten sie miteinander und sprachen: »Ihr Götter! Was ist da zu machen? Ist es gut, daß sie ganz ebenbürtig
sind, daß sie in gleichem Glanz erstrahlen?« Da fällten die
Götter den Spruch und sagten: »So sei es denn folgendermaßen.« Und einer der Götter lief hin und schlug mit einem Ka-
ninchen Tecuciztecatl ins Antlitz: Dadurch verdunkelte er es
ihm und machte seinen Glanz matt, so daß es wurde, wie es
noch heute ist.

Als danach Sonne und Mond sich über der Erde erhoben
hatten, standen sie plötzlich still, ohne sich weiter vom Flecke
zu rühren. Wiederum berieten die Götter und sprachen:
»Werden wir so bestehen können? Die Sonne bewegt sich
nicht – sollen wir etwa immer auf gleicher Stufe mit den
Menschen leben? So laßt uns denn allesamt sterben und bewirken, daß die Sonne durch unseren Tod neu belebt werde.«
Da machte sich der Windgott daran, alle Götter zu opfern.
Und während er sie opferte, weigerte sich einer namens Xolotl (»Zwilling«) zu sterben und sprach zu den Göttern: »Ihr
Götter, laßt mich am Leben!« Er weinte so, daß ihm die Au-

gen aus den Höhlen quollen; und als die Reihe zu sterben an ihn kam, da ergriff er die Flucht und verbarg sich in einem Maisfeld; hier verwandelte er sich in eine Maisstaude mit doppeltem Stengel, die der Landmann darum Xolotl nennt, wurde aber zwischen den Stauden entdeckt. Da floh er zum zweitenmal, barg sich zwischen den Agaven und verwandelte sich in eine Agave mit doppeltem Schaft, die man darum Mexolotl nennt. Wiederum wurde er ertappt und floh, diesmal ins Wasser, wo er sich in einen Fisch verwandelte, der darum Axolotl heißt. Dort wurde er nun aber doch ergriffen und geopfert.

Es heißt, daß trotz der Opferung der Götter die Sonne sich noch nicht in Bewegung setzte. Da machte sich der Wind auf und begann kräftig zu blasen; so bewirkte er, daß die Sonne wieder in Bewegung kam und ihre Bahn durchlief. Aber der Mond stand noch immer still an dem Platze, wo er sich befand. Erst nachdem die Sonne ihre Bahn durchlaufen hatte, begann auch der Mond seine Straße zu ziehen. Auf diese Weise kamen sie auseinander, und seitdem gehen sie zu verschiedenen Zeiten auf; die Sonne ist den ganzen Tag über da, der Mond wirkt während der Nacht und spendet ihr sein Licht. –

Als Nanauatzin [nach seiner Selbstverbrennung] im Himmel angekommen war, badeten der Herr und die Herrin unseres Fleisches ihn, setzten ihn auf einen Stuhl aus roten Löffelreiherfedern und umwanden ihm das Haupt mit einem rotgesäumten Tuch. Vier Tage lang verweilte er im Himmel; als Naui olin (= Sonnengott) nahm er nun zwar am Himmel seinen Platz ein, bewegte sich aber diese vier Tage lang nicht, sondern blieb an einer Stelle stehen. Da fragten die Götter:

»Warum bewegt er sich nicht?« Und sie sandten den Sperber, daß er zum Sonnengott spreche und ihn danach frage. Er sagte zu ihm, daß er im Auftrage der Götter zu ihm spreche, die als Könige von ihm Antwort heischten, warum er sich nicht bewege. Und der Sonnengott erwiderte: »Mit welchem Rechte fragt mich der hochgeborene Herr danach?«

Nun berieten die Götter miteinander, und der »Herr der Dämmerung« (der Gott des Morgensterns) sprach voll Zorn: »Warum soll ich nicht meine Pfeile auf ihn schießen? Daß er nur ja nicht gleich ganz stehenbleibt!« Darauf schoß er nach dem Sonnengott, konnte ihn aber nicht treffen. Nunmehr schoß der Sonnengott auf den »Herrn der Dämmerung« seinen mit Ararafedern befiederten Pfeil und stürzte ihn kopfüber in den neunfachen Strom; und so wurde der »Herr der Dämmerung« der Gott der Kälte.

Darauf taten sich die Götter Tezcatlipoca und Uitzilopochtli und die Göttinnen Xochiquetzal, »Grünrock« und »Karminrock«, zusammen, und es begab sich, daß diese Götter dort in Teotihuacan geopfert wurden. Und nachdem sich infolgedessen die Sonne am Himmel in Bewegung gesetzt hatte, begann auch der Mond seinen Lauf … Als er aber am Rande des Himmels angelangt war, bedeckte Papaztac ihn mit einem Papier in Gestalt eines Weinkruges; dann kamen die am Kreuzweg [lauernden] Tzitzimitl-Gespenster über ihn und sprachen zu ihm: »Hierhin sollst du gehen.« Und sie hielten ihn dort fest, indem sie ihn mit einem alten Lappen anbanden; solange der Sonnengott am Himmel war, hielten sie den Mond fest, und erst nach Sonnenuntergang [gaben sie ihn frei].

Als die Götter sich opferten, hinterließ jeder seinen Verehrern das Gewand, das er getragen hatte, als Zeichen seiner Zuneigung und Freundschaft. Jene Verehrer und Diener der toten Götter umhüllten mit diesen Gewändern Holzpfähle, in die sie eine Kerbe oder ein Loch machten, worin sie als Herz einen kleinen grünen Stein mit einem Stück Schlangenhaut oder Jaguarfell taten. Diese Bündel nannten sie Tlaquimilolli, und ein jeglicher legte seinem Bündel den Namen des Gottes bei, der ihm das Gewand gegeben hatte. Das war ihr Hauptidol, welches sie hoch verehrten …

Es heißt nun, daß die Verehrer der toten Götter voll trauriger Gedanken umherzogen, ein jeder mit seinem heiligen Bündel auf dem Rücken, suchend und Ausschau haltend, wo sie ihre Götter erblicken könnten und ob sie ihnen nicht wieder erscheinen würden. Da soll nun dem Verehrer Tezcatlipocas, als er, in dieser seiner Verehrung verharrend, bis an das Gestade des Meeres gelangt war, der Gott dort in drei Formen oder Gestalten erschienen sein, ihn gerufen und zu ihm gesprochen haben: »Komm her zu mir. Da du mir so treu ergeben bist, so will ich, daß du zum Haus der Sonne gehst und von dort Sänger und Musikinstrumente holst, damit wir ein Fest feiern können. Zu diesem Zwecke sollst du den Walfisch, die Meerfrau und die Schildkröte rufen, auf daß sie sich zur Brücke machen, auf der du hinübergelangst.« Als dann die Brücke hergestellt war und Tezcatlipoca ihn ein Lied gelehrt hatte, das er singen sollte, warnte der Sonnengott, der ihn gehört hatte, sein Gefolge und seine Diener davor, daß sie auf seinen Gesang antworteten, denn diejenigen, die das täten, würde jener mit sich nehmen. Und es begab sich, daß einige von ihnen, die sein Gesang lieblich dünkte, in ihn einstimmten; diese führte er mit sich fort samt der Fellpauke, die man Ueuetl nannte, und dem Teponaztli. Von dieser Zeit an soll man begonnen haben, die Götter mit Festen und Tänzen zu feiern.

ÐER MONÐMANN UNÐ
ÐIE WASSERSCHLANGE

Vor langer Zeit kam eines Tages während der Abenddämmerung eine glühendrote Wolke vom Himmel heruntergeschwebt und ließ sich auf einem Hügel nieder. Ein großer Mann, eine Frau und zwei Mädchen stiegen aus der Wolke auf die Erde herab. Es war der Mondmann mit seiner Familie. Der Mondmann griff einen Feuerbrand aus der glühenden Wolke, welche daraufhin erlosch und wieder zum Himmel emporschwebte. Die Familie wanderte in die Ebene hinunter und suchte sich einen Lagerplatz. Der Mondmann zündete mit seinem Feuerbrand ein Feuer an, an dem sich seine Familie wärmen konnte. Daraufhin verließ der Mondmann die Lagerstätte und nahm seinen Feuerbrand mit sich.

Der Mondmann ging zu einer riesigen Wasserschlange, die in einer tiefen Lagune lebte, welche von einem grünlichen Schleim überzogen war. Auch die Urschlange war grün wie dieser Schleim. Am Ufer der Lagune hielt der Mondmann ein langes geheimes Gespräch mit der Schlange, und die Schlange bewirtete den Mondmann mit einem reichhaltigen Mahl aus Wasserlilienknollen und Muscheln. Da hörten die beiden Männer ein raschelndes Geräusch im nahen Gebüsch. »Was soll das«, rief die Schlange empört, »wer wagt es, sich meiner Stätte ohne Einladung zu nähern?« Der Mondmann ergriff einen brennenden Ast und hielt ihn hoch in die Luft, so daß die Umgebung taghell erleuchtet war. Da entdeckten die beiden Männer, wie die Töchter des Mondmannes auf die Lagune zu krochen, um das Geheimgespräch der beiden Männer zu belauschen. Mit einem Fluch auf den Lippen schleuderte der erzürnte Vater den Feuerbrand gegen die arglistigen Töchter.

Der Feuerbrand zerbarst auf der Erde, und Glut und fliegende Funken begruben die Töchter. Plötzlich lag alles in gänzlicher Finsternis und Stille. Dann begann an der Stelle, wo die Töchter begraben waren, ein langgezogenes Jammergeheul, und Lichtblitze schossen aus der Stelle zum Himmel empor. Dann wurde es wieder still und finster. Der Mondmann und die Schlange waren verschwunden. Die beiden Töchter des Mondmannes hatten sich in zwei Felsen verwandelt, die die Gestalt eines Hundes besaßen, der seinen Kopf hinauf zum Himmel richtet, als wolle er dem Mondmann den Fluch, den er verhängte, vorwerfen. Lange Zeit blieben die Wolken verdunkelt, bis eines Tages der Mond zwischen ihnen aufging. Er warf einen trauernden Lichtstrahl auf seine versteinerten Töchter. Seither kehrt er regelmäßig an den Himmel zurück, und seine reumütigen Töchter starren zu ihm hinauf. Doch manchmal, wenn der Nachthimmel von dunklen Wolken verhangen ist, werden die beiden Töchter böse und knurren laut vernehmlich. Dann schießen leuchtende Blitze aus ihren steinernen Augen zum Himmel empor und über die Wolken hinweg und drohen mit mächtiger Rache.

Kamuschini begegnete, da er im Walde Blätter der Tukumpalme suchte, um sich Schnur für Bogensehnen zu verschaffen, dem Jaguar Oka, fürchtete sich vor ihm und versprach, ihm Frauen zu machen, wenn er ihn verschone.

Zuerst fällte er Bäume mit rotem Holz, brachte die Klötze nach Hause, stellte sie an einen Maismörser, blies sie an und zog sich ein Weilchen zurück. Als er wiederkam, waren es aber lauter Männer geworden, die Pfeile schnitzten! Er tötete sie, ging wieder fort und fällte nun mit seinem Steinbeil fünf oder sechs andere Bäume, verfuhr damit ebenso wie mit den ersten und fand dieses Mal, als er die angeblasenen sich ein Weilchen überlassen hatte, daß es Frauen geworden waren. Sie sagten alle »Papa« zu ihm, und mit Ausnahme der letzten, die faul dasaßen, und er sie deshalb erzürnt sofort tötete, stampften sie eifrig Mais – Maniok soll es damals noch nicht gegeben haben – und machten Fladen und Getränke.

Die beiden älteren, Rimagakaniro und Tchoge, gab Kamuschini dem Jaguar Oka, und dieser führte sie nach Hause. Unterwegs aber verunglückte Tchoge; sie kletterte auf eine Buritipalme, um sich Nüsse zu holen, und stürzte hinab.

Rimagakaniro verschluckte zwei Bakari-Fingerknochen, von denen viele im Hause waren, weil Oka sie für seine Pfeilspitzen gebrauchte und viele Bakari tötete, deren Fleisch er aß. Von den Fingerknochen wurde die Frau schwanger.

Ihre Schwiegermutter Mero aber, die außer Oka noch zwei Jaguarsöhne hatte, Kuara und Zaupannuar, kam zu Besuch, als Oka auf der Jagd war. Sie wollte nicht, daß er von einer Bakari Söhne habe, denn sie haßte und aß die Bakari: Sie riß Rimagakaniro mit ihren Krallen die Augen aus und ging wieder. Rimagakaniro starb, aber der Oheim Kuara schnitt ihr den Leib auf, holte die Zwillinge Keri und Kame hervor und legte sie in eine Kalabasse wie junge Papageien. Dann schnitten er und seine Leute Rimagakaniro in Stücke, brieten und verzehren sie und setzten den Rest dem heimkehrenden Oka vor, der ihn ahnungslos aß. Heftig erzürnt, als er den Hergang erfuhr, lief er, Mero zu töten, stand aber davon ab, weil sie sagte: »Ich bin deine Mutter.«

Keri und Kame zog der Pflegevater Jaguar auf. Er ließ sie auf seinem Rücken reiten und lehrte sie mit Pfeilen schießen. Nun fragten sie ihn aber nach ihrer Mutter. Er hatte von ihrem Tod geschwiegen, weil er sich schämte, von ihrem Fleisch gegessen zu haben, und gab auch jetzt keine Auskunft. Doch die Großmutter oder Tante Ewaki berichtete die Untat Meros. Keri und Kame gingen hin und töteten Mero, obwohl diese sie freundlich mit dem Gruß »O meine Enkel« empfing.

Die verdammte Mero wurde nicht beerdigt, o nein, sie wurde verbrannt. Keri und Kame trugen Scheite zusammen und legten Feuer an; dann gruben sie sich ein Loch, um zuzuschauen. Mero brannte »bopopopo« … Man sieht das Feuer noch heute am Himmel. Zu jener Zeit hatten Keri und Kame noch keine menschliche Gestalt. Kame kroch aus seinem Loch neugierig hervor und fing Feuer. Er verbrannte, starb. Keri blies ihn an und machte ihm Nase und Hände und Füße, wie die Menschen haben. Aber auch Keri fing Feuer, verbrannte, starb, wurde von Kame lebendig geblasen und menschlich gestaltet. Auch diese Feuer sieht man am Himmel. Da kamen drei Tierarten, die man auch noch am Himmel sieht, der kleine Fischotter, der sich den Schwanz, der große, der sich Hände und Füße, und der Tukan, der sich den Schnabel von Keri und Kame nahm. Keri hatte einen größeren Schnabel gehabt als Kame.

Keri und Kame zankten mit dem Vater und wollten ihn töten, weil sie ihre Mutter nicht gesehen hatten. Sie sagten dem Vater: »Mach viele Pfeile zurecht!« Dieser tat es und gab sie ihnen. Nun machten sie Kanabi. Sie rammten die Pfeile in einen Kreis aufrecht in den Boden und bliesen sie an. Da kamen die Kanabi. Keri hieß diese, auf Oka zu schießen, aber sie fehlten. Da schoß Keri selbst. Der Pfeil drang in das Knie des Jaguars ein. Der Jaguar stürzte sich ins Wasser und entkam.

Die Brüder empfingen nun von ihrer Tante Ewaki den Auftrag, die Sonne zu holen, die der Königsgeier besaß. Bisher war es Nacht, wenn nicht der Königsgeier mit der Sonne erschien. Am Himmel gab es ein schwarzes Loch, das den Geiern gehörte. In dieses Loch stürzte der Tapir, weil es finstere Nacht war. Man sieht ihn noch in der Milchstraße. Keri sah den Tapir und ging in seinen Vorderfuß hinein. Kame aber ging in einen kleinen gelben Singvogel und setzte sich auf einen Ast; er sollte Keri, der nichts sehen konnte, von allem, was vorging, unterrichten. Der Königsgeier öffnete die Sonne; es wurde hell, und so erblickten die Aasgeier den Tapir. Alle schwarzen und weißen Geier – nur der rote, der Königsgeier, blieb noch fern – stürzten sich auf den Tapir. Sie holten Schlingpflanzenstricke herbei, zogen ihn mit aller Mühe aus dem Loch und wollten ihn zerteilen. Da machte

Kame auf seinem Ast »neng-neng-neng«, Keri blies, und die Geier konnten mit ihren Schnäbeln den Tapir nicht öffnen. Sie riefen den Königsgeier zu Hilfe. Dieser kam, und Kame hörte auf »neng-neng-neng« zu machen. Der rote Geier öffnete den Tapir mit seinem Schnabel. In diesem Augenblick ergriff ihn Keri und packte ihn so fest, daß er fast starb. Nur wenn er die Sonne hergebe, solle er am Leben bleiben. Da schickte der Königsgeier seinen Bruder, den weißen Geier, die Sonne zu holen. Dieser brachte die Morgenröte. »Ist das recht?« fragte Kame Keri, der festhalten mußte. »Nein, nicht die Morgenröte«, erwiderte Keri. Da brachte der weiße Geier den Mond. »Ist das recht?« fragte Kame. »Ach was!« erwiderte Keri. Nun brachte der weiße Geier die Sonne, und als Kame fragte: »Ist das recht?« antwortete Keri: »Jetzt ja!« Dann gab er den Königsgeier frei, der sehr erzürnt war.

Der Mond bestand damals aus (gelben) Tapu-Federn, die Sonne aus Federn des Tukan und des roten Arara, die Morgenröte aus Tukan-Federn. So haben es die Alten gewußt. Wenn es jetzt, wie ihr sagt, anders sein soll, so weiß ich davon nichts, und niemand weiß es. Dann muß man geblasen haben, daß sie wie Feuer ist.

Keri sann und sann, was er nun mit der Sonne und dem Mond anfangen sollte. Es war immer hell. Ewaki wußte ihm auch nicht zu raten. Endlich machte er einen großen Topf und stülpte ihn darüber. Da war es dunkel. Er gab den Mond Kame. Sonne und Mond waren beide unter dem Topf. Wenn der Topf aufgehoben wird, ist es Tag.

Keri und Kame wollten nun gern schlafen und konnten es zu ihrem Leidwesen nicht. Sie gingen zu Ewaki, und diese sagte ihnen, wo sie den Schlaf holen sollten. Po, die Eidechse, war im Besitz des Schlafes. Sie empfing Keri und Kame freundlich und sagte: »Oh, meine Enkel!« – Sie blieben in ihrem Hause, legten sich in die Hängematte und schliefen. Als sie erwachten, fühlten sie sich wieder wohl. Am anderen Morgen sagten sie Lebewohl und zogen mit der Hängematte, die ihnen die Eidechse geschenkt hatte, von dannen. Unterwegs, als sie eine Weile gegangen waren, wollten sie nun das Schlafen versuchen. Sie legten sich in die Hängematte und versuchten, aber es ging nicht. Sie quälten sich vergebens. Da gingen sie wieder zum Haus der Eidechse zurück, ergriffen sie und zogen ihr das Augenlid aus. Sie nahmen sich ein großes Stück, und die Eidechse war sehr böse. Nun hatten sie Augenlider und konnten schlafen.

Keri und Kame gingen zu Ewaki, und diese befahl ihnen, das Feuer zu holen. Der Kampfuchs war der Herr des Feuers. Er hatte es in den Augen und schlug es sich heraus, wenn er Holz anzünden wollte. Der Kampfuchs hatte eine Reuse angelegt, um Fische zu fangen. Zu der Reuse gingen Keri und Kame. Sie fanden darin einen Fisch und eine Schnecke. Keri ging in den Fisch, und Kame ging in die Schnecke. Beide waren gut darin versteckt. Singend kam der Kampfuchs gegangen und machte Feuer an. Dann sah er nach, was in der Reuse war, holte den Fisch und die Schnecke und legte sie in das Feuer, um sie zu braten. Aber die beiden gossen Wasser in das Feuer. Erzürnt griff der Kampfuchs die Schnecke; die hüpfte aber in den Fluß und holte neues Wasser und goß es ins Feuer, daß dieses beinahe ganz verlöschte. Der Kampfuchs ergriff sie wieder und wollte sie auf einem Holz in Stücke schlagen, die Schnecke aber entglitt ihm und fiel auf die andere Seite. Das wurde dem Kampfuchs zuviel; ärgerlich lief er davon.

Keri und Kame aber bliesen das Feuer wieder an und gingen damit zu Ewaki.

Ewaki schickte die beiden Knaben aus, das Wasser zu holen. Sie wanderten drei Tage. Sie fanden drei Töpfe, die der Wasserschlange gehörten. In den Töpfen war Wasser; in zweien war gutes Wasser, aber in dem dritten war schlechtes, von dem man nicht trinken kann, ohne zu sterben. Diesen dritten Topf ließen sie ganz; sie wollten gutes Wasser haben. Die zwei anderen Töpfe zerschlugen sie. Das Wasser, das aus dem einem abfloß, war der Paranatinga, das Wasser des anderen der Ronuro und Kulisehu. Keri nahm sich des Paranatingawassers, Kame des Ronuro-Kulisehuwassers an. Beide Flüsse liefen weiter, und Keri und Kame liefen jeder hinter dem seinen; sie riefen einander zu, damit sie sich nicht verlören. Auf einmal hörte Kames Rufen auf. Keri schrie und schrie, doch die Antwort blieb aus. Da ließ er den Paranatinga stillstehen und warten und ging zum Ronuro. Der dumme Kame hatte sich den schlechtesten Fluß ausgesucht; er konnte nicht mit ihm fertig werden. Das Wasser wurde groß und breit, und Kame ertrank. Ein gewaltiger Jahufisch verschluckte ihn. Keri kam und fand den Ronuro stillstehend, Kame verschwunden. Sogleich begab er sich ans Fischen. Er fing drei Jahus, und einer war dick geschwollen. Dem riß er den Bauch auf und erblickte nun Kame, der tot war. Er legte die Leiche auf große, grüne Blätter und blies sie an. Da stand Kame auf und sagte: »Ich habe gut geschlafen.«

»Nein«, rief Keri, »du hast ganz und gar nicht geschlafen! Ein Jahu hat dich gefressen.«

Mit dem Ronuro wollten sie nichts mehr zu tun haben. Keri ließ eine Ente kommen und befahl ihr, das Wasser mitzunehmen. So geleitete die Ente den Fluß wieder weiter, und die beiden Knaben begaben sich zu Keris Paranatinga, der noch geduldig wartete. »Das ist das Wasser«, sagte Keri, »das wir mitnehmen wollen.«

Drei Tage liefen sie mit ihm talwärts. Da kamen sie zum Katarakt des Paranatinga, allein es war noch kein Wasserfall, sondern nur trockener Fels. Sie selbst brachten jetzt das Wasser zum Katarakt und ließen es jenseits des Falles warten. Aber da sie nun hierblieben, ließ Keri bald Enten und Tauben kommen und andere Vögel, die das Wasser mitnahmen und weiterführten.

Keri begegnete dem Kampfuchs und vereinigte sich mit ihm zur Jagd, indem der Kampfuchs das Gras im Kreis anzündete. Was von Getier eingeschlossen war, sollte verbrennen. Nun war der dumme Kame gerade in eine Maus gegangen. Keri wußte nichts davon; er dachte, Kame sei draußen. Das Feuer hörte auf, und die beiden streiften umher, ob sie Beute fänden. Keri fand keinen Braten. Der Fuchs fand eine verbrannte Maus und aß sie auf. Dann trafen sich die beiden wieder. »Großpapa, was für Braten hast du gegessen?« sagte Keri zum Fuchs. »Nur eine Maus habe ich gegessen«, antwortete dieser. Da merkte Keri, daß der Kampfuchs den Bruder verschluckt hatte, und ersann ein Mittel, diesen zu retten, ohne den Fuchs töten und aufschneiden zu müssen. »Laß uns rennen, Großpapa«, sagte Keri. »Jawohl, mein Enkelkind.« Sie rannten eine lange Strecke. Dann standen sie still. Als der Fuchs stillstand, erbrach er sich. Darauf lief er eiligst davon. Keri ging dorthin, wo sich der Fuchs erbrochen hatte. Er sah die Mäuseknochen und sammelte sie. Dann blies er. Nachdem er geblasen hatte, erhob sich Kame. »Ich habe gut geschlafen«, sagte er. »Du hast ganz und gar nicht geschlafen! Der Kampfuchs hatte dich gefressen.«

DIE FABEL VON DEM KÖNIGSSOHN SAFUDU KWAKU

Eines Tages log ein König über seinen Sohn, daß dieser etwas mit seiner Frau gesprochen hätte. Sein Sohn, Safudu Kwaku, sagte zu seinem Vater, er wollte sich einem Gottesurteil unterziehen. Der König war damit einverstanden und sandte Männer nach Ge, die ihm ein Schwert und Nadeln kaufen sollten.

Als sie die Gegenstände gekauft hatten, da ließ sie der König siebzehn Tage lang schleifen. Die geschliffenen Buschmesser und Nadeln ließ er dann unter einem hohen Seidenbaumwollbaum in die Erde stecken. Dann ließ der König alle Leute einladen, daß sie kommen und dem Gottesurteil beiwohnen sollten. Der König, seine Frau und sein Sohn, Safudu Kwaku, wurden in der Hängematte auf den Platz getragen, auf welchem das Urteil vorgenommen werden sollte. Dort befahl der König seinem Sohn, Safudu Kwaku, er solle auf den Baum hinaufsteigen und sich von dort herunter auf die scharfen Schwerter und Nadeln stürzen. Seine Mutter fing zu weinen an; er selbst aber fürchtete sich nicht, weil er wußte, daß er unschuldig war.

Safudu Kwaku stieg auf den Baum und sang das Lied: »Dedende manjimato, samafa binihini; dedende samapa wo mampa; dedende manjimato.«

Nachdem er das Lied fertig gesungen hatte, stürzte er sich vom Baum herunter, nahm aber keinen Schaden. Der König aber sagte, er hätte es nicht gesehen, weil er gerade im Bad gewesen wäre. Zum zweiten Mal stieg er auf den Baum, sang dort wieder sein Lied und stürzte sich auf die Erde. Darauf sagte der König, jetzt habe er sich fertig gebadet, deswegen solle er zum dritten Male auf den Baum steigen. Safudu Kwaku stieg wieder auf den Baum. Aber der König sagte, er hätte sich eben mit Fett eingerieben und hätte deswegen nicht zugesehen. Noch einmal befahl er ihm, auf den Baum zu steigen; aber wieder sah er es nicht, weil er gerade seine Sandalen angezogen hätte. Zum fünften Male stieg Safudu Kwaku auf den Baum; aber der König hatte ihn auch diesmal nicht gesehen, weil er eben eine Prise Schnupftabak genommen hätte.

Als er nun zum sechsten Mal auf den Baum stieg, da sagte der König: »Jetzt erst kann ich kommen, um es zu sehen«, und befahl ihm zum siebtenmal, auf den Baum zu steigen.

Alle Zuschauer ergriffen nun Partei für den Safudu Kwaku; dieser aber stieg zum siebenten Male auf den Baum. Als er sich nun herunterstürzte, da nahm ihn der Himmel weg und versetzte ihn in den Sonnenaufgang. Wenn nun die Sonne aufgeht und man ihr Angesicht sehen will, so verdeckt sie ihr Angesicht und sagt: »Man hat mir Unrecht getan!«

Daher kommt es, daß man das Angesicht der Sonne nicht ganz sehen kann.

In der schneebedeckten Kordillere oberhalb des Tals von Yucay, die den Namen Pitusiray führt, hütete ein Hirt die Herde weißer Lamas, die für die Opfer bestimmt waren, die die Inka der Sonne darbrachten. Er war aus Laris gebürtig, hieß Acoyanapa und war ein sehr wohlgestalteter und wohlerzogener Jüngling. Wenn er hinter seiner Herde herschlenderte, pflegte er gar sanft und lieblich auf seiner Flöte zu blasen; doch waren ihm noch alle verliebten Gedanken der Jugend fern und fremd.

Eines Tages spielte er ganz arglos seine Flöte, als sich ihm zwei Sonnentöchter nahten. Sie durften nach allen Richtungen über die grünen Matten schweifen, verfehlten aber nie, bei Anbruch der Nacht eine ihrer Behausungen aufzusuchen, wo Wächter und Türhüter Ausschau hielten, daß ihnen kein Leid geschah. Die beiden Mädchen kamen also zu dem Platz, auf dem der Hirt in aller Gemächlichkeit rastete, und fragten ihn nach seinen Lamas.

Der Hirt, der ihrer erst gewahr wurde, als sie ihn ansprachen, war überrascht und sank auf seine Knie, denn er dachte, die Mädchen seien die Verkörperungen von zweien der vier kristallklaren Quellen, die in jener Gegend großen Ruf genossen. Daher wagte er auch nicht, ihnen zu antworten. Sie wiederholten ihre Frage und redeten ihm zu, sich nicht zu fürchten, denn sie seien Kinder des Sonnengottes, der Herr über alle Lande sei. Um ihn zutraulich zu machen, berührten sie ihn an den Armen. Da erhob sich der Hirt und küßte ihnen die Hände. Nachdem sie eine Weile miteinander geplaudert hatten, sagte der Hirt, es sei nun Zeit für ihn, seine Herde zu sammeln, und bat um ihre Erlaubnis. Der älteren der beiden Prinzessinnen namens Chuquillantu hatten es die Anmut und Wohlerzogenheit des Hirten angetan. Sie fragte ihn nach Namen und Heimatort, worauf er erwiderte, daß Laris seine Heimat und Acoyanapa sein Name sei. Während er noch sprach, richtete Chuquillantu ihre Augen auf eine Silberplatte, die der Hirt über seiner Stirn trug und die in der Sonne prächtig gleißte und funkelte. Als sie sie näher betrachtete, erblickte sie zwei Figuren darauf, die ein Herz aßen und die aufs zierlichste entworfen waren. Chuquillantu fragte den Hirten nach dem Namen des Schmuckes, als den er das Wort Utusi nannte. Die Prinzessin gab ihn dem Hirten zurück und nahm Abschied von ihm; sie behielt aber den Namen und die Figuren des Schmuckes gut im Gedächtnis. Immerfort mußte sie daran denken, wie sauber die Figuren gezeichnet waren, fast als lebten sie, und sprach darüber mit ihrer Schwester. So kamen sie zu ihrem Palast. Als sie eintraten, sahen die Türhüter nach, ob sie auch nichts mitbrächten, was Unheil anrichten könnte, denn es war nicht selten vorgekommen, daß Frauen heimlich in ihren Kleidern verborgen Dinge, wie Stirnreife oder Halsketten, hineingeschmuggelt hatten.

Nachdem die Türhüter sie genau untersucht hatten, ließen sie sie ein, und sie fanden die Sonnenfrauen mit Kochen und Zubereitungen fürs Essen beschäftigt. Chuquillantu sagte, sie sei von ihrem Spaziergang sehr müde und wünsche nicht zur Nacht zu speisen. Die übrigen aßen mit ihrer Schwester, die sich nicht vorstellen konnte, daß Acoyanapa jemandes Gemütsruhe stören könne. Chuquillantu aber fand keine Ruhe um der tiefen Neigung willen, die sie zu dem Hirten gefaßt hatte, und beklagte es, daß sie ihm nicht gezeigt hätte, wie es in ihrem Herzen aussah. Zuletzt fiel sie in Schlaf.

Im Palast waren viele reich ausgestattete Gemächer, in denen die Sonnenfrauen wohnten. Diese Jungfrauen wurden aus allen vier Provinzen, die dem Inka untertan waren – Chinchasuyu, Cuntisuyu, Antisuyu und Collasuyu –, herbeigebracht. In dem Palast gab es vier Quellen, deren Gewässer sich nach den vier Provinzen ergossen. Darin badeten die Frauen, und zwar jede in der Quelle, die zu der Provinz gehörte, in der sie geboren war ...

Chuquillantu, die schönste aller Sonnentöchter, lag in tiefem Schlaf. Sie hatte einen Traum. Es schien ihr, als sähe sie einen Vogel, der von einem Baum zum andern flatterte und dabei zarte, süße Weisen sang. Nachdem er eine Zeitlang gesungen hatte, kam er herabgeflogen und blickte die Prinzessin an; sie solle nicht traurig sein, sprach er zu ihr, alles werde sich zum Guten wenden. Die Prinzessin erwiderte, für ihren Kummer gebe es keine Heilung. Da sagte der Vogel, er werde schon ein Mittel finden, und bat sie, ihm den Grund ihres Kummers mitzuteilen. Schließlich beichtete Chuquillantu dem Vogel die große Liebe, die sie zu dem Hirten Acoyanapa empfand. Der Tod scheine ihr unabwendbar, denn sie werde von ihrem Liebeskummer nicht anders genesen als dadurch, daß sie zu ihm hingehe, den sie so heiß liebe. Wenn sie dies aber tue, so werde ihr Vater, der Sonnengott, den Tod über sie verhängen. Der singende Vogel – es war ein Checollo – hieß sie sich erheben und zwischen die vier Quellen niedersetzen. Dort solle sie von dem singen, was am besten in ihrem Gedächtnis hafte, und wenn die Quellen ihre Worte wiederholten, könne sie ruhig und unbesorgt tun, wonach sie Verlangen trage. Mit diesen Worten flog der Vogel fort, und die Prinzessin erwachte. Sie war erschrocken, kleidete sich indessen hastig an und setzte sich zwischen die vier Quellen nieder. Dann begann sie nach dem Gedächtnis zu wiederholen, was sie die beiden Figuren auf der Silberplatte hatte tun sehen, und sang: »Micuc isutu cuyuc utusi cucim.« Augenblicklich begannen alle Quellen den gleichen Vers zu murmeln.

Da die Prinzessin also sah, daß alle Quellen ihr günstig gesonnen waren, legte sie sich noch für kurze Zeit zur Ruhe nieder, denn sie hatte sich die ganze Nacht über im Traum mit dem Vogel unterhalten.

Als der Hirt auf dem Weg nach Haus war, rief er sich die große Schönheit Chuquillantus ins Gedächtnis zurück. Sie hatte seine Liebe erweckt, aber gleichzeitig wurde sein Herz traurig bei dem Gedanken, daß es eine hoffnungslose Liebe war. So ergriff er seine Flöte und spielte darauf so herzzerreißende Lieder, daß seine Augen in Tränen schwammen und er seufzte: »O ich unglücklicher, von Trauer erfüllter Hirt, der ich verlassen und verzweifelt bin! Der Tod naht mir, denn es gibt weder Hilfe noch Hoffnung!« Mit diesen Worten ging auch er zur Ruhe.

Die Mutter des Hirten lebte in Laris. Da sie die Gabe der Weissagung besaß, blieb ihr die Ursache des schweren Kummers, in den ihr Sohn versenkt war, nicht verborgen, und sie wußte, daß er sterben mußte, sofern sie nicht Maßregeln ergriff, um ihm ein Heilmittel zu verschaffen.

So begab sie sich in die Berge und traf gegen Sonnenuntergang bei der Hütte des Hirten ein. Sie blickte hinein und sah ihren Sohn dem Tode nahe, mit von Tränen gebadetem Antlitz daliegen. Da trat sie ein und rüttelte ihn auf, und als er sah, wer es war, begann er ihr von der Ursache seines Kummers zu erzählen. Nach besten Kräften tröstete sie ihn und redete ihm zu, nicht niedergeschlagen zu sein, sie werde schon in wenigen Tagen ein Mittel finden, um seinen Kummer zu lindern. Dann ging sie wieder und sammelte zwischen den Felsen gewisse Kräuter, die als Heilmittel für Kummer gelten. Als sie eine große Menge davon beisammen hatte, begann sie die Kräuter zu kochen und war noch nicht fertig damit, als schon die beiden Prinzessinnen am Hütteneingang erschienen. Denn Chuquillantu war, nachdem sie ihre Ruhe gefunden hatte, mit ihrer Schwester zu einem Spaziergang auf den grünen Berghängen aufgebrochen, wobei sie die Richtung nach der Hütte eingeschlagen hatte. Ihre Sehnsucht ließ sie nicht nach einer andern Richtung ihre Schritte lenken.

Als sie angelangt waren, fühlten sie sich müde und setzten sich neben dem Eingang der Hütte nieder. Da erblickten sie die alte Frau darinnen, begrüßten sie und baten sie, ihnen irgend etwas zu essen zu geben. Die Mutter kam auf den Knien herbei und sagte, sie habe nichts als ein Gericht aus Kräutern. Sie brachte es den Mädchen, und diese begannen mit großem Appetit zu essen. Dann ging Chuquillantu um die Hütte herum, ohne den zu finden, den sie suchte, denn des Hirten Mutter hatte Acoyanapa drinnen unter einem Mantel verborgen, und die Prinzessin dachte, er sei seiner Herde nachgegangen. Da erblickte sie den Mantel und sagte der Mutter, daß er sehr hübsch sei. Als sie sie weiter fragte, von wo er stamme, berichtete ihr die alte Frau, es sei ein Mantel, der in alten Zeiten einer Frau gehörte, die der Gott Pachacamac geliebt habe; sie habe ihn geerbt. Unter vielen Zärtlichkeiten bettelte die Prinzessin bei der Mutter so lange um den Mantel, bis diese ihn ihr gab. Als Chuquillantu ihn in die Hand nahm, gefiel er ihr noch besser als zuvor. Nach kurzem Verweilen in der Hütte nahm sie Abschied von der alten Frau und wanderte über die Wiesen heimwärts, überall Ausschau haltend nach dem, den ihr Herz ersehnte ...

Als sie keine Spur von ihrem geliebten Hirten sah, erfaßten sie Trauer und Schwermut. Die Wächter des Palastes erblickten, als sie wie gewöhnlich nachsahen, was sie mitbrachte, nichts als den Mantel. Ein glänzendes Mahl war angerichtet, und als alle sich zu Bett begaben, nahm die Prinzessin den Mantel und legte ihn neben ihr Bett. Sobald sie allein war, begann sie zu weinen, da sie des Hirten gedachte. Endlich schlief sie ein, aber bald danach verwandelte sich der Mantel in den Menschen, der er zuvor gewesen war, und dieser begann Chuquillantu bei Namen zu rufen. Zu Tode erschrocken, sprang sie von ihrem Lager auf und gewahrte den Hirten, der vor ihr auf den Knien lag und heiße Tränen vergoß. Sie war beglückt, ihn zu sehen, und forschte danach, wie er in den Palast gekommen sei. Er erwiderte, der Mantel, den sie trage, habe das bewirkt. Da fiel Chuquillantu ihm um den Hals, deckte ihre feingewirkten Lipi-Mäntel um ihn, und beide schliefen zusammen.

Als sie sich am Morgen erheben wollten, verwandelte der Hirt sich wiederum in einen Mantel. Sobald die Sonne aufging, verließ die Prinzessin mit dem Mantel den Palast ihres Vaters. Sie erreichte eine Schlucht in den Bergen und sah sich dort wieder mit ihrem geliebten Hirten, der sich in seine eigene Gestalt zurückverwandelt hatte, vereint. Aber einer der Wächter war ihnen gefolgt und schlug, als er sah, was vorging, laut Alarm. Die Liebenden flohen in die Berge in der

Nähe der Stadt Calca. Müde von dem langen Wege erklommen sie den Gipfel eines Felsens und legten sich schlafen. Da hörten sie mitten im Schlafe ein lautes Getöse und sprangen auf. Schon hatte die Prinzessin einen ihrer Schuhe an den Fuß gezogen und nahm den andern in ihre Hand; als sie darauf nach der Stadt Calca hinblickten, wurden beide in Stein verwandelt. Noch bis zum heutigen Tage sind die beiden Steinbilder zwischen Calca und Uayllapampa zu sehen. Das Gebirge wurde [danach] Pitusiray genannt und heißt noch jetzt so.

Der Mondmann

Tjarapa war nach seinem gewaltigen Zweikampf mit Purukupali als Mond in den Himmel gestiegen. Der Mondmann trägt immer noch die Narben im Gesicht, die seine schweren Verwundungen hinterließen. Zwar hatte Purukupali nach dem Kampf verfügt, daß alle Wesen der Schöpfung nach ihrem Tod nie wieder aufstehen würden, doch Tjarapa, der Mondmann, entgeht diesem Vermächtnis, da sein Leben drei Tage nach seinem allmonatlichen Tod sich stets wieder erneuern wird. Wenn Tjarapa neu zum Leben erwacht, beginnt er sofort damit, Unmengen von Mangrovenkrebsen zu verschlingen, wovon er innerhalb von zwei Wochen fett und kugelrund wird. Doch seine Freßgier nimmt jedesmal ein schlimmes Ende, denn nach zwei Wochen beginnt er todkrank zu werden, bis er am Ende der beiden

Wochen völlig dahinsiecht. Kurz bevor der Mondmann stirbt, sehen die Menschen nur noch sein Skelett, den schmaler und schmaler werdenden Halbmond, und seinen Geist Imunka, den Teil der Mondkugel, die mit bloßem Auge nur schwach zu erkennen ist.

JANNEKEN IM MOND

Janneken mußte einmal für seine Mutter Holz auflesen gehen. Er mußte es in den freien Wäldern sammeln gehen, wo jeder kommen durfte, aber Janneken fand das viel zu weit! Was machte er dann? Er zog in die verbotenen Wälder, was im Grunde schon verpönt war, brach dazu noch junge Zweige von den Sträuchern und Bäumen ab, machte sich ein großes Bündel daraus und beeilte sich damit nach Hause.

Unterwegs begegnete er einem alten Mann, der sagte: »Bleib mal stehen, Kerlchen, ich sehe, daß du da etwas getan hast, was strengstens untersagt ist. Du hast nicht nur in den verbotenen Wäldern gesammelt, sondern hast dazu noch grünes Holz abgezogen.«

»Ich bin nicht in den verbotenen Wäldern gewesen und habe noch viel weniger grünes Holz abgerissen«, antwortete Janneken frech und schnippisch.

»Jetzt lügst du auch noch!«

»Ich darf zum Mond fliegen, wenn ich lüge.«

»Flieg dann doch sofort hin«, sprach der Mann, der kein

anderer war als der liebe Herrgott selbst, »und bleib dort für immer stehen, damit Gott und jedermann dich sieht.«

Und Janneken flog zum Mond mit dem Reisigbündel auf seinem Rücken, und er steht noch immer da, bis auf den heutigen Tag. Guck selber mal. Siehst du ihn? Nanu, er wird dort stehenbleiben, bis ans Ende der Welt.

FAULE LEUTE IN KALTEN WINTERN

Es war einmal ein strenger Winter. Der Erdboden war hart gefroren, und die andauernde Kälte drang in die Häuser. Der Brennstoff wurde knapp, und einige Leute mußten Ausschau halten nach trockenem Torf.

Jan und Remmer gruben immer Torf für mehr als ein Jahr. Dadurch hatten sie jeden Winter vier große Torfhaufen trocken auf dem Moor stehen. Als Remmer einmal den Torf auf dem Moor kontrollierte, entdeckte er, daß fast schon ein halber Haufen davon gestohlen worden war. Er aber meinte dazu: »Was kann man dafür, daß es einigen Leuten im Sommer zu warm und im Winter zu kalt ist.«

Auch der Bauer Jan bemerkte, daß sein Torfhaufen Besuch bekommen hatte. Er aber wußte, wer dafür in Frage kam. Am nächsten Morgen fand er auf seinem Torfhaufen ein Paar Handschuhe. Er ging damit zu seiner Nachbarin und fragte: »Sind das deine Handschuhe?«

»Ja, das sind meine Handschuhe, ich habe sie schon vermißt.«

»Nun, die lagen heute morgen auf unserem Torfhaufen«, sagte Jan und drehte sich um. Jetzt hatte der Torfhaufen Ruhe.

Auch Siuwert und sein Nachbar hatten bemerkt, daß aus ihrer Scheune Torf gestohlen wurde. Sie meinten, der Hasendieb sei der Täter, aber sie wollten sich erst vergewissern. Sie bohrten Löcher in einige Torfsoden und taten Pulver hinein. Die Soden legten sie gleich vorne auf den Haufen. Am nächsten Abend, als die Soden weg waren, machten sie mit dem Strickzeug unter dem Arm dem Dieb einen Besuch. »Es ist ziemlich kalt hier«, meinte Siuwert. »Du solltest besser einheizen.«

»Ja, wenn du das möchtest«, sagte Wilke, und er holte mehr Torf für den offenen Herd. Als das Feuer ordentlich brannte, gab es plötzlich einen lauten Knall. Die Küche war voller Feuer, Asche und Rauch. Siuwert und Wilm prusteten und spuckten; sie klopften sich die Asche und das Feuer von ihren Kleidern und machten sich dann aus dem Staub. Das hatte schön geklappt und wohl gut geholfen.

Weil der Winter so lange dauerte und der Brennstoff zu Ende ging, überlegten Dierk und Gräitje, wie es nun weitergehen sollte. Das Geld war äußerst knapp, und wer sollte ihnen schon Torf leihen? Dierk nahm die Schubkarre und ging damit zum Moor; da stand ja genügend Torf. Er lud die Karre voll, aber welch ein unbehagliches Gefühl hatte er dabei!

Das Herz schlug ihm bis zum Hals, als die schwerbeladene Schubkarre anfing, Laute von sich zu geben. Sie sagte: »Sie-sehen-uns!«

Dierk schaute nach rechts und nach links. Er dachte, er

sähe zwei Männer. Er lief schneller, und die Schubkarre piepste: »Sie-erwischen-uns! Sie-erwischen-uns!«

Der Angstschweiß brach ihm aus, und er fing an zu rennen. Da rief die Karre: »Sie-haben-uns-schon, ich-habe-es-dir-gesagt! Es-kommt-an-den-Tag! Sie-haben-uns-schon, ich-habe-es-dir-gesagt! Es-kommt-an-den-Tag!«

Dierk schaute nicht nach rechts und nicht nach links, und so kam er heim zu Gräitje mit nur noch ein paar Torfsoden auf der Schubkarre. Sie schimpfte ihn aus: »Du Angsthase, so zu rennen mit der Karre!«

Dierk aber erwiderte zornig: »Du hast leicht reden! Nächstes Jahr grabe ich bestimmt mehr Torf, als wir brauchen. Ich will nicht wieder frieren und von den anderen Leuten stehlen müssen!«

Auch vom Mann im Mond wird erzählt, daß er zu faul gewesen sei, um Holz aus dem Wald zu holen, wie es die anderen Leute taten. Als der Winter einmal recht kalt war, stahl er Holz bei anderen Häusern. Da erwischte ihn der Bauer Remmer, gerade als er einen Sack von dessen Holz auf die Schulter nahm. Er schrie: »Ich wollte, du wärest auf dem Mond!«

Kaum hatte Remmer das gesagt, da war der Mann mit dem Sack Holz schon auf dem Mond. Man kann ihn dort heutzutage noch immer deutlich erkennen. Als wir noch Kinder waren, haben wir uns oft an kalten Winterabenden den Mond angesehen. Dann bedauerten wir den Mann, wie er dort oben frieren mußte.

Vor uralten Zeiten ging einmal ein Mann am lieben Sonntagmorgen in den Wald, haute sich Holz ab, eine großmächtige Welle, band sie, steckte einen Staffelstock hinein, huckte die Welle auf und trug sie nach Hause zu.

Da begegnete ihm unterwegs ein hübscher Mann in Sonntagskleidern, der wollte wohl in die Kirche gehen, blieb stehen, redete den Wellenträger an und sagte: »Weißt du nicht, daß auf Erden Sonntag ist, an welchem Tage der liebe Gott ruhte, als er die Welt und alle Tiere und Menschen geschaffen? Weiß du nicht, daß geschrieben steht im dritten Gebot, du sollst den Feiertag heiligen?« Der Fragende aber war der liebe Gott selbst; jener Holzhauer jedoch war ganz verstockt und antwortete: »Sonntag auf Erden oder Mondtag im Himmel, was geht das mich an, und was geht es dich an?«

»So sollst du deine Reisigwelle tragen ewiglich!« sprach der liebe Gott, »und weil der Sonntag auf Erden dir so gar unwert ist, so sollst du fürder ewigen Mondtag haben und im Mond stehen, ein Warnungsbild für die, welche den Sonntag mit Arbeit schänden!«

Von der Zeit an steht im Mond immer noch der Mann mit dem Holzbündel und wird wohl auch so stehenbleiben bis in alle Ewigkeit.

JENSEITSWANDERUNGEN

In alten Zeiten wußte niemand, wo der Mond lebte und ob er männlich oder weiblich war. Die Menschen vermuteten dies und das, und einige stritten sich sogar darüber.

Wegen dieser Streitigkeiten sagte eines Tages ein Mann zu seinen Verwandten: »Ich werde den Mond suchen gehen.« Er baute ein kleines Kanu und machte sich in der Richtung auf, aus der man den Mond jeden Abend aufgehen sah. Er paddelte flußauf. Er hieß Agisa.

Der erste Mensch, dem er auf seinem Weg begegnete, war eine alte Frau. Sie fragte ihn: »Wo gehst du hin?« Agisa antwortete: »Ich suche den Mond.« Die Frau sagte: »Kehre um, denn der Mond ist weit entfernt, und unterwegs lauert so manche Gefahr.« Agisa sagte: »Ich gehe trotzdem.« Nachdem er eine Welle gepaddelt hatte, kam er in das Reich der Fliegen. Als er die Fliegen ankommen sah, kenterte er sein Kanu, und die Fliegen flogen über sein Kanu hinweg und kehrten zurück. Er drehte sein Kanu wieder um und paddelte weiter. Er paddelte weiter, bis er zu einem Dorf kam. Die Leute fragten ihn: »Wo gehst du hin?« Agisa antwortete: »Ich will herausfinden, wo der Mond lebt.« Die Leute sagten: »Es wäre besser, du kehrtest um, denn unterwegs liegt das Reich der Wespen.« Aber Agisa weigerte sich wieder und sagte: »Nein, ich gehe weiter.«

Er paddelte weiter und kam in das Reich der Wespen. Kaum hatten sie ihn bemerkt, schwirrten sie sirrend auf ihn los. Agisa kenterte sein Kanu und verbarg sich darunter im Wasser. Die Wespen stachen in sein Kanu und flogen wieder zurück. Agisa drehte sein Kanu wieder um und setzte seinen Weg fort.

Nachdem er das Wespenreich hinter sich gelassen hatte, kam er in ein anderes Dorf, begrüßte die Menschen und erreichte dann das Bienenreich. Nach dem Kampf mit den Bienen kam er wieder in ein Dorf, begrüßte die Menschen und kam dann in das Reich der weißen Schlangen. Nach dem Kampf mit den Schlangen kam er wieder in ein Dorf. Es war das letzte der Menschendörfer. Dann traf er auf die schwarzen Schlangen. Sie waren die letzten Feinde auf seinem Weg zum Mond.

In jedem Dorf hatten ihm die Menschen dieselbe Frage gestellt und denselben Rat gegeben. Aber immer hatte er sich geweigert und die gleiche Antwort gegeben. Und er umging auch die schwarzen Schlangen auf die gleiche Weise.

Es war Neumond gewesen, als er sein Dorf verlassen hatte, und nun, da er das Reich der schwarzen Schlangen hinter sich ließ, war der Mond alt.

Agisa paddelte weiter, bis er zu einem großen Irimo-Baum kam. Dort traf er einen alten Mann. Er wußte nicht, daß dies die Wohnung des Mondes und daß der Mann der Mond selber war.

Der Alte fragte ihn: »Wo kommst du denn her?«

Agisa antwortete: »Ich bin aus Kiwai, und ich suche den Mond.«

Der Alte sagte: »Gut, bleibe hier. Er wohnt hier. Wenn du vor Morgenanbruch aufwachst, wirst du ihn sehen.«

Als sie einander begegneten, war es Abend, aber Agisa wußte immer noch nicht, daß der Mann, dem er begegnet war und mit dem er gesprochen hatte, der Mond selber war.

Agisa legte sich hin und schlief ein, aber er war so müde, daß er nicht vor dem Morgen aufwachte.

Am Abend kam der Alte wieder und fragte: »Bist du vor dem Morgen aufgewacht, und hast du den Mond gesehen?«

Agisa antwortete: »Nein, ich habe verschlafen.«

»Wache morgen früh auf«, sagte der Alte, »er wird hier gegen Morgen vorbeikommen. Ich rate dir, am Nachmittag zu schlafen.« Aber Agisa schlief wieder bis Sonnenaufgang.

Am Abend kam der Alte wieder und fragte: »Hast du den Mond gegen Morgen gesehen?«

Agisa antwortete: »Nein, ich habe wieder verschlafen.«

So ging es bis Neumond weiter. Der Mond erschien ihm jetzt als kleiner Junge. Der kleine Junge besuchte Agisa am Tage. Agisa wunderte sich, fragte aber nicht und merkte gar nicht, daß der Alte ihn nicht mehr besuchte.

Der Junge fragte ihn: »Hast du den Mond am Abend kommen sehen?«

»Nein«, antwortete Agisa.

So ging es weiter, bis der Mond voll war und ihn als erwachsener Mann besuchte. Aber Agisa merkte immer noch nicht, daß der Mond sich die ganze Zeit von einem Kind zum Mann und dann zum alten Mann verwandelte. Eines Tages kam er wieder zu ihm und fragte: »Hast du den Mond gesehen?«

»Immer noch nicht«, antwortete Agisa.

Da sagte der Mann zu ihm: »Schlafe bei Tage und wache am Abend auf. Der Mond wird hierherkommen, auf diesen großen Irimo-Baum steigen und dann in den Himmel fliegen.«

»Ja«, sagte Agisa.

Agisa schlief bei Tage und wachte am Abend auf. Er saß da und wartete und beobachtete den Weg, den der Mond kommen würde. Der Mann näherte sich dem Baum, stieg hinauf, und als er die Spitze erreicht hatte, flog er in den Himmel und verwandelte sich vor Agisas Augen in einen dicken Vollmond.

Jetzt verstand Agisa. Er sagte zu sich: »Ich habe mich die ganze Zeit mit dem Mond unterhalten, ohne ihn zu erkennen.« Er war glücklich und zufrieden. In dieser Nacht schlief er.

Am nächsten Tag kam der Mond als dicker großer Mann zu ihm und fragte: »Hast du den Mond nun gesehen?«

»O ja«, antwortete Agisa, »ich bin sehr glücklich, denn daheim haben sie sich immer gezankt und gestritten, wer du seist und wo du lebtest. Deshalb bin ich hergekommen, um dich zu sehen. Jetzt, wo ich dich gefunden und mit dir gesprochen habe, möchte ich heimkehren und meinem Volk alles erzählen.«

In der Nacht packte er seine Sachen zusammen. Am Abend ging der Mond wie üblich an den Himmel und kam kurz vor Tagesanbruch wieder zu Agisa. Der Mond holte viele Nahrungsmittel für Agisa und lud sie in sein Kanu, und die beiden gingen mitsamt dem Kanu an den Himmel, und Agisa zeigte auf sein Dorf. Kurz darauf wurde es Tag, und er erzählte seinem Volk von seiner Reise zum Mond und seinem Besuch bei ihm. Er zeigte ihnen den Schaden, den die Wespen, Bienen und Schlangen angerichtet hatten. Ein paar abgebrochene Schlangenzähne steckten noch im Kanu.

Seit jener Zeit glauben die Menschen, daß der Mond

männlich ist, als kleiner Junge beginnt und dann immer älter und älter wird.

DIE MONDBLUME

Es lebte einmal – es ist so lang her, daß ich nicht mehr daran denken kann –, es lebte einmal ein großer und mächtiger Häuptling, ein reicher Herr, der viele Herden besaß und dem viel Land gehörte. Er war ein König unter den Häuptlingen, so mächtig und so stark war er.

Dieser Mann hatte drei Söhne. Und als er alt wurde, fragten sie ihn eines Tages: »Du, Vater, sage uns, wer einmal deine Herden, deine Häuser und deinen Landbesitz erben soll. Sag du es uns, Herr, damit es keinen Streit zwischen uns Brüdern gibt.«

Der Vater aber liebte alle seine drei Söhne gleich, und er konnte sich nicht entscheiden, einen zu bevorzugen. Da dachte er lange nach und kam doch zu keinem Entschluß. Da ließ er alle Zauberer seines Landes rufen, und als sie vor seiner Hütte saßen, ging er hinaus und sagte: »Alte und weise Onkel, wie ihr wißt, habe ich drei Söhne: Subu, Boba und Bofa. Nun weiß ich nicht, wem ich alle meine Sachen vererben soll, und ich will aber auch nicht, daß nach meinem Tod ein Streit ausbricht und die Brüder sich gegenseitig umbringen. Was soll ich tun?«

Die Zauberer schwiegen lange, tranken Schnaps und rauchten ihre Pfeifen. Da tuschelten sie untereinander, und endlich stand einer auf und sagte: »Hoher und weiser Herr. Wir wissen nichts, gar nichts. Aber der Älteste von uns wohnt auf einem Berg. Er ist schon so alt, daß er nicht mehr gehen oder reiten kann. Man muß zu ihm hingehen, wenn man etwas von ihm will. Aber er ist mächtig klug.«

Da sagte der König: »Gut, geht nach Hause! Morgen werden wir uns auf den Weg machen, um den Zauberer-Ältesten zu besuchen.«

Am andern Tag ließ er sich sein Reittier, einen Maulesel, bringen, und Subu mußte ihn führen, während Boba und Bofa die Lebensmittel und die Waffen des Vater tragen mußten. So wanderten sie den ganzen Tag durch das Buschland, und am Abend befahl der Vater, zu halten und ein Lager aufzuschlagen. Dann schickte er seine Söhne aus, Holz für das Feuer einzusammeln. Als die drei Brüder durch die Gegend streiften, stießen sie auf eine Fallgrube, in der ein Elefant war. Boba und Bofa kümmerten sich nicht um das Tier, aber Subu hatte Mitleid mit dem Elefanten, und er warf so lange Steine und Erde in die Grube, bis der Elefant heraussteigen konnte. Und als er wieder in Freiheit war, sagte der Elefant zu Subu: »Du hast mir das Leben gerettet, denn morgen wären die Jäger gekommen und hätten mich getötet. Wenn du selbst einmal in Not kommen solltest, so rufe: ›Juijuijuijui‹, und dann werde ich kommen und dir helfen.«

In der Zwischenzeit waren Boba und Bofa zum Lager zurückgegangen und hatten ein Feuer angezündet. Der Vater fragte: »Wo ist denn euer Bruder Subu?«

»Er ist hingegangen, um sich mit einem Elefanten zu vergnügen«, sagten sie.

Als endlich auch Subu mit seinem Holz zum Lager kam,

fragte der Vater: »Subu, wo bist du gewesen? Und was hast du getrieben, daß du erst jetzt kommst?«

»Vater, ich habe einen Elefanten befreit, der in eine Fanggrube gefallen war.«

Da sagten Boha und Bofa: »Immer muß er sich in die Sachen anderer einmischen. Hättest du doch den Elefanten dort gelassen, wo er war. Morgen werden die Jäger kommen, und wenn sie merken, daß du den Elefanten befreit hast, dann werden sie böse sein und uns verfolgen.«

Der Vater aber sagte nichts.

Am nächsten Tag zog der Häuptling mit seinen drei Söhnen weiter, und am Abend waren sie am Fuße eines hohen Gebirges angekommen. Da befahl der Vater wieder, ein Lager aufzuschlagen und Holz für ein Feuer zu sammeln. Und die drei Brüder gingen weg, jeder in einer eigenen Richtung, denn sie brauchten viel Holz, um das Feuer die ganze Nacht brennen lassen zu können und damit die wilden Tiere abzuschrecken.

Subu war noch nicht weit gegangen, da stieß er auf eine Falle, in der ein Leopard gefangensaß. Er wagte es nicht, sich der Falle zu nähern, aber da sprach ihn der Leopard an und sagte: »Subu, wenn du mich herausläßt, sollst du es nicht bereuen, denn dann werde ich dein Freund sein und dir helfen.« Da ging Subu hin und half dem Leoparden aus seiner Falle heraus.

Auch diesmal kam Subu als letzter mit seinem Holz zum Lager zurück, und der Vater fragte ihn: »Subu, was ist das, daß deine Brüder schon lange da sind, und du kommst erst jetzt?«

»Herr, ich habe eine Falle gefunden, in der ein Leopard gefangensaß, und ich habe ihn befreit.«

Da wollten Boba und Bofa über Subu herfallen und ihn verprügeln, und sie schrieen: »Immer läßt er die wilden Tiere laufen! Was nun, wenn der Leopard heute nacht kommt und uns auffrißt. Auch wir haben jeder eine Falle mit einem Leoparden gesehen, aber wir haben uns gehütet, die bösen Tiere herauszulassen, sosehr sie uns auch angefleht haben.«

Aber der Vater sagte: »Laßt Subu in Frieden, kocht lieber das Essen und geht zeitig schlafen. Morgen müssen wir auf den Berg steigen. Das wird sehr mühsam werden.«

Als die Brüder eingeschlafen waren, schlich sich Subu davon, und er suchte, bis er die beiden andern Leoparden gefunden hatte. Und er befreite auch sie aus ihren Fallen, dann kehrte er zum Lager zurück und legte sich schlafen.

Am nächsten Tag war Subu recht müde, denn er hatte nur wenig geschlafen; aber er beklagte sich nicht, und als der Berg so steil wurde, daß der Maulesel nicht mehr gehen konnte, nahm er willig seinen Vater auf die Schultern und stieg weiter den Berg hinauf.

Der Berg hatte keine Spitze, sondern er war oben rund wie ein Topf, und innen hatte er einen tiefen Krater. In dem Krater wohnte der Zauberer.

Als der Häuptling oben angekommen war, wurde es schon finster, und so konnte man nicht mehr den Weg suchen, der innen hinunterführte. So befahl der Vater wiederum, das Lager aufzuschlagen und ein Feuer zu machen.

Nun war es aber mit dem Feuer schwer, denn es wuchsen keine Bäume oder Büsche mehr oben auf dem Berg. Boba und Bofa begnügten sich daher damit, ein paar Büschel Gras auszurupfen und damit zum Lager zurückzukehren. Subu aber kletterte ein Stück in den Krater hinunter, bis er zu einem Gebüsch kam. In dem Buschwerk aber hatte sich ein Affe in einer Liane verfangen und konnte sich nicht befreien. Subu half ihm heraus, und der Affe sagte: »Subu, du bist jetzt mein Freund, und wenn du meine Hilfe brauchst, dann werde ich dasein.«

Als Subu mit dem Holz zum Lager kam, sagten die Brüder nichts, aber der Vater sprach: »Da seht, ihr Faulen, es gibt doch Holz, und ihr habt nur Gras gebracht.« Boba und Bofa schämten sich, aber auf ihren Bruder hatten sie eine Wut.

Am nächsten Tag suchten sie den Abstieg in den Kessel, und sie fanden eine Schlucht, die in den Krater hinunterführte. Sie kamen unten an und fanden die Hütte des alten Zauberers. Der Vater ließ die Söhne vor der Hütte zurück und ging hinein. Der Zauberer saß am Feuer und rührte in einem Topf um. Der Häuptling verbeugte sich und sagte: »Friede und langes Leben!«

»Setz dich, Häuptling!« sagte der alte Zauberer, ohne aufzusehen. »Ich weiß schon, warum du kommst. Du willst mich wegen der drei Söhne befragen. Ich könnte dir sagen, wer von ihnen der Tüchtigste ist. Aber du sollst sie selbst erproben, sonst glaubst du mir nicht. Darum rate ich dir: schicke sie aus, sie sollen die Mondblume bringen! Wer sie heimbringen kann, der soll dein Erbe und die andern seine Diener sein.«

Der Häuptling kehrte nach Hause zurück, dann schickte er die Söhne um die Mondblume aus. Sie wußten aber nicht, wo sie die Mondblume finden könnten, und so befragten sie die Zauberer, und die alten Onkel sagten: »Da müßt ihr auf das höchste Gebirge gehen, das es gibt. Oben auf dem höchsten Gipfel hat ein Storch sein Nest, und dieser Storch fliegt jeden Monat einmal auf den Mond. Und dort in einem Teich wächst die Mondblume. Da ist jedoch schwer hinzukommen, denn eine große Schlange bewacht den Teich und frißt alle Wesen, die in ihre Nähe kommen.«

Die drei Brüder machten sich also auf den Weg. Sie wanderten und wanderten, bis ihnen die Füße weh taten, und als sie kaum mehr weiterkonnten, da waren sie erst am Fuße eines hohen Gebirges. Da sagte Boba: »Geht ihr weiter, wenn ihr Lust habt! Ich aber bleibe hier, und wenn ich mich ausgeruht habe, dann gehe ich wieder heim. Soll die Herden erben, wer will! Ich kann auch so leben und will mir nicht den Hals brechen.«

Während Boba sich ins Gras legte und schlief, begannen Subu und Bofa auf das Gebirge hinaufzusteigen, und als sie schon meinten, sie seien oben angekommen, da sahen sie eine wüste Ebene, auf der abermals ein hoher Berg stand. Dieser Berg aber war so hoch, daß sein Gipfel in den Wolken verschwand. Die ganze Ebene aber war erfüllt von wilden Tieren.

Da verließ auch den Bofa der Mut, und er sagte zu Subu: »Nein, hier ist nichts zu erben. Sterben aber mag ich nicht. Komm, laß uns umkehren. Mag unser Vater die Herden unter uns aufteilen, oder mag er sie auch behalten. Ich gehe nicht weiter.«

»Versuchen wir es wenigstens!« meinte Subu. Aber Bofa wollte nicht, und so machte sich Subu allein weiter auf den Weg. Er durchquerte die Ebene und kam zu dem Berg, der war so steil wie ein Turm und so glatt wie Glas. Einen ganzen Tag versuchte Subu, auf den Berg hinaufzuklettern, aber wenn er einmal zwei oder drei Meter hoch gekommen war, rutschte er wieder aus und fiel auf den Boden herunter. Er wollte schon aufgeben, denn es wurde finster, und auf den nächsten Tag warten, da kam auf einmal jener Affe, den er befreit hatte, und sagte: »Subu, du und ich sind Freunde. Ich werde dir helfen, denn wenn du auf den Mond willst, mußt du noch heute auf die Spitze des Berges gelangen. Heute nacht ist Vollmond, und dann wird der Storch zum Mond fliegen. Wenn du aber heute nicht hinaufkommst, dann mußt du einen Monat lang warten. Komm, gib mir deine Hand, und ich werde dich hinaufziehen!«

Und er packte Subu bei einer Hand und kletterte den Berg hinauf, indem er Subu hinter sich herzog. Und ganz schnell waren sie oben an der Spitze, über den Wolken. Da sah Subu das Nest des Storches.

Der Affe aber sagte: »Gevatter, tust du mir einen Gefallen?«

Der Storch antwortete: »Gevatter, was soll es denn ein?«

»Schau, Gevatter, dies hier ist mein Freund Subu, der mir das Leben gerettet hat. Er möchte auf den Mond hinauf. Kannst du ihn hinfliegen?«

»Was will er denn auf dem Mond?«

»Er will sich eine Mondblume aus dem Teich holen.«

»Soso! Das ist aber gefährlich. Wenn er in der Nacht hingeht, dann findet er die Blume nicht, und wenn er am Tag hingeht, dann frißt ihn die Schlange. Aber wenn er will, dann kann ich ihn hinauffliegen. Wie er wieder herunterkommt, ist dann seine Sache, denn ich muß noch diese Nacht zurückfliegen.«

Damit nahm der Storch Subu auf seinen Rücken und flog zum Mond hinauf. Und dort setzte er ihn ab, aber weit vom

Teich weg, und sagte: »Warte, bis es Tag ist! Viel Glück!«
Und flog davon.

Subu wartete bis zum nächsten Morgen, dann machte er
sich auf den Weg zum Mondteich. Aber als er in die Nähe
kam, roch ihn die Schlange, und sie kroch auf ihn zu, um ihn
zu fressen. Subu ging zwar mutig mit einem Prügel auf sie zu,
aber das hätte ihm nicht geholfen, denn die Schlange war so
groß, daß sie hundert Männer hätte fressen können. In der
größten Not erschienen jedoch plötzlich die drei Leoparden,
die Subu aus ihren Fallen befreit hatte, und sie stürzten sich
auf die Riesenschlange.

Es gab einen langen Kampf hin und her, denn die Leoparden konnten die Schlange nicht überwinden, aber auch die
Kraft der Schlange reichte nicht aus, die Leoparden zu erwür-
gen, denn wenn sie einen umschlungen hatte, dann bissen sie
die beiden andern so, daß sie ihn wieder loslassen mußte. So
rangen sie lange, bis sie alle erschöpft waren. Da kroch einer
der Leoparden zu Subu und sagte: »Geh du jetzt schnell zum
Teich und hol die Blume. Wir werden inzwischen mit der
Schlange weiterkämpfen. Aber beeile dich, denn wir sind
schon müde und können der Schlange nicht mehr lange widerstehen.«

Da sprang Subu, so schnell er konnte, zum Ufer des Tei-
ches. Er riß jedoch nicht eine Blume aus, sondern er grub ihre
Wurzeln frei, wickelte sie in ein großes Blatt und lief zurück.
Da gaben die Leoparden die Schlange frei und rannten mit
Subu so weit, daß die Schlange ihnen nicht mehr folgen
konnte. Sie ist nämlich an die Nähe des Teiches gebunden.

Nun saß Subu da auf dem Mond, wo es nichts zu essen
und zu trinken gibt, und dachte: »Wenn ich jetzt bis zum

180

nächsten Vollmond warten muß, bis der Storch wieder heraufgeflogen kommt, dann bin ich schon vorher verhungert und verdurstet.« Und er war verzweifelt, weil er meinte, daß alles umsonst gewesen sei.

Aber was taten in der Zwischenzeit die Leoparden? Ja, was taten sie? Sie sprangen auf die Erde herunter und gingen den Elefanten suchen, jenen Elefanten, dem Subu aus der Fallgrube herausgeholfen hatte.

Als sie endlich den Elefanten gefunden hatten, riefen sie: »Onkelchen, unser Freund, der auch dein Freund ist, sitzt auf dem Mond und kann nicht mehr herunter.«

»Soso«, sagte der Elefant, der ein Witzbold war, »wenn er nicht kann, warum ist er dann hinaufgestiegen?«

»Aber Onkelchen, das mußt du doch selbst wissen: Er wollte eine Mondblume holen.«

»Hm, hm«, machte der Elefant, »besser die Mondblume hätte sich den Subu geholt. Nun, das wird sie noch tun. Aber ihr versteht das ja nicht. Aber beruhigt euch, ich werde also unserm Freund Subu helfen!«

Damit machte er sich auf zu dem Gebirge, das unterm Mond liegt. Und dort blies er sich auf, daß er dick und groß wie ein Berg wurde. Und dann streckte er seinen Rüssel, der so dick wie der stärkste Baumstamm war. Er reckte und streckte ihn, bis er so dünn wurde wie ein Seil. Aber dabei wurde der Rüssel länger und länger und reichte bis zum Mond hinauf. Und da sagte der Elefant: »Los, Subu, rutsche an meinem Rüssel herunter! Aber schnell, schnell, denn ich kann nicht lange so stehen!«

Da nahm Subu das Blatt mit der Mondblume zwischen die Zähne und rutschte am Rüssel des Elefanten hinunter auf die Erde. Drei Tage später war Subu bei seinem Vater. »Hier, Herr, da ist die Mondblume.«

»Gut gemacht, Söhnchen. Pflanze sie im Garten ein. Ich werde dir eine Frau suchen, dann sollst du heiraten und mein Nachfolger werden.«

Da ließ der Häuptling alle Mädchen seines Stammes zusammenrufen, und er zeigte sie Subu und sagte: »Hier wähle dir eine Frau aus!«

Aber Subu wollte keine gefallen, oder vielleicht gefielen ihm auch alle, und er wollte keine kränken, ich weiß es nicht. Jedenfalls mußten die Mädchen alle wieder heimgehen, denn Subu konnte sich nicht entscheiden. Und zu seinem Vater sagte er: »Vater, ich bitte dich, laß mir noch ein wenig Zeit, und ich werde schon eine Frau finden.«

Der Vater war damit zufrieden.

Die Mondblume aber war im Garten eingepflanzt und wuchs und gedieh gut. Und in der nächsten Vollmondnacht hörte Subu eine schöne Stimme singen:

»Mondblume nennt man mich,
Am Blütenkleid erkennt man mich.
Wer mich pflückt zur Vollmondnacht,
Wird von mir glücklich gemacht.«

Da stand er auf und ging der Musik nach, und so kam er in den Garten, und dort sah er, daß die Mondblume aufgeblüht war, und in der Blüte saß ein kleines Mädchen und sang. Er wagte sich nicht zu rühren und schaute die Blume an, bis sie sich am Morgen wieder schloß und das Mädchen damit verschwand.

Als sein Vater aufgewacht war, ging Subu zu ihm und erzählte ihm, was er in der Nacht gehört und gesehen hatte. Sein Vater hörte ihm ruhig zu und sagte: »Subu, wir müssen aufpassen. Wenn wir jetzt etwas falsch machen, dann werden wir es später bereuen. Es könnte sein, daß das Mädchen stirbt, wenn wir die Blume abreißen. Es ist das beste, du gehst zu dem alten Zauberer, bei dem wir damals waren, und fragst ihn um Rat.«

So machte sich Subu abermals auf und wanderte zu dem alten Zauberer. Der saß immer noch an seinem Feuer und sagte, ohne aufzusehen, zu Subu: »Friede mit dir, Söhnchen! Du hast meinen Kindern geholfen, und meine Kinder haben es wieder an dir gutgemacht, denn der Elefant, der Affe und die Leoparden sind meine Kinder. Nun, du willst wissen, wie du es machen mußt, daß du das Mädchen zur Frau bekommst, die in der Mondblume wohnt. Ich werde es dir sagen: Wenn wiederum Vollmondnacht ist und das Mädchen singt:

>*Mondblume nennt man mich,*
Am Blütenkleid erkennt man mich.
Wer mich pflückt zur Vollmondnacht,
Wird von mir glücklich gemacht<,

dann mußt du selbst singen:

>*Pflücken möchte ich dich gern:*
Schöne wie der Morgenstern,
Doch ich fürchte, weh zu tun.
sag mir schnell: was mach ich nun?<

183

Dann warte ab, und tu das, was das Mädchen sagen wird.« Subu kehrte nach Hause zurück und erzählte seinem Vater, was ihm der Zauberer geraten hatte. Und als die nächste Vollmondnacht kam, gingen sie gar nicht schlafen, sondern sie setzten sich in den Garten und warteten. Und um Mitternacht öffnete sich die Mondblume, und das Mädchen erschien und sang:

>>*Mondblume nennt man mich,*
Am Blütenkleid erkennt man mich.
Wer mich pflückt zur Vollmondnacht,
Wird von mir glücklich gemacht.«

Da sang Subu zurück:

>>*Pflücken möchte ich dich gern:*
Schöne wie der Morgenstern,
Doch ich fürchte, weh zu tun.
Sag mir schnell: was mach ich nun?«

Und darauf das Mädchen:

>>*Liebster, pflücke mich nur gleich,*
Trag mich dann zum nächsten Teich,
Laß mich auf dem Wasser treiben,
Dann werd ich dir ewig bleiben.«

Da ging Subu hin, pflückte die Blüte ab und trug das Mädchen in der Blüte zum Teich, setzte sie aufs Wasser und ließ sie mit der Blüte dahintreiben. Dabei schlief Subu ein, und als er am nächsten Tag aufwachte, saß ein sehr, sehr schönes Mädchen neben ihm. Das war das Mondblumenmädchen. Am gleichen Tag haben sie geheiratet.

> *»Freunde, was ich hier berichte,*
> *Ist das Ende der Geschichte.*
> *Hat sie jemand nicht gefallen,*
> *Soll er eine Runde zahlen!«*

DER SELBSTGEWORDENE UND DIE FESSELUNG DER GESTIRNE

Kadifukke (ein Mann) hatte weder Vater noch Mutter. Er hatte sich selbst gemacht. Kadifukke traf eines Tages auf der Wanderschaft Tschauke. Tschauke sagte: »Wer bist du?«

Kadifukke sagte: »Ich bin Kadifukke. Mich hat nicht Fidi Mukullu gemacht. Mich hat keine Mutter geschaffen, ich bin aus mir selbst gekommen.«

Tschauke sagte: »Ich bin Tschauke, die Tochter Fidi Mukullus.«

Kadifukke sagte: »Ich würde dich gern heiraten.«

Tschauke sagte: »Es ist gut.«

Sie gingen in das Dorf Kadifukkes. Tschauke sagte: »Kennst du den Weg zum Himmel?«

Kadifukke sagte: »Gewiß, ich kenne ihn.«

Tschauke sagte: »Ich gehe heute abend zu meinem Vater Fidi Mukullu. Komm morgen früh nach.« Tschauke ging.

Kadifukke legte sich schlafen. Am andern Morgen machte Kadifukke ein Feuer aus trockenen Palmblättern. Es stieg Rauch zum Himmel. In dem Rauche ging er zum Himmel auf. Er kam im Himmel am Platze Tschaukes an.

Tschauke sagte: »Wir wollen zu meinem Vater gehen.«

Kadifukke sagte: »Heute will ich noch einmal zur Erde zurückkehren.« An dem Tage kehrte Kadifukke noch einmal zur Erde zurück. Am dritten Tage kam er wieder am Platze Tschaukes an. Er sagte zu Tschauke: »Nun wollen wir zu deinem Vater Fidi Mukullu gehen.«

Sie gingen zu Fidi Mukullu. Fidi Mukullu machte Biddia (Brei). Er machte Tschingu (Fliegen) als Beigabe. Kadifukke aß ein wenig. Kadifukke betrachtete die Tschingu. Er sagte: »Ist das alles, was dein Vater als Zutat gibt?«

Tschauke sagte (beschwichtigend): »Laß nur, laß nur, laß doch nur!«

Kadifukke sagte: »Fidi Mukullu kann viel geben.« Kadifukke begann zu singen: »Weshalb tötet mir Fidi Mukullu nicht eine Ziege? Weshalb tötet mir Fidi Mukullu nicht ein Huhn?« Dann ging Kadifukke zur Ruhe.

In der Nacht bekam Kadifukke Magenweh. Er ging aus seiner Hütte, blieb aber ganz in der Nähe und entleerte sich. Dann begab er sich ins Haus zurück. Es begann auf allen Seiten die Tschonde (Holzpauke) zu ertönen. »Er hat auf die Erde gekackt. Er hat auf die Erde gekackt.«

Tschauke sagte: »Weißt du, was das ist?«

Kadifukke sagte: »Ja, das ist, weil ich auf die Erde gekackt habe.« Kadifukke ging heraus. Er nahm Palmblätter und wikkelte seinen Unrat hinein. Er steckte das Paket in seinen Sack. Dann ging er in sein Haus zurück.

Die Leute Fidi Mukullus sangen nun: »Du hast gekackt, kack nicht noch einmal!« Darauf schliefen alle bis zum Morgen.

Am andern Tage sagte Fidi Mukullu zu Kadifukke: »Du willst Tschauke zur Frau haben?«

Kadifukke sagte: »Ja, ich möchte Tschauke zur Frau haben. Was soll ich geben?«

Fidi Mukullu sagte: »Packe mir Diba (Sonne), sie macht mir alle Tage Streit! Packe mir Gondo (Mond), er macht mir alle Tage Streit! Packe mir Tschidiminasaschi und Niama (Plejaden), Muntu und Mboa (Orion), denn sie machen mir alle Tage Streit! Pack mir Nguffu (Nilpferd), denn er macht mir alle Tage Streit! Pack mir Kaphumbu (Elefant), denn er macht mir alle Tage Streit! Nachher will ich dir meine Tochter zur Frau geben!«

Kadifukke sagte: »Es ist gut.«

Kadifukke ging zur Erde zurück. Kadifukke rief Kapullukussu (die kleine Fledermaus). Kadifukke aß Freundschaft mit Kapullukussu. Kadifukke sagte zu Kapullukussu: »Ich will Tschauke, die Tochter Fidi Mukullus, heiraten.«

Kapullukussu sagte: »Was will Fidi Mukullu?«

Kadifukke sagte: »Ich soll Diba, Gondo, Tschidiminasaschi und Niama, Muntu und Mboa, Nguffu und Kaphumbu fangen. Dann will er mir Tschauke geben.»

Kapullukussu sagte: »Das könnte ich sogleich machen.«

Kadifukke sagte: »Ich will dir meine Schwester schenken.«

Kapullukussu sagte: »Es ist recht.«

Kapullukussu machte eine Schnur. Die Schnur war nicht aus Ananasfaser, sie war nicht aus Rotang. Sie war aus Eisen.

Sie war gedreht wie ein Strick und reichte weit, weit fort. Kapullukussu machte eine große, große Schlinge. Am Abend ging er fort. Der Regen hörte ein wenig auf. Der Regen ging ein wenig zur Seite. Kapullukussu legte seine Schlinge auf den Weg des Gondo. Gondo ging seinen Weg. Er ging in die Schlinge. Gondo war in der Schlinge. Kapullukussu rief: »Bantu, Bantu! alle Menschen müssen an der Schnur ziehen!« Alle Leute kamen herbei. Alle Leute zogen an dem eisernen Strick. Sie zogen den Mond ganz nahe heran und banden ihn an einen starken Baum.

Kapullukussu machte eine (andere) Schnur. Die Schnur war nicht aus Ananasfaser, sie war nicht aus Rotang. Sie war aus Eisen und gedreht wie ein Strick. Sie war so stark wie ein Arm und reichte bis dahin, wo sich Erde und Himmel berühren. Kapullukussu machte eine große Schlinge in den eisernen Strick. Er trug die Schlinge dahin, wo die Sonne morgens einhergeht. Er ging hin und legte nachts seine Schlinge auf den Weg. Dann kam die Sonne und machte gewaltiges Feuer nach allen Seiten. Nach allen Seiten gingen gewaltige Flammen aus. Dann trat die Diba in die Schlinge. Kapullukussu rief: »Bantu! Bantu! Bantu! Alle Menschen müssen an der Schnur ziehen! Alle Menschen müssen stark ziehen!« Alle Leute kamen, und alle Leute zogen an dem eisernen Strick, der so dick war wie ein Arm, und die Diba warf Feuer nach allen Seiten. Doch die Leute zogen. Sie zogen Diba heran, bis sie ganz dicht war, und dann schlangen sie die Schnur aus Eisen um einen großen Stein. Diba war gebunden.

Kadifukke sagte zu Kapullukussu: »Für Tschidiminasaschi und Niama, Muntu und Mboa (Plejaden und Oriongruppe) brauchst du nicht eine so starke Schnur zu nehmen.«

Kapullukussu sagte: »Nein, das mach ich so!« (Der Erzähler spuckt in die Hand und fährt dann erst langsam, dann schnell zupackend vor sich hin, genau wie wir etwa eine Fliege fangen.) Kapullukussu fing so Tschidiminasaschi und steckte ihn in seinen Sack. Kapullukussu sagte: »Den habe ich.« Kapullukussu spuckte wieder in die Hand, holte aus, fing Niama und steckte ihn in den Sack. Kapullukussu spuckte wieder in die Hand, holte aus, fing Muntu und steckte ihn in den Sack. Kapullukussu spuckte wieder in die Hand, holte aus, fing Mboa und steckte ihn in den Sack. Kapullukussu band den Sack fest zu. Er hielt ihn an Kadifukkes Ohr und fragte: »Hörst du?« Kadifukke hörte hin. Die Sterne machten: »Tue té! Tue té! Tue té!« (Der erste Ton dreieinhalb Ton höher als der zweite, und das Ganze gesprochen, wie wir das Uhrticken nachahmen.) Kadifukke nahm den Sack und hängte ihn im Haus auf.

Kapullukussu sagte: »Schenke mir noch etwas.«

Kadifukke sagte: »Es ist gut.« Er nahm seinen Bruder und gab ihn Kapullukussu. Kapullukussu nahm die Schwester und den Bruder Kadifukkes und stellte sie nebeneinander. Dann klopfte Kapullukussu leicht auf ihre Schultern. Darauf flatterten beide wie Kapullukussu, und beide wurden wie Kapullukussu.

Kapullukussu ging hin und machte einen Dobbo (Angelhaken). Der Dobbo war so stark wie eine große Zehe. An dem Dobbo befestigte er junges, schönes Gras, wie es Nguffu gern ißt. Den Dobbo mit dem jungen Gras warf Kapullukussu ins Wasser; dahin, wo Nguffu jeden Abend essen kam. Der Dobbo war an einem Tau befestigt. Das Ende des Taues hielten die Leute im Dorfe. Der Mond ging auf. Die Leute im

Dorfe fühlten, wie es stark am Tau zog. Kapullukussu rief: »Zieht, zieht!« Sie zogen und zogen Nguffu heraus. Sie banden Nguffu die Beine zusammen.

Kapullukussu ging hin und machte einen Dobbo so stark wie einen Arm. An dem Dobbo befestigte er Zweige mit jungen Blättern, wie sie Kaphumbu gern ißt. Den Dobbo mit den jungen Zweigen warf Kapullukussu in die Krone der Bäume. Der Dobbo war an einem Tau befestigt. Das Ende des Taues hielten die Leute im Dorfe. Der Mond ging auf. Die Leute im Dorfe fühlten, wie es stark am Tau zog. Kapullukussu rief: »Zieht, zieht.« Alle Leute zogen und zogen Kaphumbu aus dem Walde. Sie banden Kaphumbu die Beine zusammen.

Kadifukku ging nun hinauf in Fidi Mukullus Dorf. Er sagte: »Ich habe Diba, die dir immer Streit machte, sie ist an ein Seil gebunden. Wenn deine Leute aber die Sonne heraufholen, so sollen sie fest zupacken, denn die Diba ist stark, und viel Feuer geht von ihr aus.«

Fidi Mukullu sagte: »Habe ich nicht genug Leute? Alle meine Leute werden die Sonne halten.« Die Leute Fidi Mukullus kamen alle heran. Sie hielten den Eisenstrick. Sie führten die Sonne herauf. Diba warf viel Feuer nach rechts und links. Sie warf nach allen Seiten Feuer. Diba konnte nicht fort. Fidi Mukullu sagte: »Bindet Diba hier an. Diba soll am Himmel bleiben. Diba soll hier gehen nach meinem Willen. Diba soll mit ihrem Feuer nichts verbrennen.« Fidi Mukullu rief Kadifukke: »Hast du Gondo, Tschidiminasaschi, Niama, Muntu, Mboa?«

Kadifukke sagte: »Ich habe sie. Gondo ist stark.«

Fidi Mukullu sagte zu seinen Leuten: »Bringt Gondo herauf. Alle Leute sollen Gondo heraufbringen. Bindet Gondo hier an, und er soll nicht häufiger umgehen, als ich es will. Es soll ein großer Zeitraum sein, wenn Gondo umgeht. Tschidi-minasaschi, Niama, Muntu und Mboa sollen am Himmel angebunden werden. Wenn der Regen kommt, sollen sie hier gehen, und wenn der trockene Wind kommt, dort.«

Fidi Mukullu gab Kadifukke Tschauke zur Frau. Kadifuk-ke und Tschauke kehrten zur Erde zurück.

(Der Erzähler ist am Ende sichtlich ermüdet. Kadifukke heißt nach seiner Erklärung: »Der sich selbst macht.«)

DIE HEXE UND DIE SONNE

In einem weit, weit entlegenen Lande leben ein Zar und eine Zarin, die hatten einen Sohn, Iwan Zarewitsch, der war von seiner Geburt an stumm. Als er zwölf Jahre alt war, ging er in den Stall zu seinem Lieblings-Stallknecht, der erzählte ihm immer Märchen, aber diesmal sollte er keines hören.

»Iwan Zarewitsch!« sagte der Stallknecht, »deine Mutter wird bald eine Tochter und du eine Schwester bekommen, das wird eine furchtbare Hexe sein, die deinen Vater, deine Mutter und alle Untertanen auffressen wird. Gehe hin und bitte deinen Vater, daß er dir sein allerbestes Pferd gebe, das besteige und jage auf und davon, um dem Unglück zu entge-hen.«

Iwan Zarewitsch lief zu seinem Vater und sprach zum erstenmal in seinem Leben. Der Zar war darüber so froh, daß er nicht fragte, wozu der Zarewitsch das Pferd brauchte, sondern er befahl, daß man das allerbeste seiner Herde für ihn sattle.

Iwan Zarewitsch ritt auf und davon. Er ritt sehr, sehr weit; da kam er zu zwei alten Näherinnen, die fragte er, ob sie ihn nicht aufnehmen wollten.

»Wir würden dich gerne aufnehmen, Iwan Zarewitsch«, sagten die Alten, »aber wir haben nicht mehr lang zu leben. Wir zerbrechen diesen Koffer mit unseren Nadeln, nähen ihn mit Faden wieder zusammen, und dann kommt gleich der Tod.« Da weinte Iwan Zarewitsch und ritt weiter.

So ritt er lange Zeit, bis er zum Eichenwender kam, den bat er: »Nimm mich bei dir auf.«

»Ich würde dich gerne bei mir aufnehmen, aber wenn ich alle diese Eichen mit den Wurzeln umgewendet habe, muß ich sterben.«

Da weinte der Zarewitsch noch mehr als vorher und ritt weiter, da kam er zum Bergwender und fragte diesen.

»Gerne würde ich dich aufnehmen, Iwan Zarewitsch, aber ich lebe nicht mehr lange«, erhielt er zur Antwort. »Siehst du, ich bin angestellt, um diese Berge umzudrehen, und wenn ich hier mit diesem letzten fertig bin – sterbe ich.«

Da vergoß Iwan Zarewitsch bittere Tränen und ritt weiter. Endlich kam er zur Sonne. Die gab ihm Speise und Trank und nahm ihn auf wie einen Sohn. Der Zarewitsch führte ein schönes Leben, aber er grämte sich immerfort, denn er wollte wissen, was bei ihm zu Hause vorging. Immer wieder stieg er auf einen hohen Berg, blickte nach seinem Hof aus, aber da war alles ausgegessen und nur die Mauer übriggeblieben. Da seufzte er und weinte. Als er einmal wieder vom Berg herunter kam, traf ihn die Sonne und fragte: »Iwan Zarewitsch, warum hast du geweint?«

»Der Wind blies mir ins Auge.«

Ein zweites Mal geschah dasselbe, da verbat die Sonne dem Wind zu blasen. Als er aber ein drittes Mal verweint war, da mußte er bekennen, warum er traurig war, und er bat die Sonne, daß sie ihn nach Hause entlasse, um Nachforschungen anzustellen. Erst wollte sie den wackeren Jungen nicht ziehen lassen, er bat und bat aber so sehr, daß sie ihn entließ. Auf den Weg gab sie ihm eine Bürste, einen Kamm und zwei verjüngende Äpfel mit. Wie alt ein Mensch auch war: Wenn er einen Apfel aß, wurde er sogleich wieder jung.

Iwan Zarewitsch ritt davon und kam zum Bergwender, dem war nur mehr ein Berg übriggeblieben. Der Zarewitsch nahm seine Bürste und warf sie ins freie Feld, da wuchsen plötzlich überall Berge hervor, bis in den Himmel ragten die Gipfel und ihrer waren so viel, daß man sie gar nicht mehr zählen konnte. Der Wendeberg freute sich und ging munter an die Arbeit.

Als Iwan Zarewitsch beim Eichenwender anlangte, standen im ganzen nur mehr drei Eichen. Er warf den Kamm ins freie Feld, und siehe, da erhob sich rauschend aus der Erde ein dichter Eichwald, ein Baum dicker als der andere. Der Eichenwender freute sich, dankte dem Zarewitsch und machte sich fröhlich an die Arbeit.

Schließlich gelangte Iwan Zarewitsch zu den Alten. Er gab jeder einen Apfel. Sie aßen dieselben, wurden plötzlich wieder jung und beschenkten ihn mit einem Tüchlein; schwenkte man es, so entstand ein großer See.

Als Iwan Zarewitsch zu Hause ankam, lief ihm seine Schwester entgegen und liebkoste ihn: »Setz dich nieder, Bruder, und spiel auf der Harfe, inzwischen gehe ich und bereite das Mittagessen.«

Iwan Zarewitsch saß da und zupfte die Harfe, da kam ein Mäuschen aus seinem Loch und sprach mit menschlicher Stimme: »Rette dich, Zarewitsch, lauf schnell davon! Deine Schwester wetzt ihre Zähne schon!« Iwan Zarewitsch ging aus der Stube, setzte sich auf sein Pferd und jagte wieder zur Sonne zurück.

Das Mäuschen lief über die Saiten, da klangen sie, und die Schwester merkte nicht, daß ihr Bruder fort war. Als sie ihre Zähne geschärft hatte, stürmte sie in die Stube, aber da war keine Seele, sogar das Mäuschen war in sein Löchlein gekrochen. Da wurde die Hexe wütend, knirschte mit den Zähnen und machte sich an die Verfolgung.

Iwan Zarewitsch hörte Lärm, blickte sich um und sah, daß seine Schwester ihn beinahe erreicht hatte. Er schwenkte das Tüchlein, da entstand ein tiefer See. Während die Hexe den See durchschwamm, floh Iwan Zarewitsch weit, doch sie war schneller als er und kam ihm wieder nahe. Das merkte der Eichenwender, und er türmte Eichen auf dem Weg auf, eine ganze Unmenge wälzte er herbei – da konnte sie nicht durch. Sie mußte erst den Weg freimachen. Sie nagte und nagte und bahnte sich schließlich einen Weg, aber Iwan Zarewitsch war schon weit. Sie jagte ihm wieder nach und wenig fehlte, so hätte sie ihn erreicht. Wendeberg sah es und ergriff den allerhöchsten Berg, den türmte er auf die Straße und setzte noch einen darüber. Während die Hexe sich plagte und kletterte, ritt Iwan Zarewitsch weit, weit weg. Aber die Hexe holte ihn wieder ein und rief: »Jetzt entgehst du mir nicht!« So nahe war sie ihm schon gekommen. Aber da sprengte er schon an das Schloß der Sonne heran und rief: »Sonnenschein, Sonnenschein, mach auf dein großes Fensterlein!«

Die Sonne machte ihr Fenster auf, und der Zarewitsch sprang mit seinem Pferd hinein.

Die Hexe bat, man möge ihr den Bruder herausgeben, aber die Sonne tat es nicht. Da sagte die Hexe: »Iwan Zarewitsch soll sich auf eine Waagschale setzen, und ich will mich auf die andere setzen; bin ich schwerer, so fresse ich ihn, ist er schwerer, so kann er mich erschlagen!«

Da gingen sie zur Waage. Erst setzte sich Iwan Zarewitsch, dann stieg die Hexe auf die andere Waagschale. Kaum hatte sie einen Fuß daraufgesetzt, wurde der Zarewitsch mit solcher Gewalt in die Höhe geschleudert, daß er geradewegs in den Himmel ins Schloß zu der Sonne gelangte. Die Hexe aber blieb auf der Erde.

SONNE, MOND UND HAHN

Die drei Götterkinder Sonne, Mond und Hahn lebten als Brüder anfangs einträchtig beieinander.

Eines Tages ging die Sonne einmal aus, Mond und Hahn blieben im Hause. Da befahl der Mond dem Hahn, er möchte die Rinder hereinholen, doch der weigerte sich. Der Mond wurde darüber böse, faßte ihn beim Schopf und warf ihn auf die Erde hinunter.

Als die Sonne heimkam, erzählte der Mond ihr den Vorfall. Die Sonne wurde betrübt und sagte: »Du magst nicht in Eintracht leben. Schön, dann will ich auch nicht mehr mit dir ausgehen. Fortan gehört dir die Nacht, und du darfst erst des Abends ausgehen. Der Tag jedoch ist mein. Und der Hahn wird mich niemals vergessen, denn ich habe ihn nicht vertrieben und noch immer lieb. Auch will ich's nicht haben, daß er ausgeht oder kräht, wenn du unterwegs bist.«

Der Hahn befolgte die Anweisungen der Sonne. Allemal, wenn sein Bruder morgens aufsteht, freut er sich, ihn zu sehen. Er erinnert sich daran, daß sie sein älterer Bruder ist, er schaut ihn an und ruft unaufhörlich den Tag über: »Indriinilay zoky e! Indriinilay zoky e!« [Sieh da, mein älterer Bruder, e!] Und wenn die Sonne untergegangen und der Mond an der Reihe ist, dann begibt sich der Hahn schnell ins Haus, um den andern nicht sehen zu müssen.

DIE MAUS UND IHRE TOCHTER

Eine Maus hatte eine Tochter, die sie für das schönste von allen Geschöpfen hielt, und sie dachte bei sich nach, wer ihr an Rang und Stand gleich sei, um diesen mit ihrer Tochter ebenbürtig zu verheiraten. Da sah sie in der Nacht den Mond in seinem hellen Scheine. Sie grüßte ihn und sagte: »Gegrüßt seist du, Mond.« Darauf der Mond: »Wohl ergehe es dir, Frau Maus.« Nun sagte die Maus: »Weil du allmächtig, herrlich schön und tüchtig an Kräften und Tugenden bist, möchte ich, daß du meine Tochter zur Frau nimmst, die ich ehrenvollerweise keinem andern als dem Mächtigsten, für den ich dich halte, vermählen kann oder will.«

»Keineswegs«, entgegnete der Mond, »bin ich der, noch habe ich solche Macht, wie du mir zuschreibst. Denn ich habe keinen eigenen Glanz, sondern empfange ihn von meinem Herrn, der Sonne. Sie bestellt mich während ihrer Abwesenheit, wenn sie sich ausruht, zu ihrem Stellvertreter im Spenden von Licht. Wenn du daher deine Tochter nur dem höchsten Herrn zur Ehe geben willst, so suche meinen Herrn, die Sonne, auf, der durch seine Tugend und Kraft in der ganzen Welt herrscht.«

Und die Maus fragte: »Wo ist dein Herr, die Sonne?«

»Nun warte, Frau«, erwiderte der Mond, »morgen in aller Frühe wirst du ihn hier finden.« Da sagte die Maus dem Monde Lebewohl und schied mit ihrer Tochter von hinnen. Am Morgen ging sie zur Sonne, grüßte und sagte: »Ich komme, Herr Sonne, mit meiner vieledlen Tochter zu dir, damit du sie zur Frau nimmst, weil es einem so mächtigen Herrn wohl ansteht, sie als Ehefrau heimzuführen. Du, Herr, erleuchtest ja die Welt mit den Strahlen des Glanzes, vertreibst die Finsternis, läßt alle Pflanzen und Bäume wachsen und grünen und übertriffst in wunderbarer Schönheit jegliches Geschöpf.« Darauf die Sonne: »Wenn du deine Tochter mir, wie du sagst, als dem mächtigsten vermählen willst, so wisse, daß es wahrlich einen Mächtigeren gibt als mich, der gar oft meinen Glanz, meine Wärme und meine andern Kräfte behindert und zunichte macht.«

»Und wer ist der«, fragte die Maus, »der dich irgendwie übertreffen kann?«

»Sicherlich«, sagte die Sonne, »ist es mein Herr, die Wolke, der, sooft er will, den Glanz meines Lichtes beschattet und alles, was ich durch Wärme getrocknet habe, durch Regen und Tau befeuchtet.« Als dies die Maus gehört hatte, ging sie zur Wolke und sagte grüßend: »Erhabenster Herr, deswegen, weil du alle andern an Herrschaft und Macht übertriffst, will ich, daß du meine Tochter zur Frau nimmst.« Darauf dieser: »Wahrlich, Frau, mag sein, daß ich einige Macht habe, so ist doch ein mächtiger und prächtiger Herr, der mich immer verfolgt, heftig bedrängt und vernichtet, der nicht aufhört, mich von Ort zu Ort zu jagen, vor dem ich furchtsam durch das All fliehend eile und der mich, wenn er mich fängt, zur Erde niederschlägt und im Meere untertaucht.«

»Und wie ist sein Name?« fragte die Maus. Die Wolke antwortete: »Der Wind, der die Welt von vier Seiten beherrscht.« Die Maus schied und kam zum Winde, grüßte ihn und sagte: »Furchtbarer Herr, der du über alles herrschest und vor dem alles zittert, sieh, ich führe dir meine Tochter zu und gebe sie dir, dem stärksten Fürsten, zur ehelichen Verbindung, weil deiner Gewalt nichts zu widerstehen vermag.«

Darauf der Wind: »Wenn ich auch stark bin an Kraft und Häuser, Bäume und andres Großes niederwerfen und viel Wunderbares bewirken kann, so ist doch hier in der Nähe ein Schloß auf dem Felsen des Gesteins fest gegründet, das ich mit allen meinen Kräften in dreihundert Jahren nicht habe brechen und stürzen können. Ich gestehe daher, daß es stärker ist als ich.«

Nach diesen Worten begab sich die Maus mit ihrer Tochter zum Schloß und sagte: »Unbesieglicher Herr, dir, den niemand besiegen kann, bringe ich meine Tochter, damit du sie zur Gattin nimmst.«

Das Schloß aber antwortete: »Zwar bin ich gewiß stark und scheine schier unüberwindbar, aber da gibt es ein kleines Tier, das mich arg angreift, meine Mauern untergräbt und gegen meinen Willen durch Löcher aus- und eingeht. Es ißt und verzehrt meine Speisevorräte, und, was das schlimmste ist, es tritt mich mit Füßen und entleert seinen Mist auf mein Haupt. Keine Tür, kein Fenster, kein anderer noch so fester Verschluß kann ihm widerstehen oder es abhalten, und so beansprucht es eine unweigerliche Herrschaft über mich.«

»Wahrlich«, sagte die Maus, »das ist der Mächtigste! Und wie ist sein Name?« Das Schloß: »Herrin, Maus wird es genannt.«

»Eya«, sagt die Maus zu ihrer Tochter, »sieh, nun ist es an den Tag gekommen, daß unserer Art nichts gleichwertig ist, darum gehen wir nach Hause und feiern Hochzeit innerhalb der eigenen Art!«

Als sie nun mit allen Mäusen das Hochzeitsmahl feierten, da kam aus einem Winkel eine schwarze Katze angesprungen. Mit ihren Krallen packte sie die Braut und den Bräutigam, fraß sie und verjagte die ganze Gesellschaft. Und so wurde die Hochzeitslust in Trauer und Wehklagen verkehrt.

Es war einmal ein König, der hatte eine Tochter, und viele wollten sie zur Frau haben, aber sie wollte niemanden, denn niemand gefiel ihr. Also beschloß sie, sich selbst einen Mann zu machen.

Sie nahm drei Kilo Mandeln, drei Kilo Zucker und drei Kilo feinstes Grießmehl. Sie zerstieß die Mandeln und knetete alles zusammen, Zucker, Mandeln und Grießmehl, und ging daran und formte einen Mann und stellte ihn vor die Ikonenwand des Hauses. Dann fing sie an mit Kniefällen. Vierzig Tage und vierzig Nächte bat sie Gott, und nach vierzig Tagen erweckte Gott ihn zum Leben, und sie gaben ihm den Namen Herr Marzipan und Marzipanherr.

Er war wunderschön und sein Name in der ganzen Welt berühmt. Von dem Herrn Marzipan hörte auch die Königin eines weit entfernten Königreichs und wollte hingehen und ihn sich holen. Sie machte also eine goldene Galeere mit goldenen Rudern und fuhr dorthin, wo der Herr Marzipan wohnte. Als sie dort ankam, sagte sie zu den Schiffsleuten: »Ihr müßt den, der sich durch Schönheit vor allen andern auszeichnet, ergreifen und ihn mir auf die Galeere bringen.«

Als die Leute hörten, daß eine goldene Galeere angekommen sei, gingen alle hin, um sie zu sehen, und auch Herr Marzipan ging mit. Sobald die Schiffsleute ihn sahen, erkannten sie ihn gleich, und mit einem Mal packten sie ihn, und hinein in die Galeere!

Am Abend wartet die Königstochter auf Herrn Marzipan, sie wartet ... nichts! Sie fragt diesen, sie fragt jenen, da erfährt sie, daß eine Königin ihn geraubt hat und fortgefahren ist.

Was soll geschehen, was soll sie tun? Sie läßt sich drei Paar eiserne Schuhe anfertigen und macht sich auf den Weg, um ihn zu suchen. Sie zieht landein und landaus, entfernt sich sehr weit von dieser Welt und kommt zur Mutter des Mondes.

»Guten Tag, verehrte Mutter.«

»Willkommen, mein Mädchen. Wie kommst du, liebes Mädchen, in diese Gegenden?«

»Mein Schicksal hat mich hierhergeführt. Hast du nicht irgendwo Herrn Marzipan gesehen, den Marzipanherrn?«

»Wie, meine Tochter? Diesen Namen höre ich zum ersten Male. Setz dich, bis am Abend mein Sohn kommt, der geht über die ganze Welt, es kann gut sein, daß er ihn irgendwo gesehen hat.«

Als am Abend der Mond kam, sagte sie zu ihm: »Mein Sohn, dieses Mädchen bittet dich, ihr zu sagen, ob du nicht irgendwo Herrn Marzipan, den Marzipanherrn, gesehen hast?«

»Wie? Den habe ich nicht gesehen, liebes Mädchen. Diesen Namen höre ich zum ersten Male. Geh doch zur Sonne, es ist möglich, daß die ihn gesehen hat, denn die kommt viel weiter in der Welt herum.«

An jenem Abend schlief das Mädchen dort, und am nächsten Morgen früh gaben sie ihr eine Mandel und sagten: »Wenn du in Not kommst, brich sie auf.«

Da nahm die Königstochter die Mandel und zog davon.

Sie zog straßauf, straßab und hatte das eine Paar Schuhe verschlissen, als sie zur Mutter der Sonne kam.

»Guten Tag, verehrte Mutter.«

»Willkommen, mein Mädchen. Wie kommst du, liebes Mädchen, in diese Gegenden?«

»Mein Schicksal hat mich hierhergeführt. Hast du nicht Herrn Marzipan gesehen, den Marzipanherrn?«

»Wie, liebes Mädchen? Den habe ich nicht gesehen. Aber setz dich, bis am Abend mein Sohn kommt, es ist möglich, daß der ihn gesehen hat, denn er kommt weit in der Welt herum.«

Am Abend kam der Sonnenball, die Königstochter kniete nieder vor ihm und sagte: »Lieber Sonnenball, lieber Herr Helios und Weltenwanderer, sahst du nicht Herrn Marzipan, den Marzipanherrn?«

»Wie? Den sah ich nicht. Aber geh zu den Sternen, die sind so zahlreich, vielleicht hat einer ihn gesehen.«

An jenem Abend schlief das Mädchen dort, und am nächsten Morgen früh gaben sie ihr eine Nuß und sagten: »Wenn du in Not kommst, brich sie auf.«

Danach zeigten sie ihr den Weg, und sie nahm Abschied und ging fort. Sie zog straßauf, straßab und hatte schon das zweite Paar Schuhe verschlissen, als sie bei der Mutter der Sterne ankam.

»Guten Tag, verehrte Mutter.«

»Willkommen, mein Mädchen. Wie kommst du, liebes Mädchen, in diese Gegenden?«

»Mein Schicksal hat mich hierhergeführt. Hast du nicht Herrn Marzipan gesehen, den Marzipanherrn?«

»Wie denn, liebes Mädchen? Den habe ich nicht gesehen.

Aber setz dich, bis am Abend meine Kinder kommen, vielleicht, daß einer ihn gesehen hat.«

Am Abend kamen ihre Söhne, und sie fragte sie: »Habt ihr wohl Herrn Marzipan, den Marzipanherrn gesehen?«

»Nein, den haben wir nicht gesehen«, sagten die Sterne.

Da stürzte ein kleiner Stern herbei und sagte: »Ich habe ihn gesehen.«

»Wo hast du ihn gesehen?«

»In den weißen Häusern, den Herbergen. Ihn hält dort die Königin fest und bewacht ihn, damit niemand kommt und ihn ihr wegnimmt.«

An jenem Abend schlief das Mädchen dort. Am nächsten Morgen früh zeigten sie ihr den Weg, gaben ihr eine Haselnuß und sagten: »Wenn du in Not kommst, brich sie auf.«

Sie zog straßauf, straßab und kam schließlich dorthin, wo Herr Marzipan wohnte. Als Bettlerin verkleidet ging sie ins Schloß und sah Herrn Marzipan, aber sie sagte nichts.

Im Schloß gab es viele Gänse. Sie ging zu den Mägden und sagte: »Laßt ihr mich wohl dort bei den Gänsen bleiben?« Die Mägde gingen zur Königin und sagten zu ihr: »Frau Königin, draußen ist eine Bettlerin und bittet, daß sie bei den Gänsen bleiben darf. Was sollen wir tun?«

»Laßt sie dort bleiben«, sagte die Königin.

Sie ließen sie dort, und dort schlief sie an jenem Abend. Als sie sich am Morgen erhob, knackte sie die Mandel auf, und eine goldene Garnwinde kam heraus mit goldenem Gestell und goldenen Spulen. Dies sahen die Mägde und gingen eilends zur Königin und erzählten es ihr. Als die Königin das hörte, sagte sie: »Geht hin, um ihr zu sagen, sie solle uns das geben. Was will sie denn damit?«

Die Mägde gingen und sprachen mit ihr: »Die Frau Königin läßt dich fragen, ob du uns nicht die goldene Garnwinde mit dem Gestell geben magst? Was willst du damit?«

»Ich gebe sie euch, aber ihr müßt mir für eine Nacht den Herrn Marzipan geben.«

Die Mägde bestellten es der Königin. »Warum sollen wir ihn ihr nicht geben?« sagte die Königin. »Was wird ihm viel geschehen?« Am Abend also, als sie aßen, gab die Königin dem Herrn Marzipan einen Trank, und dieser Trank enthielt ein Schlafmittel. Kaum hatte er getrunken, schlief er ein, und die Mägde trugen ihn zu der Bettlerin und bekamen dafür die goldene Garnwinde mit dem Gestell.

Als die Mägde weggegangen waren, fing die Königstochter an, mit Herrn Marzipan zu reden. »Warum wachst du nicht auf? Bin ich es nicht, die dich gemacht hat? Die die Mandeln zerkleinert und mit Zucker und Grießmehl verknetet hat? Die drei Paar eiserne Schuhe abgetragen hat, um dich zu finden? Und jetzt sprichst du nicht mit mir! Hast du denn kein Mitleid mit mir, mein Herz und mein Licht?« Solches sagte die Königstochter die ganze Nacht, aber wie sollte der Marzipanmann aufwachen!

Am Morgen kamen die Mägde und holten Herrn Marzipan, die Königin gab ihm einen andern Trank, von dem er wieder aufwachte.

Als die Mägde fortgegangen waren, knackte die Königstochter die Walnuß auf, und eine goldene Henne mit goldenen Küken kam heraus. Bald sahen die Mägde die goldene Henne mit den goldenen Küken, und eilends gingen sie zur

Königin und erzählten es ihr. »Lauft«, sagte die Königin, »bestellt ihr, daß sie uns das geben soll, was will sie denn damit! Und wenn sie von euch verlangt, daß wir ihr den Herrn Marzipan geben sollen, dann geben wir ihn ihr. Was soll ihm viel geschehen? Was ist ihm denn letzte Nacht geschehen, als wir ihn ihr gegeben haben?«

Die Mägde gingen hin und sagten zur Königstochter: »Gibst du uns wohl die goldene Henne mit den goldenen Küken? Was willst du denn damit?«

»Wenn ihr mir Herrn Marzipan noch eine Nacht gebt ...«

»Gut, wir geben ihn dir«, sagten die Mägde.

Wieder gab die Königin Herrn Marzipan einen Schlaftrunk, und kaum war er eingeschlafen, da trugen die Mägde ihn zu der Bettlerin und bekamen die goldene Henne mit den goldenen Küklein und gingen fort.

Als sie fortgegangen waren, fing die Königstochter wieder an, dasselbe zu sagen wie am ersten Abend, aber wie sollte Herr Marzipan aufwachen! Und am Morgen kamen wieder die Mägde, holten Herrn Marzipan und gingen fort.

Da brach die Bettlerin die Haselnuß auf, und es kam ein Nelkenstock mit goldenen Nelken heraus. Als die Mägde den goldenen Nelkenstock mit den goldenen Nelken sahen, gingen sie eilends zur Königin und sagten es ihr. »Los, sagt ihr, daß sie uns den geben soll, was will sie denn damit? Und wenn sie wieder den Herrn Marzipan will, dann geben wir ihn ihr«, sagte die Königin. Die Mägde gingen und richteten es aus.

Aber ganz in der Nähe der Bettlerin wohnte auch ein Schneider, der nähte des Nachts und hörte alle Worte, die sie sprach. Der traf Herrn Marzipan und sagte zu ihm:

»Mein König, mit Verlaub, ich möchte eine Frage an dich richten.«

»Bitte schön«, sagte Herr Marzipan.

»Wo schläfst du nachts?«

»Warum fragst du mich? Zu Hause! Wo werde ich sonst schlafen!«

»Herr Marzipan, seit zwei Nächten schließe ich kein Auge wegen der Bettlerin, die ihr bei den Gänsen habt. Die ganze Nacht ist sie wach und sagt: ›Herr Marzipan, warum wachst du nicht auf? Ich habe drei Paar eiserne Schuhe verschlissen, um dich zu finden, und jetzt sprichst du nicht mit mir.‹«

Herr Marzipan verstand wohl, aber er sagte nichts. Er ging hin und sattelte sein Pferd und legte ihm einen Doppelsack mit Goldgulden auf.

Am Abend gab ihm die Königin wieder den Trank, aber er trank ihn nicht, tat jedoch, als ob er einschliefe. Gleich trugen die Mägde ihn zur Bettlerin und erhielten den goldenen Nelkenstock mit den goldenen Nelken.

Als die Mägde fortgegangen waren und die Königstochter wieder anfing, ihre Leiden zu erzählen, erhob sich Herr Marzipan, umarmte sie, und sofort setzten sie sich aufs Pferd und ritten davon.

Am Morgen wollten die Mägde Herrn Marzipan holen, wo sollten sie ihn finden! Eilends liefen sie mit lautem Gejammer zur Königin und erzählten es ihr. Da fing auch sie an zu jammern, aber was half es ihr? Dann sagte sie: »Ich werde mir auch einen Mann machen«, und sofort ließ sie die Mägde Mandeln zerstoßen, mischte sie mit Zucker und Grießmehl und formte einen Menschen und fing mit Kniefällen an. Aber statt der Gebete sprach sie Flüche, und nach vierzig Tagen war der Mensch schimmelig geworden, und sie warfen ihn weg.

Die Königstochter und der Herr Marzipan zogen in ihr Königreich und lebten gut und nicht besser. Ich war auch selbst dort und habe mir alles angeschaut.

DIE GESTIRNE UND DAS LEBEN AUF DER ERDE

DER HASE VERWANDELTE
DAS ESSEN IN STEINE

In der alten Zeit waren die Tiere auch Menschen. Sie sprachen genauso, wie wir sprechen, alle die verschiedenen Tierarten. Und die Steine waren ihr Essen. Unsere alten Leute haben uns erzählt: Hier die braunen Steine, die zwischen den weißen Steinen liegen, die waren bratendes Fleisch von den Menschen der alten Zeit. Aber eines Tages kam der Hase zu ihnen und sagte: »Das Essen soll zu Stein werden, und ihr Menschen sollt Tiere sein!« Und so geschah es. Darum haben wir heute kein Fleisch mehr, aber so viele Steine.

Damals war das auch so: Wenn jemand einen Menschen aus deiner Familie tötete, dann brauchtest du nur das Herz des Menschen herauszunehmen und in eine Kalebasse zu legen. Dann mußtest du Milch in die Kalebasse schütten und die Kalebasse in das Haus stellen. Am dritten Tag brach die Kalebasse entzwei, und der Mensch kam wieder hervor, genauso wie er vorher gewesen war. Dann streute man Buchu auf ihn, damit er nicht schlecht roch, und gab ihm schöne Kleider zum Anziehen. Der Mensch war dann wieder ganz gesund. Aber heute kann man das nicht mehr machen. Heute bleibt der Tote tot.

Und daran ist der Hase schuld. Seitdem er das Essen verdorben hat, kann man auch keinen Getöteten wieder lebendig machen.

Der Hase lief und fragte den Mond: »Warum sterben wir nicht?« Da sagte der Mond zu ihm: »Du sollst nicht sterben, aber du sollst ein Tier werden und da dicht am Erdboden laufen. Du hast das Essen verdorben. Du hast den Menschen das Essen weggenommen. Dafür sollst du nun selbst gegessen werden. Du hast die ganze Welt verdorben. Lauf nun selbst dicht am Erdboden und sei das Essen der armen Leute!«

WOHER GOLD UND SILBER KOMMEN

Vor langer, langer Zeit – wir alle hier waren noch nicht geboren – herrschte auf der Erde große Armut, denn der Teufel hatte sich zum Herrn der Erde gemacht, und alle Bauern und Hirten mußten ihm einen Zehnten abliefern. Am besten ging es noch den Händlern und Kaufleuten, denn die konnten den Teufel am leichtesten betrügen. Aber so ein armer Bauer oder Hirt, was konnte er schon machen? Da erschien der Teufel – oder einer seiner Boten – und sah nach: soundso viel Weizen, soundso viele Fässer Wein, soundso viel Stück Vieh. Der Teufel strich seinen Teil ein, gleichgültig, ob es für die Familie des einzelnen Bauern noch reichte oder nicht.

Aber bei den Händlern und Kaufleuten, die hier und da ein heimliches Lager mit Waren hatten, war es schon schwerer für den Teufel, zu seinem Anteil zu kommen. Es ist daher nicht überraschend, daß der Teufel eine besondere Wut auf die Händler hatte, sie nachts im Wald oft überfiel, ihnen alles abnahm und sie ausplünderte wie ein Räuber.

Nun zog einmal ein Kaufmann über Land, der hatte schon sieben Reiche durchreist und überall mit seinen Waren einen guten Gewinn erzielt. Wenn aber der Teufel erschien, um seinen Anteil einzukassieren, sagte der Kaufmann zu ihm: »Ich kann jetzt noch nicht abrechnen, denn ich habe noch Schulden, und von diesen Waren hier muß ich noch einiges abliefern, anderes habe ich auf Kredit bezogen.«

Aber einmal wurde es dem Teufel zuviel, und er beschloß, den Kaufmann hereinzulegen. Als der mit seinen Pferden und seinem Wagen auf einer Fähre über einen großen Fluß setzte, hing sich der Teufel auf der einen Seite an den Rand des Floßes, die Fähre bekam Schlagseite, und der Kaufmann drohte mitsamt den Pferden und dem Wagen ins Wasser zu stürzen.

Der Teufel aber schrie: »Versprich mir das bei dir zu Hause, von dem du nichts weißt, dann lasse ich los.«

Der Kaufmann dachte: »Das, von dem ich nichts weiß? Was kann es sein? Vielleicht hat meine Frau etwas eingekauft.« Er sagte laut: »Ja, einverstanden! Du bekommst bei mir daheim das, wovon ich nichts weiß.«

Da ließ der Teufel die Fähre fahren, und der Kaufmann kam heil ans Ufer. Und nachdem er seine Geschäfte abgewickelt hatte, kehrte er heim.

Wie groß aber war sein Schreck, als daheim seine Frau sagte: »Mann, freu dich! Wir bekommen ein Kind, denn ich bin schwanger.«

Und als die Zeit der Frau vorüber war, gab sie einem Sohn das Leben. Und der Kaufmann, der wußte, was ihm bevorstand, ließ gleich den Pfarrer rufen und am gleichen Tag seinen Sohn auf den Namen Piero taufen.

Am nächsten Tag erschien der Teufel, um den kleinen Buben abzuholen: »Gib mir das, von dem du nichts wußtest!«

»Hier ist das Kind.«

Da heulte der Teufel laut und sagte: »Ihr Elenden! Ihr habt es ›gesalzen‹! (So nennen nämlich die Helden die getauften Christen.) Du hast den Vertrag gebrochen!«

»Davon kann nicht die Rede sein, denn wir haben überhaupt nicht davon gesprochen. Nimm also das Deine nach dem Vertrag, und laß mich in Frieden!«

Der Teufel nahm unter Verwünschungen den kleinen Buben mit in die Hölle.

Nun, in der Hölle wächst alles sehr, sehr schnell; so schnell wächst alles wie ein Weizenfeld unter der Sonne. Nach einem Jahr war Piero zu einem stattlichen Burschen herangewachsen. Der Teufel wollte ihn nun mit seinen andern Dämonen ausschicken, um überall seinen Anteil einzutreiben, aber Piero hielt zu den Menschen und brachte immer weniger heim als die andern Teufelchen.

Nachdem sich der Teufel einige Zeit mit dem Burschen herumgeärgert hatte, sagte er: »Warte! Du wirst noch klein beigeben! Ich sperre dich ein, bis du schwarz wirst! Wir wollen doch sehen, ob ich nicht aus dir einen Teufel machen kann!«

Und er warf Piero in ein dunkles Loch, in dem nur Schlangen und Ratten herumliefen. Aber das Ungeziefer tat Piero nichts zuleide, sondern die Schlangen und Ratten sagten zu ihm: »Piero, du bist kein Verdammter, und deshalb tun wir dir nichts. Sei ruhig und habe Geduld! Wenn der Teufel aus dem Hause ist, bilden wir dir eine Leiter, und dann kannst du darauf hinaufsteigen und aus dem Loch entfliehen.«

»Aber wohin soll ich denn fliehen, wo der Teufel doch auf der ganzen Erde herumläuft. Ich kann mich nirgends verstekken; er würde mich überall entdecken.«

»Du mußt zum Himmel hinaufsteigen und dich an Herrn Sonne wenden. Herr Sonne ist zwar sehr heiß, aber Hitze bist du ja von der Hölle her gewöhnt.« (Und so war es nämlich auch. Als der Teufel mit Piero auf dem Arm in die Hölle gekommen war, hatte er einen Zauberspruch über das Kind gemurmelt, damit ihm die Flammen nicht schadeten.)

Als der Teufel die Hölle verlassen hatte, um wieder auf der Erde seinen Zins einzutreiben, sprangen die Ratten – jeweils zwei und zwei – einander auf die Rücken, und die Schlangen legten sich so dazwischen, daß es wie Sprossen einer Leiter wurde. Und auf dieser Leiter stieg Piero aus dem Loch hinaus.

Kaum war Piero der Hölle entronnen, da rannte er auf ein hohes Gebirge und sprang von dort zum Himmel und lief zum Herrn Sonne.

»Herr Sonne, würdet Ihr mich vor dem Teufel verstekken?«

»Ich will es gern versuchen, aber ich fürchte, der Teufel wird es bald durchschauen.«

Und Herr Sonne nahm Piero unter seinen leuchtenden Mantel.

Als der Teufel heimkam, ging er sofort zu der Schlangengrube, um nach dem Piero zu schauen. Aber er fand nur das Gewürm. Von Piero war keine Spur.

»Dieser Elende!« schrie der Teufel, »er ist aus der Grube gestiegen und mir entronnen. Aber er wird nicht weit kommen.«

Und der Teufel lief auf der ganzen Erde umher, und auch alle kleinen Teufelchen mußten suchen helfen, aber Piero war nirgends zu entdecken. Endlich, als er den Flüchtling nicht finden konnte, schaute der Teufel zum Himmel hinauf. Da sah er Herrn Sonne, und der war dick wie eine schwangere Frau. Er mußte irgend etwas unter dem Mantel versteckt haben.

»Ha, habe ich euch!« schrie der Teufel erbost, »Herr Sonne, gebt sofort meinen Piero heraus!«

Aber Herr Sonne sagte zu Piero: »Ich werde mit dir zur andern Seite des Himmels laufen. Vielleicht gelingt es uns, dem Teufel zu entrinnen. Wenn nicht, so spring du voraus und laufe zu Frau Mond. Sie kann im Finstern dich vielleicht eher verstecken. Ich aber bleibe etwas zurück, damit der Teufel nicht sieht, wohin du läufst.«

Während aber Herr Sonne mit dem Burschen über den Himmel lief, holte der Teufel seinen Bogen und seine Pfeile heraus und sagte: »Das werden wir ja sehen, ob es sich Herr Sonne erlauben kann, gegen meine Befehle zu handeln!« Und er schoß einen Pfeil auf Herrn Sonne ab, und Herr Sonne schrie auf, und Blut tropfte aus seiner Wunde und rann auf die Erde hinab und wurde dort zu Gold.

»Schieß nicht mehr, Teufel«, rief Herr Sonne, »und schau her: Dein Piero ist nicht mehr bei mir.«

Der Bursche war nämlich so davongelaufen, daß immer Herr Sonne zwischen ihm und dem Teufel war.

Der Teufel kratzte sich am Kopf. Das ging ja wie verhext zu! Herr Sonne breitete seinen Mantel weit aus, und darunter war kein Piero zu sehen!

Und er machte sich auf den Heimweg, um in einem Zauberbuch nachzulesen, wo Piero sein könne. Und kaum hatte er sein Zauberbuch aufgeschlagen, da fand er darin, daß Piero zu Frau Mond geflohen war. Und er machte sich wieder auf, um Piero zu verfolgen.

Indessen war Piero zu Frau Mond gekommen: »Frau Mond, der Teufel ist hinter mir her; würdet Ihr mich verstecken?«

»Piero, gern will ich das tun. Aber ich fürchte, der Teufel wird dich bei mir finden. Wenn er also kommt, dann werde ich meinen Mantel ausbreiten, so weit es geht. Dann laufe du auf der andern Seite zu den Sternen und frage nach dem heiligen Michael, denn nur der kann dir gegen den Teufel helfen.«

Da bedankte sich Piero bei Frau Mond und ruhte sich etwas aus, denn von der Hetzjagd taten ihm die Füße weh. Und schon kam der Teufel angebraust und schrie: »Frau Mond, liefert mir sogleich den Piero aus, denn er gehört mir!«

»Hol ihn dir doch selber!« antwortete Frau Mond und lief mit Piero, so schnell sie konnte, auf die Sterne zu.

Da spannte der Teufel wiederum seinen Bogen und schoß einen Pfeil auf Frau Mond ab, und er traf sie in den Rücken, so daß ihr Blut aus der Wunde spritzte, und das Blut tropfte auf die Erde hinunter und wurde zu Silber.

Frau Mond aber rief: »Teufel, hör auf zu schießen! Ich habe deinen Piero nicht.« Und sie rollte ihren Mantel ein, so daß sie nur mehr halb so dick war und wie eine Sichel am Himmel stand.

Piero hatte einen guten Vorsprung, aber der Teufel erspähte ihn noch, und er begann auf den Himmel hinaufzusteigen und hinter Piero herzulaufen. Der Bursche aber hatte die Sterne um Hilfe angerufen, und sie wiesen ihm den Weg zum heiligen Michael. Und als Piero den heiligen Michael sah, rief er: »Heiliger Michael, hilf mir!«

»Habe keine Angst«, sagte der heilige Michael, »wir werden diesen Fall gleich in Ordnung bringen. Hier droben hat der Teufel nichts zu bestimmen, mag er auch drunten der Herr sein.«

Unterdessen kam der Teufel in großer Eile angestürzt und schrie: »Heiliger Michael, gib mir den Piero heraus, denn mir gehört er.«

»Der Bursche steht unter meinem Schutz, denn du hast ihn nur durch Zwang und Betrug erworben«, entgegnete der heilige Michael.

Da wurde der Teufel sehr zornig, und er spannte wieder seinen Bogen und schoß einen Pfeil auf den heiligen Michael ab. Aber der hatte sich vorgesehen, und er hielt seinen Schild vor, und der Pfeil prallte am Schilde ab und flog wieder zurück und traf den Teufel am linken Bein. Und da spritzte das Blut des Teufels aus dem verletzten Fuß und tropfte auf die Erde herunter und wurde zu Pech.

Der Teufel mußte abziehen, ohne etwas erreicht zu haben, und seit jenem Tage kam es, daß er hinkt.

Es gibt Leute, die meinen, aus dem Piero sei später der heilige Petrus geworden, aber das stimmt nicht. Vom heiligen Petrus gibt es eine andere Geschichte, und die werde ich euch vielleicht ein andermal erzählen.

Nun wißt ihr, woher das Gold, das Silber und das Pech kommen. Und da der Teufel das Blut der Sonne und des Mondes als seine Beute betrachtet, kehrt es immer wieder in seine Taschen und in die Beutel seiner Helfershelfer und Freunde zurück. Am Pech aber bleibt man leicht kleben, denn wer mit dem Teufel zu tun hat, kommt so leicht nicht wieder von diesem schwarzen Gesellen los.

DAS VERSCHWUNDENE MONDLICHT

Der Lorbeerkönig hatte einen Bären, und er sagte zu ihm: »Dein Leben lang hast du nur von trockener Kost gelebt. Jetzt wirst du so lange Wasser trinken, bis du zerplatzt.«

Der Bär trat bis zu den Kniekehlen ins Wasser, und sieben Jahre lang hielt er seine Nase drein. Der Lorbeerkönig glaubte schon, sein Bär hätte soviel Wasser getrunken, daß er zerplatzen müßte. Als er den Bären aus dem Wasser steigen ließ, sagte er: »Na, wie lange wird's dich nicht dürsten?«

»Mein lieber Herr, gib mir was zu fressen, wenn du willst, daß ich dir ein treuer Diener sei. Wenn du mich nicht gut hältst, ziehe ich in den Wald, suche meine übrige Familie und gehe zurück in meine Höhle. Hältst du mich aber gut, will ich dir ein treuer Diener sein, und solange ich an deinem Hof bin, wird dir kein Leid geschehen, alles werde ich erledigen.«

»Nun gut, was möchtest du fressen?«

»Ich will dir sagen, wonach mich gelüstet. Schlachte mir sieben Schafe und schlachte mir eine Ziege, und das ganze Fleisch laß braten. Wenn das Fleisch gebraten ist, laß es von den Knochen ablösen, damit ich drin nicht herummanschen muß. So fresse ich es dann. Bring mir auch fünfzig Liter Wein, denn meine Kehle ist ganz ausgetrocknet.«

»Wie ist das möglich, deine Nase ist doch sieben Jahre lang im Wasser drin gewesen? Konntest ja trinken, soviel du wolltest! Ich glaubte, du würdest soviel trinken, daß du davon zerplatzt.«

»Mein erhabener Vater König, das Wasser war mir kein Genuß, hab bloß den Wasserdunst durch die Nase gesogen. Davon gewann ich aber solche Kräfte, daß es gewiß keinen Menschen auf der Welt gibt, den ich nicht umlegen könnte.«

»Na, ich erfülle dir deinen Wunsch, aber nachher werde ich dich auf die Probe stellen. Der belgische König hat einen Meisterrecken von hundert Menschenstärken. Wenn du den nicht zu Boden streckst, mache ich dir mit eigener Hand den Garaus. Ich lade die Flinte mit Stahlkugeln und nicht mit Schrot, und so werde ich dich über den Haufen schießen.«

»Einverstanden, erhabener König, Ihr mögt es tun. Ich stehe für mein Wort und werde ihn umlegen. Aber vorher muß ich mich sattfressen, und dann ist der Mensch, der stärker wäre als ich, auf dieser Welt noch nicht geboren.«

Der König ließ nun so viele Lämmer und Ziegen schlachten, wieviel der Bär verlangte, er ließ alles braten und das Fleisch von den Knochen lösen. Dann füllte er einen riesigen Trog mit all dem Fleisch und setzte es dem Bären vor. Als alles aufgefressen war, ließ er ihm fünfzig Liter erstklassigen Wein bringen. Der Bär trank alles aus. Nun sandte der König um den Meisterrecken, damit sich die beiden im Kampfe messen könnten. Sieben Jahre lang, sieben Augenblicke hielten sie sich fest umklammert, doch keiner vermochte den andern zu Boden zu ringen. Der König war des Zuschauens schon überdrüssig und sagte:

»Ich möchte wissen, wann dies wohl ein Ende nimmt?«

»Erhabener Vater König, hätte ich diesen Menschen zu Boden gerungen, so wäre die Welt längst zugrunde gegangen – nur deshalb hielt ich ihn so fest umklammert. Aber wenn Ihr es wünscht, Vater König, dann schmeiß ich ihn zu Boden, daß davon das Mondlicht vom Himmel herabstürzt und sich erst in der Mitte des Eismeeres wieder zusammenrafft.«

»Ei fürwahr, das möchte ich gerne mal sehen!«

»Aber eins sag ich Euch, Vater König, geht vorher hinein und holt einen Haufen Watte; stopft Euch und Eurer ganzen Familie die Ohren damit zu, denn von dem gewaltigen Krach wird alles ringsumher taub. Auch Ihr selber werdet taub und hört dann nicht mehr, was in der Welt vorgeht.«

Der König sagte: »Na, du Bär, wenn du nicht die Wahrheit sprichst, hol ich gleich meine Flinte und erschieße dich auf der Stelle.«

»Macht nur, was ich sage!«

Der König ließ einen Haufen Watte bringen, zupfte die Watte auseinander und stopfte sie mit einer Bleistiftspitze der ganzen Familie und sich selber in die Ohren. Aber dann sagte der Bär: »Ein Stück Watte behalte jeder in der Hand und drücke auch das noch an die Ohren – alle Mädchen und Frauen und auch der König!«

Sie folgten seiner Anweisung und drückten noch ein Stück Watte an die Ohren, die ja schon mit Watte vollgestopft waren. Jetzt packte der Bär den Meisterrecken und schmiß ihn mit solcher Wucht zu Boden, daß sich das Mondlicht – es ging gerade gegen Abend, und am Himmel schien der Mond – in den Grund des Eismeeres flüchtete, siebenundsiebzig Meter tief.

»Oje, das Mondlicht ist vom Himmel verschwunden! Welch ungeheurer Schaden fürs ganze Land! Vor allem im Herbst, wenn die Ernte eingebracht wird – sonst wär's eher entbehrlich! So viele arme Leute fahren jetzt das Futter fürs Vieh ein, die Kartoffeln, die Rüben und den Mais. Das Mondlicht verlängert den Tag, und die armen Leute können dadurch besser vorwärtskommen. Welch große Sünde hab ich da begangen! Den Meisterrecken hab ich durch den Bären niederwerfen lassen, ich kann's am armen Volk vielleicht nie wieder gutmachen! Drum gelobe ich meine Tochter jenem Manne zum Weibe, wer immer er sei, ob arm oder reich, der es unternimmt, das Mondlicht wieder an den Himmel zu schaffen! Meine Tochter ist so schön, daß um ihrer Schönheit willen die Sonne alle Tage um zwölf Uhr stille steht. Nur der soll sie bekommen, der das Mondlicht zurück an den Himmel schafft, damit abends wieder Helle sei wie gewöhnlich!«

Viele erboten sich dazu, Hunderttausende von Männern zogen aus, es zu versuchen. Sie ließen sich ins Eismeer hinab und kamen nie wieder zurück. War da auch ein Müller, ein sechzigjähriger Trunkenbold, und der sagte: »Hört, erhabener König, ich könnte es machen. Wenn Ihr mir Eure Tochter gebt, bring ich das Mondlicht wieder hinauf, schon heute abend kann's dann jedermann am Himmel sehen.«

Der König musterte ihn: »He du, da haben sich schon andere Kerle darin versucht! Bist ja auch kein junger Mann mehr, wie ich sehe, gehst vielleicht schon in die Fünfzig?«

»Ich hab sogar die Sechzig schon überschritten, mein Herr König.«

»Was brauchst du dann des Königs Tochter?«

»Na, ich brauch sie, weil der König versprochen hat, sie herzugeben.«

»Nun wohlan, wenn's mein Mund ausgesprochen hat, so soll es auch so sein. Geh also und hau schon dieses Mondlicht an den Himmel! Ich stehe zu meinem Wort und gebe dir dann meine Tochter.«

»Je, mein König, ich muß Euch noch was sagen. Ich bin nämlich ein Mensch, der dem Schnaps zugetan ist. Seid also so gut, mein Herr König, und gebt mir etwas Schnaps zu trinken, muß ich doch in jenes kalte Wasser, um nach dem Mondlicht zu suchen! Es liegt auf dem Grunde des Eismeeres, siebzig Meter unterm Wasser.«

»He, du willst ja gar nicht nach dem Mondlicht suchen! Ich weiß schon, was dir fehlt: deine Kehle ist trocken, willst sie mit Branntwein einschmieren, was?«

»Oh, mein Herr König, auf Euren Branntwein bin ich nicht erpicht, vielmehr darauf, die Königstochter zur Frau zu bekommen. Mein Weib ist mir vor zehn Jahren gestorben, soll ich jetzt immer nur allein auf dieser Welt leben?«

»Ach nein, laß dich nicht auslachen, guter Mann! Ich will dir Schnaps geben, trink soviel du magst, ob du das Mondlicht herbeischaffst oder nicht. Du sollst nicht auf dem Grunde des Meeres verderben!«

»Nun, mein Herr König, ich sag Euch was. Wenn ich das Mondlicht nicht herbeischaffe, so werdet Ihr nie und nimmer einen Menschen dazu finden. Solange noch die Welt besteht, wird es kein Mondlicht nicht am Himmel geben, höchstens, wenn man einen Mond aus Blech macht.«

»He du, wenn ich nur wüßte, wie man aus Blech einen Mond macht, der am Himmel so leuchtet wie unser Mond!«

»Na, ich sag ja nicht, daß er so leuchten würde wie der alte, aber die Form kann sicher aus Blech nachgemacht werden. Es muß sich nur jemand finden, der ihn dann auch an den Himmel schafft. Und selbst das täte ich für Euch, denn so ein Mann bin ich mal! Wenn ich will, gehe ich, wenn ich will, fliege ich, wenn ich will, kann ich mich auch hinlegen. Bin ich besoffen, dann gehe ich freilich nicht, fliege auch nicht, sondern leg mich ins Bett und ruhe mich aus.«

»Ich sehe schon, jedes deiner Worte geht nur auf eins hinaus, du hast nur einen einzigen Wunsch: den Branntwein!« entgegnete der König.

»Ich hab's ja gesagt, mein Herr König, bringt mir ein bißchen Schnaps zu trinken, dann hol ich Euch das Mondlicht.«

»Nun denn, her mit dem Schnaps! 's ist ja kein so kostbar Ding! Wieviel vermagst du wohl zu trinken, guter Mann?«

»Na, meine fünf Liter trink ich schon, wenn ich mag.«

»Fünf Liter ganz allein? Wie willst du dann das Mondlicht vom Grunde des Eismeeres herausholen?«

»Ich bring Euch sogar noch einen Fisch zum Nachtmahl mit, es gibt ja auch Fische auf dem Grunde des Meeres, die schlecken jetzt am Mond herum. Einen preß ich an den Mond und bring ihn Euch! Was soll's denn sein, ein Störfisch, ein Hecht, ein Barsch oder gar eine Forelle? Ich bring Euch, was Ihr nur wünscht!«

»Am liebsten hab ich Störfische. Unterm Eis ist das Wasser kalt und rein, wird durch nichts getrübt und bleibt frisch und klar. Du kannst mir einen Störfisch zum Nachtessen bringen!«

Das sagte der König freilich nur zum Spaß.

Nachdem der Trunkenbold seine fünf Liter Schnaps ausgetrunken hatte, entledigte er sich der Beinkleider, riß sich das Hemd vom Leib und lief bis an den Rand des Eismeeres. Dort stürzte er sich kopfüber ins Wasser und schwamm zu der Stelle hin, wo im Wasser das Mondlicht badete.

»Hör schon auf mit dem Baden, ich will mit dir die Tochter des Königs gewinnen! Wasch dich noch sauber, wo du kotig oder schmutzig bist, dann aber pack ich dich und schleudere dich zurück an den Himmel!«

»Ach, laß mir noch ein Jährchen Zeit, laß mich noch ein wenig baden, nur so kann ich mich ausruhen. Hier hört man keine schmutzigen Reden wie bei den Menschen, wo der eine ärger flucht als der andere. Auch dich hab ich schon oft gehört, du pflegst auch viel zu fluchen.«

»Reden wir nicht davon, sag mir lieber, wo sich im Wasser die Störfische aufhalten. Ich will dem König einen Stör zum Nachtessen bringen, soll er auch mal was Gutes zum Abendbrot haben.«

»Oh! die Störe sind etwa siebzig Meter tief im Wasser. Sie drücken den Kopf in den Schlamm, weil sie sich vom Naß des Schlammes ernähren.«

»Na, ich geh jetzt dort hinunter. Bis dahin wasch dich gründlich, sonst nehme ich dich so dreckig mit wie du bist.«

Der Mond stieß ein Gelächter aus. Der Mann aber begab sich auf den Grund des Meeres, fing etwa sechs Störfische, jedes Stück acht bis neun Kilo schwer, preßte alle zusammen und hielt sie mit einer Hand am Schwanz. Dann tauchte er wieder an der Stelle auf, wo der Mond badete, packte auch diesen, steckte ihn unter die Achsel und brachte ihn so auf die Erdoberfläche. Doch einer der Störfische schlüpfte ihm aus der Hand, er haschte nach ihm, konnte ihn aber nicht mehr fassen. Und so findet man noch heute den Stör im Wasser des Eismeeres.

»Ach, was soll ich jetzt dem König sagen? Sechs Stück hab ich gefangen und bring ihm nur fünf. Pah! soll er sich damit zufriedengeben!«

Vorerst legte er den Mond im Hintergarten des Königs nieder, damit er sich nach dem langen Bad erhole. Dann trug er die fünf Störfische dem König hinein.

»Na, mein Herr König, da habt Ihr die Störe! Laßt sie sogleich zubereiten, damit sie zum Nachtessen fertig sind.«

»Ich sehe, guter Mann, Störe hast du zwar gebracht, aber wo ist das Mondlicht?«

»Das Mondlicht ist in Eurem Garten, kommt und schaut's Euch von allen Seiten an! Es ruht sich etwas aus, hat nämlich lange im Wasser gebadet.«

»Je! Wie ist denn der Mond so heiß? Es sind noch etwa hundert Meter bis zu ihm, und ich fühle meine Haut schier verbrennen!«

»Ja seht Ihr, deshalb kann er auch am Himmel leuchten.«

»Und wie soll er hinaufgeschafft werden?«

»Gebt mir noch ein Schlückchen Schnaps, ich werf ihn dann hinauf.«

»Wieviel vermagst du zu trinken, guter armer Mann?«

»Was? Bin ich für Euch immer noch der arme Mann? Hab ich vergebens das Mondlicht aus dem Wasser geholt und Euch dazu noch fünf große Störfische gebracht? Es wären ihrer sechs gewesen, doch einer ist mir aus der Hand geschlüpft. Ich bin ihm zwar ins Wasser nach, aber so flink ist dieser Stör, hat sich so verkrochen, daß ich ihn nicht mehr finden konnte. Da hab ich mir gedacht, was soll ich noch länger suchen? Ihr eßt halt, soviel ich Euch bringe.«

»Laß es gut sein mit diesen Störfischen, ich hab dir sowieso nur einen aufgetragen.«

»Ich wollte aber sechs Stück bringen!«

»Sag jetzt, wieviel Schnaps du willst und wie ich dich nennen soll?«

»Wie mich nennen? Habt Ihr mir nicht Eure Tochter zum Weibe versprochen? Dann bin ich doch Euer Schwiegersohn, denk ich! Wenn nicht, dann … wißt Ihr, was ich dann mache, mein Herr König? Ich zahl's Euch heim! Euch selber hau ich an den Mond. Zwar zerspringt der Mond davon, aber Ihr ebenfalls. Es gibt dann keinen König mehr und auch keinen Mond am Himmel, so lange die Welt noch besteht! Gott wird der Erde keinen zweiten Mond geben!«

»Oh, tu das nur ja nicht! Sag, wieviel Schnaps du brauchst, und dann erledige schon diese Hinaufbringerei des Mondes an seine Leuchtstelle.«

»Bringt mir fünf Liter Schnaps, die trink ich schnell aus, und dann erledige ich's. Eurer Tochter aber sagt, sie soll sich schön machen, sich waschen und baden, daß ich mich in sie verlieben kann; wenn nicht, dann bekommt Ihr's von mir!«

»Na so was! Du schäbiger alter Mann, du meinst, du könntest dich in meine Tochter nicht verlieben? Du bist ja häßlich und nicht meine Tochter!«

»Na, na, na, Ihr seht's dann schon; jetzt ist es noch dunkel, ich muß erst den Mond hinauflassen. Wenn ich den Mond an seinen Platz getan habe und zurückkomme, werdet Ihr vor lauter Staunen auf den Hintern fallen!«

Der arme Mann setzte die Korbflasche mit fünf Liter

Schnaps an den Mund, trank in einem Zuge aus, dann nahm er das Mondlicht und trug es zurück an seinen Platz am Himmel. Da kam ein so heller Glanz am Himmel auf wie in den Nächten, wenn der Mond am schönsten leuchtet. Nun begab sich der arme Mann in das königliche Schloß. Das Hemd hatte er abgelegt und nur sein Beinkleid anbehalten, sonst nichts.

»Hör mich an, mein Vater, ich bin dein Schwiegersohn, hab meine Pflicht erfüllt, und jetzt befehle ich: Gib mir ein Kleid zum Anziehen! Ich hab dir gesagt, daß ich von armer Geburt bin; ein Kleid, wie es dem Schwiegersohn des Königs geziemt, besitze ich nicht!«

Wie ihn der König jetzt anblickt, sieht er einen so wunderschönen achtzehnjährigen Jüngling vor sich stehen, daß er vor dessen Glanz tatsächlich auf den Hintern fiel.

»Nun, wo ist denn deine Tochter? Zeig sie mir doch?« sagte der Jüngling, nachdem er sich angekleidet hatte.

Man rief das Mädchen herein.

»Schau her, dies ist dein Bräutigam!«

»Ihr Bräutigam? Erst jetzt sagst du's deiner Tochter, daß sie meine Braut ist? Bin auch nicht bloß ihr Bräutigam, sondern schon ihr Gemahl, denn längst schon hätten die Ringe getauscht werden sollen, mein Vater! Und deiner Tochter hättest du's schon sagen können, als ich im Eismeer war, den Mond zu suchen! Nun denn, du Königstochter, sag, willst du meine Frau werden oder nicht?«

»Ei, warum nicht? Einen so schmucken Jüngling wie dich hab ich in meinem Leben nicht gesehen. Wie wollt ich da nicht deine Frau werden?!«

»Na, dann komm und laß uns die Ringe tauschen. Aber

dein Vater soll mir einen Ring geben, den ich gegen deinen tauschen kann.«

Was konnte der König schon tun? Er zog seinen Ehering vom Finger, denn in der Tasche hatte er keinen in Reserve.

Das Fräulein nahm nun ihren Ring mit dem eingravierten Namen und tauschte ihn gegen den des schönen Jünglings. Sodann wurde die Hochzeit verkündet. Die Hochzeit der Königstochter mit dem ritterlichen Jüngling, der es vermochte, das Mondlicht zurück an den Himmel zu bringen, sollte drei Monate lang dauern. Je nun, als der Mann wieder nüchtern war und zu der Tochter des Königs ging, war's ein so verhutzeltes altes Männlein, als wenn ein Karren über sein Gesicht gekippt wäre.

»Wie geht's mein liebes Täubchen? Morgen wird Hochzeit sein!« Als ihn die Tochter des Königs erblickte, fiel sie schier in Ohnmacht.

»So einer soll mein Gemahl sein? Ein so verhutzeltes altes Männchen, wie wenn ein Karren über sein Gesicht gekippt wäre! Wie alt bist du eigentlich?«

»Wie alt, fragst du? Hab ich's deinem Vater nicht gesagt? Hab schon lange die Sechzig überschritten – vor zehn Jahren.«

»Wie alt bist du dann im ganzen?«

»Nun, rechne es doch aus! Du bist doch eine Königstochter, bist ja zur Schule gegangen, oder vielleicht nicht?«

»Nun, wie ich auch rechne, mußt du jetzt siebzig Jahre alt sein.«

»Du lügst, 's ist ein Jahr mehr!«

»Wie denn, einen einundsiebzigjährigen Mann soll die Tochter des Königs heiraten?«

»Dein Vater hat es mir versprochen! Willst du mich nicht heiraten?«

»Nein!«

»Ich seh schon, ihr spekuliert da was in euren Köpfen, hast gar schon einen Bräutigam? Schau her, wer hat diesen Ring an meinen Finger gesteckt? Dein Name ist darauf.«

»Nicht dir habe ich ihn gegeben, sondern einem schönen jungen Mann.«

»Ei fürwahr, wenn du ihn einem Jüngeren gegeben hast, dann schwindelst du und nicht ich. Schau nur gut her, erkennst du deinen Namen nicht auf diesem Ring?«

»Ich erkenne ihn wohl, du hast ihn bestimmt jenem Jüngling weggestohlen, vielleicht hast du ihn sogar getötet oder ihm sonstwas angetan!«

Da schlug der Alte einen Purzelbaum und verwandelte sich wieder in den schönen achtzehnjährigen Jüngling von vordem, der mit dem Königsfräulein die Ringe gewechselt hatte.

»Bin ich's oder nicht?«

»Ja, jetzt erkenne ich dich wieder!«

»Dann laß uns schleunigst zur Hochzeit gehen, ich will nicht länger warten.«

»Wir müssen nicht hingehen«, sagte die Tochter des Königs, »mein Vater hat den Priester herbestellt, in zwei Stunden ist er da.«

»Also gut, diese zwei Stunden gehen auch vorüber. Zieh dir inzwischen dein schönstes Gewand an, so wollen wir zur Hochzeit gehen.«

»Ich hab doch gesagt, daß wir nicht gehen müssen, hier im Zimmer werden wir getraut.«

Als sie vor dem Traualtar standen und der Schwur fast schon zur Hälfte geschworen war, hob die Königstochter ihren Blick zu dem armen Mann.

»O weh! Wir müssen den Schwur widerrufen! Ich will nicht die Braut eines so häßlichen alten Mannes sein!«

Damit fiel die Tochter des Königs um und war tot.

Der arme Mann aber blieb irgendwo verwitwet zurück.

SONNENBLUT UND MONDBLUT

Vor langer, langer Zeit gab es einmal einen großen, alten und weisen Häuptling, der über viele Stämme und Menschen herrschte. Er lebt auf einem hohen, hohen Berg, und außer seinen eigenen Kindern haben nur ganz wenige Menschen ihn besuchen dürfen.

Weil dieser alte Häuptling so klug war, wollten ihn viele Leute um Rat fragen. Aber er hat keinen unmittelbar vor sich erscheinen lassen, sondern alle, die etwas von ihm wissen oder haben wollten, mußten ihre Gaben einer seiner Töchter bringen, und diese hat dann den Spruch des Vaters eingeholt. Man weiß nur von einem einzigen Fall, da dieser Alte vom Berg hinabgestiegen ist, um einen Streit zu schlichten, der zwischen verschiedenen Stämmen ausgebrochen war. Alle waren mit dem Urteil des Alten einverstanden, und während sie in ihre Gebiete zurückgekehrt sind, ist der Alte, begleitet von seiner Lieblingstochter, wieder auf seinen Berg hinaufgestiegen.

Darüber sind viele Jahre vergangen.

Dann ist der Häuptling alt und krank geworden, und wenn man ihn hat befragen wollen, ist als Antwort nur gekommen: »Ich kann nichts mehr sehen, nichts mehr erkennen, und ich kann nichts mehr sagen.«

Durch das Fehlen des Rates des Alten, durch dessen Hilfe auch viele Kranke geheilt worden, viele Kämpfe vermieden, viele Ehen geschlossen, viele Anpflanzungen gefördert worden waren, so daß die Menschen gut gelebt hatten, durch das Fehlen dieser Beratung also ist es eingetreten, daß vieles verfallen ist. Die Felder wurden nicht mehr so versorgt, der Friede wurde nicht mehr so eingehalten, und auch manches andere ist in Unordnung geraten.

Das ist so lange gegangen, bis sich einige Häuptlinge zusammengesetzt und beraten haben.

Und sie haben beschlossen, man müsse dem Alten helfen.

Und dann ist der junge und starke Sohn eines Häuptlings zur Tochter des Alten gegangen und hat gesagt: »Wir müssen deinem Vater helfen, daß er wieder gesund wird, denn von seinem Rat hängt es ab, ob es uns gutgeht oder nicht.«

»Ja, aber wie soll man ihm helfen?«

»Du mußt ihn selber fragen, ob es eine Möglichkeit gibt, ihn gesund zu machen, und was man dafür tun muß.«

»Gut, ich werde ihn fragen.« Und am andern Tag ist das Mädchen hinaufgestiegen zum Vater: »Vater, warum bist du krank? Und was muß man tun, damit du wieder gesund wirst und zu Kräften kommst?«

»Ich bin alt geworden und krank. Und die Krankheit kann nur mit Mondblut geheilt werden, und die Kraft könnte nur durch Sonnenblut zurückerlangt werden. Denn wer in

Mondblut badet, wird gesund, und wer Sonnenblut trinkt, gewinnt Kraft wie ein Jüngling.«

Die Lieblingstochter ist darauf wieder abgestiegen dorthin, wo der Häuptlingssohn gewartet hat, und hat ihm alles erzählt, was sie durch ihren Vater erfahren hatte.

Der Bursche hat überlegt: »Ich könnte schon zu Sonne und Mond gehen. Aber wie kommt man dorthin? Und wer wird mich begleiten? Und wie erlangt man das Blut? Werden Sonne und Mond es freiwillig hergeben?«

Das Mädchen meint: »Ich kann meinen Vater fragen, und es dann wieder dir sagen. Und wenn du jemanden als Begleitung brauchst, so will ich gern mitgehen.«

Der Vater hört sich an, was seine Lieblingstochter berichtet, und sagt: »Das Mondblut ist leicht zu erreichen. Man braucht nur zu warten, bis die Mondfrau sich vom Himmel zurückzieht, weil sie ihre Regel hat. Das Blut, das sie dann verliert, schüttet sie weg. Man braucht es nur in einer Schüssel aus Jade aufzufangen. Schwieriger als bei der Mondfrau ist es beim Sonnenmann. Er wird dir nur von seinem Blut geben, wenn du ihn heiratest, denn dann ist er mit mir verwandt und wird alles für mich tun.«

»Gut, Vater, ich werde mich darum kümmern.«

Das Mädchen ist zu dem Burschen zurückgegangen und hat ihm alles erzählt.

Doch der Bursche: »Und wie kommen wir hinauf in den Himmel?«

Das Mädchen: »Mein Vater hat vier Kondore als Diener. Wir können uns in zwei Körbe setzen, und sie werden uns hinauftragen.«

Und so geschieht es.

Alles ist so, wie der Alte gesagt hat. Die Mondfrau ist vom Himmel verschwunden. Sie pißt das Blut in ein Gefäß und will es wegschütten. Da kommen die Tochter des Alten und der Bursche und bitten sie um das Blut.

Die Mondfrau ist gutmütig: »Da nehmt! Und ich kann euch in Zukunft immer das Blut hinuntergießen auf die Erde.« Sie nehmen das Blut und füllen es um in ihre Schüssel aus Jade. Sie verschütten dabei einige Tropfen: die fallen auf die Erde und werden zu Silber.

Dann gehen der Bursche und das Mädchen zum Sonnenmann: »Gib uns von deinem Blut, denn mein Vater ist alt und krank!«

»Nur, wenn du meine Frau wirst.«

»Ja.«

Sie wird seine Frau.

Der Sonnenmann aber sticht sich mit einer Smaragdnadel in den rechten Arm, und das grüne Blut tropft in einen Becher aus Jaspis. Einige Tropfen aber fallen daran vorbei und hinunter auf die Erde, wo sie zu Gold werden. Der Bursche aber nimmt die Schüssel mit dem Mondblut und den Becher mit dem Sonnenblut und geht hinunter zum Alten. Und der wird gesund und stark wie ein Jüngling. Er gibt auch dem Burschen zu trinken und sagt: »Du wirst mein Erbe. Und wähle dir unter meinen Töchtern eine Frau!« Und so geschieht es.

Und seitdem gibt es Gold von der Sonne – aber nur wenig – und Silber vom Mond, und das mehr. Man weiß, warum.

Der Mond Balu sah eines Abends auf die Erde hinab. Sein Licht leuchtete sehr hell, weil er wissen wollte, ob dort unten noch irgend jemand auf war. Denn wenn die Menschen alle schliefen, pflegte er mit seinen drei Hunden zu spielen. Er nannte sie Hunde, die Menschen nannten sie Schlangen, und sie hießen Giftviper, Schwarze Schlange und Tigernatter. Als Balu mit den drei Hunden auf die Erde hinabschaute, erblickte er zwölf Dens oder Eingeborene, die durch einen Fluß wateten. Er rief sie an und sagte zu ihnen: »Heda, tragt mir einmal meine Hunde über den Fluß!« Obschon die Schwarzen Balu sehr gern leiden mochten, schätzten sie seine Hunde doch nicht; denn schon mehrmals, wenn er die Tiere zum Spielen auf die Erde geschickt hatte, bissen sie nicht nur die irdischen Hunde, sondern auch ihre Herren; und durch das Gift waren die Gebissenen getötet worden. Daher antworteten die schwarzen Burschen: »Nein, Balu, wir sind bange, deine Hunde beißen uns, sie sind nicht wir unsere Hunde, deren Biß nicht tötet.«

Balu sagte. »Wenn ihr tut, was ich euch sage, so sollt ihr wieder lebendig werden, falls ihr sterbet. Seht her und achtet auf das Stück Rinde, das ich ins Wasser werfe.« Und dabei warf er ein Stückchen Baumrinde in den Fluß. »Seht, es kommt wieder nach oben und schwimmt weiter. So wird es euch auch ergehen, wenn ihr meinen Befehlen folgt. Zuerst geht ihr unter, wenn ihr sterbet, aber dann kommt ihr sofort wieder an die Oberfläche. Wollt ihr dummen Kerle meine Hunde aber nicht hinübertragen, so ergeht es euch wie diesem Stein«, und er schleuderte in den Fluß einen Stein, der sogleich unterging, »dann steht ihr niemals wieder auf, ihr törichten Burschen!«

Die Schwarzen entgegneten jedoch: »Balu, wir können es nicht tun, wir haben zu große Angst vor deinen Hunden.«

»So will ich hinunterkommen und sie selbst über den Fluß tragen und euch zeigen, daß es harmlose, liebe Geschöpfe sind.« Und er stieg vom Himmel hinab; die Schwarze Schlange hatte er um den einen, die Tigernatter um den anderen Arm gewunden, und die Giftviper hing ihm über Schulter und Nacken herab. So trug er sie über den Fluß. Als er auf der anderen Seite angekommen war, hob er einen großen Stein auf und warf ihn ins Wasser. Er sagte: »Weil ihr feigen Burschen nicht tun wolltet, um was ich, Balu, euch bat, so habt ihr in Ewigkeit verscherzt, nach dem Tode wieder lebendig zu werden. Ihr werdet bleiben, wo man euch eingräbt; wie der vorhin ins Wasser geworfene Stein werde ihr dann ebenso zu einem Stückchen Erde. Hättet ihr getan, was ich euch befahl, so könntet ihr ebenso oft sterben wie ich und immer wieder wie ich lebendig werden. Jetzt werdet ihr aber, solange ihr lebt, schwarze Burschen bleiben, und Knochen, wenn ihr gestorben seid!«

Balu sah sehr böse aus, und die drei Schlangen zischten so fürchterlich, daß die Schwarzen froh waren, als sie hinter den Büschen ihren Blicken entschwanden. Sie hatten sich stets vor Balus Hunden gefürchtet; nun haßten sie die Tiere und sagten: »Könnten wir sie doch nur von Balu fortlocken, dann wollten wir sie schon totschlagen.« Und fortan erschlugen sie jede Schlange, die ihnen in den Weg kam. Aber Balu sandte immer wieder neue und sagte: »Solange noch Dens leben, soll es Schlangen geben; die sollen sie daran erinnern, daß sie einst nicht tun wollten, um was ich sie bat.«

DER BEGRABENE MOND

Es ist lange her, in der Zeit meiner Großmutter, da bestand das Car-Land ganz aus Sümpfen, aus großen Tümpeln mit schwarzem Wasser und aus schleichenden Rinnsalen mit grünem Wasser und aus matschigen Schlammbuckeln, die aufspritzten, wenn man drauftrat.

Nun, Großmutter pflegte davon zu sprechen, wie lange vor ihrer Zeit Frau Mond selbst einmal tot war und in den Sümpfen begraben; und so, wie sie es mir erzählte, will ich euch alles darüber erzählen.

Zu jener Zeit schien Frau Mond und schien, gerade wie sie es heute tut, und wenn sie schien, erhellte sie die Moortümpel, so daß einer umhergehen konnte geradeso sicher wie am Tage.

Aber wenn Frau Mond nicht schien, dann kamen all die Wesen hervor, die in der Dunkelheit wohnen, und sie trieben sich umher, um zu suchen, wo sie Böses tun können und Leid zufügen. Sumpfgeister und kriechende Scheusale, alle kamen heraus, wenn Frau Mond nicht schien.

Nun, Frau Mond hörte davon, und da sie freundlich und gut ist – und gewiß ist sie das, wenn sie doch für uns in der Nacht scheint, anstatt ihre natürliche Rast zu halten –, war sie mächtig besorgt. »Ich will selbst nachsehen, ja, das will ich«, sagte sie, »vielleicht ist es nicht so schlimm, wie es die Leute machen.«

Und wirklich, am Ende des Monats schritt sie herunter, eingehüllt in einen schwarzen Mantel und mit einer schwarzen Kapuze über ihrem gelben schimmernden Haar. Geradenwegs ging sie zum Rand des Sumpfes und sah sich um. Hier Wasser und da Wasser; wehende Büschel und zitternde Schlammbuckel und große schwarze Baumstümpfe, die sich wanden und krümmten. Vor ihr war alles dunkel – dunkel, bis auf das Glitzern der Sterne in den Tümpeln und das Licht, das von ihren eigenen weißen Füßen ausging, die unter dem schwarzen Mantel hervorstachen.

Frau Mond zog ihren Mantel fester zusammen und zitterte, aber sie wollte nicht zurückgehen, ohne alles gesehen zu haben, was da zu sehen war. So ging sie weiter; so leicht wie der Sommerwind schritt sie von Grasbüschel zu Grasbüschel, hindurch zwischen den gierig gurgelnden Wasserlöchern. Gerade als sie sich einem großen schwarzen Tümpel näherte, glitt ihr Fuß aus, und sie taumelte beinahe hinein. Mit beiden Händen griff sie nach einem Baumstumpf in der Nähe, um sich so festzuhalten, aber als sie ihn berührte, wand er sich wie ein Paar Handschellen um ihre Handgelenke, und er packte sie so, daß sie sich nicht bewegen konnte. Sie zog und wand sich und rang mit ihm, aber es half nichts. Sie war gefesselt, und sie mußte es bleiben.

Als sie so zitternd in der Dunkelheit stand und sich fragte, ob jemand zu Hilfe kommen werde, hörte sie plötzlich etwas in der Ferne rufen, rufen und rufen und dann mit einem Schluchzer verstummen, bis die Marschen erfüllt waren von diesem jammervollen Schreien. Dann hörte sie, wie sich

Schritte abmühten, sie ließen den Schlamm aufspritzen und glitten auf den Büscheln aus, und durch die Dunkelheit sah sie ein weißes Gesicht mit großen angstvollen Augen.

Es war ein Mann, der sich in den Sümpfen verlaufen hatte. Verwirrt von Furcht kämpfte er sich vorwärts auf dieses flimmernde Licht zu, das nach Hilfe und Sicherheit aussah. Aber als die arme Frau Mond sah, daß er immer näher und näher zu dem tiefen Wasserloch kam und immer weiter weg vom Pfad, da wurde sie so böse und so zornig, daß sie sich abmühte und rang und zerrte, fester als je zuvor. Und obgleich sie nicht loskommen konnte, wand und drehte sie sich, bis ihre schwarze Kapuze herunterfiel von ihrem schimmernden gelben Haar, und das schöne Licht, das davon ausging, trieb die Dunkelheit hinweg.

Oh, und wie da der Mann vor Freude aufschrie, als er das Licht wieder sah. Und sofort flohen alle bösen Wesen zurück in die finsteren Winkel, denn sie können das Licht nicht ertragen. So konnte er sehen, wo er war und wo der Pfad war und wie er aus den Sümpfen herauskommen konnte. Und er war in solcher Eile, von dem Quickschlamm und von den Sumpfgeistern und den Wesen, die hier wohnen, wegzukommen, daß er kaum auf das tapfere Licht sah, das von dem schönen, schimmernden gelben Haar ausging und sich ergoß über den schwarzen Mantel und niederfiel auf das Wasser zu seinen Füßen. Und Frau Mond selbst war so eifrig darauf aus, ihn zu retten, und so voller Freude, daß er wieder auf dem richtigen Pfad war; sie vergaß ganz, daß sie selbst doch Hilfe brauchte und daß sie festgehalten wurde von dem schwarzen Baumstumpf.

So war er weg; erschöpft und keuchend stolperte er dahin

und schluchzte vor Freude, er floh um sein Leben aus den schrecklichen Sümpfen. Da überkam es Frau Mond, daß sie mächtig gern mit ihm gehen würde. Und so zerrte sie und rang wie wahnsinnig, bis sie erschöpft von der Mühe am Fuß des Stumpfes auf ihre Knie niederfiel. Und als sie da lag und um Atem rang, fiel ihr die schwarze Kapuze nach vorn über den Kopf. Da ging das gesegnete Licht aus, und die Dunkelheit kam zurück und mit ihr all ihre bösen Wesen, und sie kamen mit schrillem Geschrei. Sie drängten sich um sie her, höhnten und schnappten und schlugen. Sie kreischten vor Wut und Bosheit und fluchten und knurrten, denn sie kannten sie als ihren alten Feind, der sie in die Winkel zurücktrieb und davon abhielt, ihre üblen Werke zu tun.

»Fürchte dich!« gellte es von den Hexenwichten, »wieder hast du uns in diesem Jahr unsere Hexereien verdorben!«

»Und uns hast du in den Winkeln brüten lassen!« heulten die Sumpfgeister.

Und alle Wesen stimmten ein mit lautem »Ho ho!«, so daß selbst die Grasbüschel erzitterten und die Wasser gurgelten. Und von neuem fingen sie an.

»Wir wollen sie vergiften – sie vergiften!« kreischten die Hexen. Und »Ho ho!« heulten die Wesen wieder.

»Wir wollen sie ersticken – sie ersticken!« zischelten die kriechenden Scheusale und wanden sich um ihre Knie.

Und »Ho ho!« höhnten alle anderen.

Und wieder brüllten sie alle vor Haß und Bosheit. Und die arme Frau Mond duckte sich und wünschte, sie wäre tot und es wäre alles vorbei.

Und sie stritten und zankten sich darüber, was sie mit ihr tun sollten, bis ein fahles grünes Licht am Himmel aufstieg, und es nahte die Dämmerung. Und als sie das sahen, bekamen sie Angst, sie hätten nicht mehr genug Zeit, ihre böse Absicht auszuführen, und sie ergriffen sie mit gräßlichen knochigen Fingern und legten sie tief ins Wasser am Fuß des Baumstumpfes. Und die Sumpfgeister holten einen sonderbaren großen Stein und wälzten ihn über sie, um sie am Aufstehen zu hindern. Und sie befahlen zwei Irrlichtern, sie sollten abwechselnd Wache halten auf dem schwarzen Stumpf und darauf achten, daß sie sicher und still liegenbleibe und nicht hervorkommen könne, um ihr Treiben zu stören.

Und da lag die arme Frau Mond tot und begraben im Sumpf, bis irgend jemand sie befreien würde; und wer wüßte schon, wo man nach ihr suchen müßte.

Nun, die Tage vergingen, und es kam die Zeit des Neumondes, und die Leute steckten Pfennige in ihre Taschen und Strohhalme auf die Mützen, damit sie dafür bereit seien, und sie schauten nach Frau Mond aus, denn sie war den Leuten in den Marschen ein guter Freund, und sie waren immer mächtig froh, wenn die dunkle Zeit vorüber war und die Pfade wieder sicher waren, und wenn die bösen Wesen durch das gesegnete Licht zurückgetrieben wurden in die Dunkelheit und in die Wasserlöcher.

Aber es verging Tag um Tag, und kein Neumond kam. Und die Nächte blieben dunkel, und die bösen Wesen waren schlimmer denn je. Und es vergingen immer mehr Tage, und Frau Mond erschien nicht. Natürlich waren die armen Leute voll seltsamer Furcht und verwirrt, und viele von ihnen gingen zur Weisen Frau, die in der alten Mühle wohnte, und fragten, ob sie nicht herausbringen könnte, wohin Frau Mond verschwunden war.

»Nun«, sagte sie, nachdem sie in den Brautopf geschaut hatte und in den Spiegel und in das Buch, »es ist ganz verrückt, aber was ihr zugestoßen ist, kann ich nicht richtig sagen. Wenn ihr irgend etwas erfahrt, kommt und sagt es mir.«

So gingen sie wieder ihrer Wege. Und als die Tage verstrichen und kein Mond erscheinen wollte, da sprachen sie natürlich darüber – na, auf mein Wort –, ich will meinen, daß sie da drüber sprachen! Ihre Zungen regten sich zu Haus und im Wirtshaus und auf dem Hof. Und eines Tages, als sie im Wirtshaus auf der langen Bank saßen, da geschah es, daß ein Mann vom andern Ende des Marschlandes dasaß, rauchte und zuhörte. Und ganz plötzlich richtete der sich auf und schlug sich aufs Knie. »Meiner Treu!« sagt er, »das hätte ich einfach vergessen, aber ich schätze, ich weiß, wo Frau Mond ist!« Und er erzählte ihnen davon, wie er sich in den Sümpfen verirrt hatte und wie ein Licht aufgeschienen war, als er schon beinahe tot war vor Angst, und wie er den Pfad gefunden hatte und sicher nach Hause gekommen war.

Da gingen sie alle fort zu der Weisen Frau und erzählten ihr davon, und sie schaute lange in den Topf und wieder in das Buch, und dann nickte sie mit dem Kopf.

»Es ist immer noch düster, Kinder, es ist düster!« sagt sie. »Und ich kann's nicht richtig sehen, aber tut, wie ich euch sage, und ihr werdet es selbst herausfinden. Geht alle, gerade ehe die Nacht anbricht, nehmt einen Stein in den Mund und eine Haselrute in die Hand und sprecht kein Wort, bis ihr wieder sicher zu Hause seid. Dann geht los und fürchtet euch nicht, geht weit bis in die Mitte des Sumpflandes, bis ihr einen Sarg findet, eine Kerze und ein Kreuz. Dann seid ihr nicht weit von euerm Mond. Seht zu, vielleicht findet ihr sie.«

So kam die nächste Nacht in der dunklen Zeit, und sie gingen alle zusammen hinaus, jeder mit einem Stein im Mund und einer Haselrute in der Hand; und wie man sich denken kann, war ihnen sehr bang und gruselig zumute. Und sie stolperten und tappten die Pfade entlang bis in die Mitte des Sumpflandes; sie sahen nichts, obwohl sie hörten, wie es um sie seufzte und unruhig hin- und herglitt, und fühlten, wie kalte feuchte Finger sie berührten. Aber dann auf einmal … Sie schauten immer aus nach dem Sarg, der Kerze und dem Kreuz, und dabei kamen sie immer näher an den Tümpel neben dem großen Baumstumpf, wo Frau Mond begraben lag. Und dann auf einmal hielten sie an, sie bebten und waren verstört und voll Grauen, denn da war ein großer Stein, halb im Wasser drin, halb draußen, und – um alles in der Welt – er sah aus wie ein seltsamer hoher Sarg! Und zu seinen Häuptern war der schwarze Stumpf, der breitete seine Arme aus wie ein finsteres, grausiges Kreuz, und darauf flackerte ein dünnes Licht wie eine verlöschende Kerze. Und sie knieten alle nieder in den Schlamm und sagten das Vaterunser, zuerst vorwärts wegen des Kreuzes und dann rückwärts, um die Geister abzuhalten. Aber sie sagten es, ohne es auszusprechen, denn sie wußten, die bösen Wesen würden sie fassen, wenn sie nicht das machten, was ihnen die Weise Frau gesagt hatte.

Dann kamen sie näher und packten den großen Stein und schoben ihn weg, und wie sie dann später erzählten, sahen sie da einen winzigen Augenblick lang ein seltsames und schönes Gesicht, das schaute sie aus dem schwarzen Wasser heraus so in einer Art Freude an. Aber das Licht kam so rasch und so weiß und strahlend, daß sie verwirrt davon zurücktraten, und im nächsten Augenblick, als sie wieder richtig sehen konnten, stand der volle Mond am Himmel, strahlend und schön freundlich wie immer, und er schien lächelnd herunter auf sie und machte die Sümpfe und Pfade taghell und drang selbst in die Winkel, als ob er die Dunkelheit und die Sumpfgeister, wenn er könnte, ganz und gar vertreiben wollte.

AKALAPISCHEIMA
UND DIE SONNE

In alter Zeit war ein sehr hoher Baum. Waloma, die Kröte, kletterte ganz hinauf. Ein Mann namens Akalapischeima lauerte jeden Nachmittag am Fuß des Baumes, um Waloma zu fangen. Waloma sagte: »Wenn mich Akalapischeima fängt, werfe ich ihn ins Meer!« Der Mann faßte sie. Da packte ihn Waloma bei den Händen und stieß ihn mit dem Fuß ins Meer. Sie lud ihn auf den Rücken, tauchte unter und schwamm mit ihm nach einer Insel. Dort ließ sie ihn und schwamm zurück. Sie ließ ihn unter einem Baum, auf dem Aasgeier saßen, die ihn, als er schlief, ganz beschmutzten.

Es war sehr kalt auf der Insel, und der Mann fror sehr. Da begegnete ihm Kaiuanog, der Morgenstern, als er voll Kot der Aasgeier war und sehr stank. Er bat den Stern, ihn zum Himmel zu nehmen. Dieser antwortete: »Ich kann dich nicht mit hinaufnehmen. Du hast mir noch nichts gegeben. Du hast nur immer der Sonne Maniokfladen gegeben.« Der Mann bat den Stern um Feuer, weil er sehr fror. Kaiuanog sagte:

»Ich will dir nicht helfen! Die Sonne kann dir helfen. Sie erhält mehr Maniokfladen.« Kaluanog ging weg.

Da kam Kapei, der Mond. Akalapischeima bat Kapei, ihn nach seiner Heimat zu bringen. Der Mond wollte ihn nicht hinbringen, weil er der Sonne so viel Maniokfladen gegeben habe und ihm gar nichts. Er bat auch den Mond um Feuer, aber auch dies gab ihm der Mond nicht. Der Mann fror sehr, und die Aasgeier beschmutzten ihn immer mehr, denn die Insel war sehr klein.

Da kam Wei, die Sonne. Die Sonne nahm ihn in ihr Boot. Sie ließ ihn durch ihre Töchter waschen und ihm die Haare schneiden. Sie machte ihn wieder schön. Wei wollte ihn zum Schwiegersohn haben. Akalapischeima wußte nicht, daß es die Sonne war, und bat Wei, die Sonne zu rufen, um sich zu wärmen, denn er fror sehr, als er gewaschen und in das Vorderteil des Bootes gesetzt war.

Da setzte sich Wei einen Kopfputz aus Papageifedern auf. Akalapischeima hatte mit dem Rücken nach dem Boot zu gesessen. Jetzt sagte Wei zu ihm: »Dreh dich um!« Als er sich umwandte, setzte Wei über den Federkopfputz einen Hut aus Silber auf und legte Ohrschmuck aus glänzenden Käferflügeldecken an. Da wurde es warm. Wei erwärmte den Mann. Es wurde sehr warm, und er litt unter der Hitze. Wei führte ihn immer weiter mit sich in die Höhe. Als Akalapischeima sehr unter der Hitze litt, gab ihm Wei Kleider. Da fühlte er die Hitze nicht mehr.

Wei wollte ihn zum Schwiegersohn haben. Er sagte zu ihm: »Du sollst eine meiner Töchter heiraten, aber lasse dich nicht mit einer anderen Frau ein!« Wei machte halt an einem Haus und ging mit seinen Töchtern an Land und in das Haus hinein. Er befahl Akalapischeima, das Boot nicht zu verlassen und sich nicht in eine andere Frau zu verlieben. Wei ging ins Haus. Akalapischeima ging trotzdem an Land. Da begegneten ihm einige junge Mädchen, die Töchter des Aasgeiers.

Der Mann fand sie sehr hübsch und verliebte sich in sie. Wei und seine Töchter wußten nichts davon, denn sie waren ins Haus gegangen. Als sie zum Boot zurückkamen, trafen sie ihn schäkernd inmitten der Töchter des Aasgeiers.

Die Töchter der Sonne schalten ihn aus und sagten: »Hat dir unser Vater nicht gesagt, du sollst im Boot bleiben und nicht an Land gehen? Hat dir unser Vater nicht geholfen, von der Insel wegzukommen? Wenn er dir nicht geholfen hätte, wärst du nicht in diesem guten Zustand, und jetzt verliebst du dich schon in die Töchter des Aasgeiers!« Da zürnte ihm Wei und sagte zu ihm: »Wenn du meinem Rat gefolgt wärst und eine meiner Töchter geheiratet hättest, so wärst du immer jung und schön geblieben wie ich. Jetzt bleibst du nur kurze Zeit jung und schön. Dann wirst du alt und häßlich!« Dann gingen sie schlafen, jeder in einem besonderen Raum, Wei und seine Töchter allein, und Akalapischeima allein.

Am anderen Tag frühmorgens fuhr Wei mit seinen Töchtern weg und ließ Akalapischeima schlafend zurück. Als er erwachte, fand er sich inmitten der Aasgeier, alt und häßlich, wie Wei gesagt hatte. Die Töchter der Sonne zerstreuten sich und beleuchteten nun den Weg der Toten. Akalapischeima heiratete eine Tochter des Aasgeiers und gewöhnte sich an das Leben. Er war unser Vorfahr, der Vater aller Indianer.

Deshalb leben wir heute noch in diesem Zustand. Wir bleiben nur kurze Zeit jung und hübsch und werden dann alt und häßlich.

Der Mond sprach zum Hasen: »Gehe zu den Menschen und melde ihnen: »Wie ich sterbe und wiederauferstehe, so sollt auch ihr sterben und wiederauferstehen!« Da ging der Hase zu den Menschen. Er traf als erste die Jungen, die das Vieh hüteten, und da meldete er ihnen: »Der Mond sagt: Wie er stirbt und wiederaufersteht, so sollt auch ihr sterben und wiederauferstehen!« Doch da riefen die Jungen: »Was sagt der Hase da? Du häßliches Ding, du lügst!« Sie begannen ihn zu ärgern und warfen ihm Sand in die Augen. Da rief der Hase wütend: »Von heute ab sollt ihr sterben und tot bleiben!« Und so ist es dann gekommen. Die Jungen haben das Unheil angerichtet. Der Hase hatte die gute Botschaft vom Mond gebracht, aber die Hütejungen, die ärgerten den Hasen, bis er wütend rief: »Von heute ab soll der Tod bei uns sein!«

DAS SONNENMÄDCHEN

Einst arbeitete bei einem Reichen ein kleines Waisenmädchen. Der Reiche knechtete es sehr. Einmal ging das Mädchen Wasser holen. Am Ufer des Flusses stehend, weinte es und sagte zur Sonne: »Sonne, nimm mich fort!« Da flog es mit einem Mal in die Sonne hinauf. Die Sonne nahm es auf. Das kleine Mädchen steht bis jetzt auf der Sonne, lebt auch jetzt noch dort.

Ein Waisenjunge hat bei den Reichen gearbeitet. Er allein war dabei, aus hundert Haufen einen Heuschober aufzuschichten. Einen ganzen Tag arbeitete er, aber er konnte es nicht zu Ende bringen. Als ein Haufen übriggeblieben war, ging die Sonne unter.

Er sprach zur Sonne: »Bitte, warte ein wenig, ein Haufen ist noch geblieben. Wenn ich bis zum Sonnenuntergang fertig werde, werden mir die Reichen zu essen geben. Wenn ich aber bis zu deinem Untergang nicht fertig werde, werden mir die Reichen nichts geben.«

Aber die Sonne ging unter, ehe er fertig wurde. Er wurde böse auf die Sonne. Er kehrte nun zurück. Als er zurückkehrte, gaben ihm die Reichen nichts zu essen. Sie reichten ihm nur verdorbenes Fleisch. Aber er konnte das verdorbene Fleisch nicht essen. Am Morgen ging er zur Arbeit. Er arbeitete, brachte das Heu vollends ein. Lange arbeitete er so, dann gaben ihm die Reichen ein Fohlen. Er ließ das Fohlen weiden. Als er das Fohlen weiden ließ, fraßen es die Wölfe.

Wieder arbeitete und arbeitete er für die Reichen. Einst sagten die Reichen: »Geben wir ihm Kartoffeln zum Pflanzen.« Der Junge pflanzte die Kartoffeln und begann das Heu zu mähen. Während er das Heu mähte, ging ein Platzregen mit Hagel nieder und vernichtete seine Kartoffeln. Er wurde böse auf den Regen.

Er ging zu den Reichen und sagte jetzt: »Gebt mir zu essen!«

Die Reichen sagten: »Wir haben dir ein Fohlen gegeben.«

Er sagte: »Mein Fohlen haben die Wölfe gefressen.«

Die Reichen sagten: »Davon wissen wir nichts. Du besitzt ein Fohlen.«

Er begann, böse zu werden, sprach: »Ich arbeite für euch, gebt mir zu essen!«

Die Reichen sagten: »Wir haben dir Kartoffeln gegeben.«

»Meine Kartoffeln hat der Hagel bedeckt.«

Sie sagten: »Wir geben nichts.«

Der Junge wurde sehr böse. Er schlief irgendwo, sich zudeckend. Nun hat er gesagt: »Besser ist es, ich gehe zur Sonne. Wenn ich nicht zu ihr gehe, kann ich auf keine Weise leben.«

Der Junge ist zur Sonne gegangen. Er ging und ging und kam schließlich zur Sonne.

Die Sonne fragte ihn: »Weshalb bist du hergekommen? Was brauchst du? Wann bist du gekommen? Ich sehe dich jetzt zum ersten Mal.«

Der Knabe antwortete weinend: »Nachdem ich mich bei den Reichen so abgequält habe, bin ich zu dir gekommen. Was wirst du für mich tun?«

Die Sonne sprach: »Du bist ein unglücklicher Junge. Ich werde dir gar nicht helfen können.«

Der Junge sagte: »Ich gehe von dir nicht fort. Bis zu meinem Tode werde ich bei dir sein.«

Da sprach die Sonne: »Du bist ein unglücklicher Junge! Ich werde für dich gar nichts tun können. Wie sollte ich das einrichten? Bleibe bei mir! Bist du einmal gekommen, so sei mein Gehilfe!«

Der Junge sagte: »Nun, ich werde dir helfen. Ich bin (aber) sehr hungrig.«

Die Sonne sprach: »Sobald du morgen früh aufgestanden

bist, setz dich in ein Wägelchen, fahre auf meinem Wege dahin. Du wirst fahren, fahren – ankommen. Dort werden allerlei Speisen bereitet sein. Du wirst sie essen und auch das Geschirr waschen. Wieder wirst du gehen, wirst ankommen. Dort werden gekochte Speisen sein, die wirst du dann auch essen und dann das Geschirr waschen. Fahrend, fahrend wirst du wieder ankommen. Speisen werden bereitet sein. Du wirst essen, das Geschirr waschen, zu mir zurückkehren. Dann werde ich essen, und du wirst solange daheim bleiben.«

Der Knabe fuhr im Wägelchen. Er fuhr, fuhr und gelangte zu den zubereiteten Speisen. Er begann die Speisen zu essen. Er aß sie auf. Das Geschirr machte er schmutzig, warf es überall umher, wusch es nicht ab, fuhr weiter. Er fuhr, fuhr, traf einen Menschen, der auf einem riesigen Rappen einherkam. Diesen Menschen packte er, verprügelte ihn gewaltig, tötete sein Pferd. (Der Fremde) blieb kaum noch am Leben. (Der Knabe) fuhr weiter.

Er fuhr, fuhr, kam an. Riesenmengen Speisen waren zubereitet, er nahm die Riesenmengen Essen, das Geschirr machte er schmutzig, warf es umher, wusch es nicht ab. Er fuhr weiter.

Er fuhr, fuhr, traf einen Menschen auf einem roten Pferd. Jenen Menschen packte er, verprügelte ihn gewaltig, tötete sein Pferd. (Der Fremde) blieb kaum noch am Leben. (Der Knabe) fuhr weiter.

Er fuhr, fuhr, kam zu großen Mengen vorbereiteter Speisen. Die Riesenmengen Speisen nahm er, aß sie auf, das Geschirr machte er schmutzig, warf es umher, wusch es nicht ab, fuhr weiter.

Er fuhr, fuhr, erreichte die Sonne. Die Sonne fragte:

»Nun, bist du gut gereist? Hast du gut gegessen? Hast du das Geschirr gut abgewaschen? Hast du dich mit meinen Freunden getroffen?«

Da sagte der Junge: »Ich bin gut gereist.«

Die Sonne sprach: »Nun, einmal bist du glücklich gereist, ich werde morgen früh fahren.«

Der Junge sagte: »Du magst fahren.«

Die Sonne freute sich, sprach zu dem Jungen: »Jetzt habe ich einen Helfer. Jetzt wirst du mir helfen, du wirst das Geschirr abwaschen!«

Der Knabe sagte. »Ich werde es abwaschen. Reise nur ab!«

In der Frühe, nach dem Aufstehen, setzte sich die Sonne in das Wägelchen, sie fuhr selbst. Sie fuhr, fuhr, erreichte die Speisen. Das Essen war nicht zubereitet, das Geschirr war verschmutzt, lag umhergeworfen. Die Sonne wurde böse. Sie blieb hungrig. Selbst wusch sie das Geschirr ab, fuhr weiter.

Sie fuhr, fuhr und sah: »Da liegt mein Freund im Sterben. Sein Pferd ist erschlagen.«

Die Sonne fuhr zu ihm heran, erkundigte sich: »Nun, wer hat dich verprügelt? Wer hat dein Pferd erschlagen?«

Da sagte der Mensch: »Der mich verprügelt und der das Pferd zu Tode geprügelt hat, das ist dein Helfer.«

Die Sonne erzürnte über ihren Helfer, sprach. »Die Speisen hat mein Helfer umhergeworfen, ich fahre weiter, ich werde zu meinen Speisen kommen, (um zu sehen,) wie sie sein werden.«

Die Sonne reiste ab und ließ ihren Freund zurück. Sie fuhr, fuhr, kam an. Kein Essen war da. Das Geschirr war umhergeworfen. Die Sonne wurde böse. Sie begann das Geschirr abzuwaschen. Sie selbst war hungrig. Nachdem sie das Geschirr abgewaschen hatte, fuhr sie weiter.

Sie fuhr, fuhr, sah: »Mein Freund liegt im Sterben, sein Pferd ist erschlagen.«

Die Sonne fuhr zu ihm hin, erkundigte sich bei ihm: »Nun, wer hat dich verprügelt? Wer hat dein Pferd erschlagen?«

Da sagte der Mensch: »Der mich verprügelt und der das Pferd zu Tode geprügelt hat, das ist dein Helfer.«

Die Sonne erzürnte über ihren Helfer, fuhr weiter. Sie fuhr, fuhr, kam zu ihren Speisen. Essen war nicht da, das Geschirr war umhergeworfen, verschmutzt. Sie blieb hungrig. Sie wusch das Geschirr ab, zog weiter, dachte bei sich selbst: »Ich hatte ihm doch gesagt, er solle das Geschirr abwaschen. Er hat es aber nicht abgewaschen, und er hat mich hungrig gelassen.«

Sie ärgerte sich über sich selbst, fuhr dahin. Sie kam zu ihrem Helfer und wandte sich an den Knaben: »Ist Essen da? Ich hungere, ich bin hungrig geblieben. (Sag) jetzt: Warum hast du meine Freunde getötet? (Sag) jetzt: Warum hast du das Geschirr nicht abgewaschen?«

Da sagte der Knabe: »Um der Gerechtigkeit willen habe ich deine Freunde verprügelt.«

Die Sonne sagte: »Warum also hast du sie erschlagen?«

»Um der Gerechtigkeit willen habe ich sie verprügelt, für seine Schuld habe ich den Reiter auf dem Rappen verprügelt. Als ich arbeitete und mich bei den Reichen quälte, gaben mir die Reichen ein Fohlen. Jenes Fohlen hat er verzehrt. Dafür habe ich ihn jetzt verprügelt und sein Pferd getötet.«

Da sagte die Sonne: »Nun, aber weshalb hast du den Reiter auf dem roten Pferd erschlagen?«

Da sagte der Junge: »Um der Gerechtigkeit willen habe ich ihn verprügelt, für seine Schuld habe ich ihn verprügelt. Einstmals, als ich mich bei den Reichen arbeitend quälte, gaben mir die Reichen einige Kartoffeln zum Pflanzen. Als ich sie gepflanzt hatte, hat er sie bedeckt. Dafür habe ich ihn verprügelt und sein Pferd getötet.«

Darauf sagte die Sonne: »Zu Recht hast du sie verprügelt, darum will ich nichts sagen. Nun, aber warum hast du mein Geschirr nicht abgewaschen?«

Der Junge antwortete: »Wegen deiner Schuld habe ich das Geschirr nicht abgewaschen.«

Die Sonne fragte: »Was habe ich dir Böses getan?«

Der Junge sagte: »Auch du hast eine Schuld. Als ich arbeitete, hast du nicht abgewartet, hast einen Haufen Heu gelassen. Da bin ich hungrig geblieben. Darum habe ich auch dich hungrig gelassen.«

Die Sonne sagte: »Mit Recht hast du (mich hungrig) gelassen. Jetzt lebe du mit mir, wo du einmal mein Helfer geworden bist.«

Jetzt lebt der Waisenjunge sehr gut bei der Sonne. Die Sonne ist für ihn zur Mutter geworden. Alles.

Ganz früher leuchteten drei Sonnen. Zu jener Zeit hatte unsere Erde erst begonnen, abzukühlen. Unsere Erde war noch ganz flüssig, flüssig, dem Wasser ähnlich. Als jene drei Sonnen leuchteten, begann das Wasser zu sinken, die Erde vor Hitze zu schwitzen. Ungeheuer heiß war unsere Erde. Die Felsen kochten, die Steine kochten.

Zu jener Zeit gab es auf der Erde keine Stämme, keine Lebewesen. Allein Chadau lebte. Daß die Erde abkühle, schoß Chadau zwei Sonnen ab und tötete sie, zuerst die ältere Schwester, schließlich die jüngere Schwester. Allein die mittlere Sonne ließ er übrig.

An manchen Tagen hat er, wie die Orotschen sagen, die Sonne an den Ohren gepackt, dann ist Schatten von drei Sonnen da. An den beiden Seiten der Sonne sind die Spuren zweier Sonnen zu sehen. Wenn die Leute hinschauen, lassen sich tatsächlich undeutlich drei Sonnen sehen. Daher sagen alle Leute: »Früher gab es drei Sonnen.«

Darauf schuf Chadau eine Familie Adler, eine Familie Raben. Wenn die Orotschen auf Robbenjagd gehen, dann nennen sie gewöhnlich den Adler, wenn sie ihn sehen, »Urahn, alter Onkel (epengge).« – Erst danach begannen die Menschen in verschiedenen Ländern zu entstehen.

Manche erzählen so: Als die drei Sonnen leuchteten, kochte diese unsere Erde. Solche Stellen gibt es an diesem Tumninfluß an vielen Orten: der »Eisensteilhang«, der »Untere Buja-Steilhang« ist es, auch am Chutu, am Dschuangku, am Akugdu gibt es das: Die Steilhänge sind wie rotes Eisen. Alle

Steine sind fest zusammengeklebt. Jene Steilhänge sind ganz rot, wie rostige Eisen. Daher sagen die Orotschen: »Als die drei Sonnen leuchteten, kochte die Erde.«

DER GATTE DES STERNS

Ein Mann namens Zapalo lag abends vor seiner Hütte auf der Matte und blickte gen Himmel. Er sah einen schönen Stern und wünschte sich, der Stern möchte zu ihm kommen als schöne Frau. Dann wurde er müde und schlief ein.

Auf einmal weckte man ihn. Er erschrak. Zwei Frauen standen vor ihm. Er fragte: »Wer seid ihr?«

Sie antworteten: »Die, welche du für dich herunterkommen ließest.«

Beide Frauen blieben bei ihm. Sie waren sehr schön. Er ging auf die Jagd und brachte ihnen viel Wild. Aber sie wollten nichts davon essen. Sie wollten nur Baumharz essen. Sie sagten, nie hätten sie solche Tiere gesehen.

Als der Mann am nächsten Tag Mutumfedern auf Harz klebte, um daraus seinen Armschmuck zu machen, aßen ihm die Frauen fast alles Harz weg. Es blieb nur ganz wenig übrig. Nun ging er, um neues Harz zu holen. Die Frauen gingen mit. Sie fanden kein Harz, wohl aber eine Bakabapalme, die voller Früchte war. Die Frauen veranlaßten den Mann hinaufzuklettern und stiegen ihm nach. Der Baum begann schnell zu wachsen. Da wollte der Mann wieder auf die Erde hinunter. Aber die Frauen sagten, sie würden ihm den Bogen in den Hintern stoßen, wenn er das versuche. So kletterte er immer höher, immer höher, bis er nicht mehr zu sehen war. Die beiden Frauen folgten ihm. Die Palme wuchs und wuchs. Schließlich langten sie alle im Himmel an.

Im Himmel ging es dem Mann sehr schlecht. Er aß nichts, weil dort nur Harz gegessen wurde. Das tat den Leuten im Himmel sehr leid, und sie machten einen großen Topf und eine ganz starke Schnur aus Tukumfasern, um den Mann zur Erde hinabzulassen. Dann ließen sie ihn hinunter, immer tiefer und tiefer, und als die Schnur zu Ende ging, knüpften sie neue Schnüre an. Nach einer Weile riefen sie zu ihm hinunter und fragten, ob er unten sei.

»Nein, noch nicht«, antwortete er.

Da ließen sie ihn weiter hinunter und knüpften noch mehr Schnüre an. Bald fragten sie wieder, ob er schon unten sei. Er schrie zurück: »Nein, immer noch nicht!«

Als aber der Mann fast unten war, ließen die Leute die Schnur los. Der Topf zerbrach in viele Stücke, und diese verwandelten sich in Schildkröten. Die Schnur wurde zu einer Schlange. So sind Schildkröte und Schlange entstanden. Bis dahin gab es noch keine.

Der Mann war so abgemagert, daß er beinahe gestorben wäre. Er kehrte nun zu den Seinen zurück und erzählte, daß die Sterne nur Harz äßen.

Es war einmal ein Mann, der war schon zweihundert Jahre alt; aber er war noch immer frisch und stark wie ein Jüngling. Da gebar ihm seine Frau ein Kind, und als das Kind drei Tage alt war, starb sie. Der Vater gab das Kind der Nachbarin und sagte, sie solle dafür sorgen. Dann ging er fort von seinem Hause und verschwand. Als das Kind der Nachbarin ins Haus gebracht ward, da wurde es gerade am Morgenhimmel hell. Darum nannten sie es Morgenhimmel. Als das Kind drei Jahre alt war, sah es oft zum Himmel hinauf und sprach mit den Sternen. Eines Tages war es fort, und es dauerte viele Monate, bis es wieder nach Hause kam. Die Frau gab ihm Schläge. Aber es ging wieder fort und kam erst nach einem Jahr wieder heim. Die Mutter war erschrocken und fragte es: »Wo bist du denn das ganze Jahr gewesen?«

Der Knabe sprach: »Ich war nur geschwind am Purpurmeer. Dort wurden meine Kleider vom Wasser rot. Deshalb ging ich an die Quelle, wo die Sonne einkehrt, und wusch sie mir. Am Morgen ging ich weg. Zu Mittag kam ich wieder. Was sprichst du denn von einem Jahr?«

Die Frau fragte weiter: »Und wo kamst du denn vorüber?«

Der Knabe sprach: »Als ich meine Kleider gewaschen hatte, da ruhte ich ein wenig in der Totenstadt und schlief ein. Der Königvater des Ostens gab mir rote Kastanien und Morgenrotsaft zu essen. Nun war ich satt. Dann ging ich zum dunklen Himmel und trank vom gelben Tau. So war auch mein Durst gestillt. Ich begegnete einem schwarzen Tiger. Auf dem wollte ich heimreiten. Ich schlug ihn aber zu sehr.

Da biß er mich ins Bein. Deshalb kam ich hierher, um es dir zu erzählen.«

Noch einmal lief der Knabe von zu Hause weg viele tausend Meilen weit, bis er an den Sumpf kam, wo der große Urnebel wohnt. Dort begegnete er einem Manne mit gelben Augenbrauen und fragte ihn, wie alt er sei. Der Alte sprach: »Ich habe mir das Essen abgewöhnt und lebe von Luft. Die Pupillen in meinen Augen haben allmählich einen grünen Schein bekommen, mit dem kann ich alle geheimen Dinge sehen. Alle tausend Jahre drehe ich meine Knochen um und wasche das Mark. Alle zweitausend Jahre schabe ich meine Haut, daß die Haare abgehen. Ich habe schon dreimal mein Mark gewaschen und fünfmal meine Haare abgeschabt.«

Morgenhimmel diente später dem Kaiser Wu vom Hause Han. Der Kaiser, welcher Zauberkünste liebte, war ihm sehr zugetan. Eines Tages sagte er zu ihm: »Ich möchte gern, daß meine Lieblingsfrau nicht alt wird. Kann man das?«

Morgenhimmel sprach: »Nur ich weiß ein Mittel, nicht alt zu werden.«

Der Kaiser fragte, welche Kräuter man essen müsse. Morgenhimmel erwiderte: »Im Nordosten wächst der Lebenspilz. Die dreibeinige Krähe in der Sonne möchte immer herunter und davon fressen. Der Sonnengott aber hält ihr die Augen zu und läßt sie nicht weg. Wenn Menschen davon essen, werden sie unsterblich, wenn Tiere davon essen, werden sie betäubt.«

»Und woher weißt du das?« fragte der Kaiser.

»Als Knabe bin ich einmal in einen tiefen Brunnen gefallen, aus dem ich viele Jahrzehnte lang nicht mehr herauskonnte, Da war ein Unsterblicher, der führte mich zu diesem

Kraut. Man muß aber durch ein rotes Wasser, das ist so schwach, daß keine Feder darauf schwimmen kann. Alles, was darauf kommt, sinkt in die Tiefe. Der Mann zog einen Schuh aus und gab ihn mir. Auf dem Schuh fuhr ich über das Wasser, pflückte das Kraut und aß es. Die Leute an jenem Ort weben Matten aus Perlen und Edelsteinen. Sie führten mich in einen Raum, davor war ein Vorhang aus einer bunten, dünnen Haut. Sie gaben mir ein Kissen, aus schwarzem Nephrit geschnitzt, darauf waren Sonne und Mond, Wolken und Donner eingeschnitten. Sie deckten mich zu mit einer feinen Decke, die war aus den Haaren von hundert Mücken gesponnen. Diese Decke ist ganz kühl und im Sommer sehr erfrischend. Ich befühlte sie mit der Hand, da schien sie mir aus Wasser zu sein; als ich aber näher zusah, da war es lauter Licht.«

Einst berief der Kaiser alle seine Magister, um mit ihnen über die Gefilde der Seligen zu reden. Auch Morgenhimmel war dabei und erzählte: »Ich wanderte einmal am Nordpol und kam zum Feuerspiegelberg. Dort scheint weder Sonne noch Mond. Es ist aber ein Drache da, der hält einen feurigen Spiegel im Maul, das Dunkel zu erleuchten. Auf dem Berge ist ein Park; darinnen ist ein See. Dort wächst das Schimmerstengelgras, das leuchtet wie eine goldene Lampe. Bricht man es ab und braucht es als Kerze, so kann man alle sichtbaren Dinge sehen und dazu die Gestalt der Geister. Auch das Innere der Menschen kann man damit durchleuchten.«

Morgenhimmel ging einst nach Osten ins Land der Glückswolken. Von da brachte er das Götterroß mit. Das war neun Fuß hoch. Der Kaiser fragte, wie er es gefunden.

Da erzählte er: »Die Königinmutter des Westens hatte es

an ihren Wagen gespannt, als sie den Königvater des Ostens besuchte. Man band das Pferd an auf dem Feld der Lebenspilze. Aber es zertrat mehrere Hundert davon. Da ward der Königvater böse und trieb das Pferd an den Himmelsfluß. Dort fand ich es und ritt darauf nach Hause. Dreimal ritt ich damit um die Sonne, weil ich auf dem Rücken des Pferdes eingeschlafen war. Und eh ich mich's versah, war ich schon hier. Dies Pferd kann den Sonnenschatten einholen. Als ich es fand, war es ganz mager und traurig wie ein alter Esel. Da mähte ich das Gras vom Glückswolkenland, das alle zweitausend Jahre einmal am Neunquellenberge wächst, und fütterte das Pferd damit, so wurde es wieder munter.«

Der Kaiser fragte, was denn das Glückswolkenland sei. Morgenhimmel erwiderte: »Dort ist ein großer Sumpf. Die Leute weissagen aus Luft und Wolken Glück und Unglück. Steht in einem Hause Glück bevor, so bilden sich in den Zimmern fünffarbene Wolken, die lassen sich auf Gras und Bäumen nieder und werden zu farbigem Tau. Der Tau schmeckt süß wie Most.«

Der Kaiser fragte, ob er von diesem Tau bekommen könne. Morgenhimmel sprach: »Auf meinem Roß kann ich in einem Tage viermal hin.«

Und richtig war er am Abend wieder da und brachte Tau von allen Farben in einer kristallenen Flasche mit. Der Kaiser trank davon, da wurden seine Haare wieder schwarz. Er gab seinen höchsten Beamten davon, da wurden die Alten wieder jung und die Kranken wieder gesund.

Als einst ein Komet am Himmel erschien, da gab Morgenhimmel dem Kaiser das Sterndeuterholz. Der Kaiser deutete mit dem Holz nach dem Kometen, da erlosch er.

Morgenhimmel konnte sehr gut pfeifen. Sooft er in lang-
gezogenen, vollen Tönen pfiff, tanzten die Sonnenstäubchen
nach seinem Pfeifen.

Er sagte auch einmal zu einem Freunde: »Kein Mensch
weiß, wer ich bin, außer dem Sterndeuter.«

Als Morgenhimmel gestorben war, berief der Kaiser den
Sterndeuter und fragte: »Kanntest du Morgenhimmel?«

Der sagte: »Nein.«

Der Kaiser fragte: »Was verstehst du denn?«

Der Sterndeuter sagte: »Ich kann nach den Sternen sehen.«

»Sind alle Sterne an ihrem Platz?« fragte der Kaiser.

»Ja. Nur den Stern des großen Jahres habe ich achtzehn
Jahre nicht gesehen. Jetzt aber ist er wieder sichtbar.«

Da blickte der Kaiser zum Himmel auf und seufzte: »Achtzehn Jahre lang war Morgenhimmel mir zur Seite, und ich
wußte nicht, daß er der Stern des großen Jahres war.«

DAS GESCHENK DER SONNE

Eines Morgens war gerade die Sonne über dem Gebirge
aufgegangen, als ein Ungeheuer dahergeflogen kam,
um sie zu verschlingen. Die Sonne erschrak und blieb stehen.
Das Ungeheuer flog mit all seiner Kraft auf sie zu. Es hatte gerade seinen Mund geöffnet, um sie zu verschlingen, als das
ein junger tapferer Schäfer sah, losrannte, lief und lief und das
Ungeheuer erreichte. Er begann es mit seinem Schäferstab zu
schlagen, schlug und schlug, bis er es erschlagen hatte. Die

Sonne sagte: »Ach, Bruder, du hast mich vor dem Tode errettet. Jetzt wirst du mit mir kommen, um mich vor meinem Vater zu rechtfertigen, denn schau, wie spät es geworden ist. Mein Vater wird mich wegen der Verspätung auszanken; und er wird dir auch eine Belohnung geben.«

»Gut«, sagte der Bursche, »wenn du mich brauchst, werde ich kommen; aber wegen der Belohnung würde ich nicht mitkommen. Als ob ich wer weiß was geleistet hätte, daß ich gleich eine Belohnung verlangen könnte.« Sie gingen zum Vater der Sonne. Unterwegs hatte die Sonne gesagt: »Bruder, was für eine Belohnung auch immer dir mein Vater geben mag, nimm sie nicht an. Verlange nur das Pferd Gjoko!«

Als sie bei dem Palast ankamen, leuchtete er wie die Sonne selbst. Er war ganz aus Gold. Der Bursche versteckte sich hinter der Sonne, um von diesem Glanz nicht zu erblinden. Der Vater fragte die Sonne, warum sie sich verspätet habe, und schimpfte mit ihr. Sie erzählte, was ihr zugestoßen war. Danach sagte er: »Warum hast du diesen kleinen Schäfer nicht mitgebracht, damit ich ihn belohne?«

»Er ist hinter mir, er versteckt sich vor der Helligkeit, damit er nicht verbrennt und nicht erblindet.«

Da warf der Vater eine Wolke auf die Helligkeit, und der Bursche kam hervor. »Du kleiner Held, du hast meine Tochter gerettet. Was für eine Belohnung willst du von mir haben?«

»Ich will nichts. Ich habe nicht Gott weiß was getan. Ich bin nur mitgekommen, um dir zu sagen, weshalb sich deine Tochter verspätet hat.«

»Das ist gut, aber auch eine Belohnung wirst du bekommen. Du hast die Sonne gerettet, und ohne Sonne kann die

Erde nicht sein; also hast du allen Menschen geholfen. Du hast etwas sehr Gutes getan. Ich gebe dir so viel Gold, wie du wegtragen kannst, und wenn du noch mehr willst, es aber nicht tragen kannst, wird es dir meine Tochter tragen.«

»Wenn ich schon eine Belohnung haben muß, so will ich nicht Gold. Gib mir das Pferd Gjoko. Es ist gerade gut für mich, um den Schafen damit nachzureiten.«

»Du brauchst dieses Pferd nicht, es ist närrisch, es wird dich irgendwo erschlagen«, sagte der Vater.

»Das macht nichts; wenn es närrisch ist, werde ich es ihm mit Gutem erwidern, damit es sanft wird.«

Dem Vater blieb nichts anderes übrig, er gab ihm das Pferd. Der Bursche stieg auf, verabschiedete sich und machte sich auf den Weg. So ritt er eine lange Zeit dahin. Er erreichte die Meeresküste. An der Küste leuchtete etwas schon von weitem.

»Was ist das, Gjoko?« fragte er das Pferd.

»Das ist das Haar der Meereskönigin«, antwortete Gjoko. »Nimm die Schachtel und laß uns mit ihr fortlaufen. Sie wird dir sehr nützlich sein.«

Der Bursche beugte sich vom Pferd herab, nahm die Schachtel mit dem Haar, verschloß sie, und Gjoko rannte mit aller Kraft los, so daß sie weit wegliefen. Sie liefen und liefen und erreichten ein anderes Königreich. Dort regierte der Froschkönig. Der Bursche wollte in seine Hauptstadt reiten.

»Ich werde dich zu der Stadt führen, aber dann wirst du mich loslassen, denn wenn auch ich hineingehe, wird Schlimmes geschehen.«

Sie kamen bei den Stadttoren an. Der Bursche stieg ab und ließ das Pferd los. Gjoko sagte: »Nimm mir die Zügel ab, und trage du sie, aber gib acht auf sie wie auf deine Augen. Sie müssen immer auf deinen Schultern sein. Mit ihnen sollst du dich niederlegen, mit ihnen sollst du aufstehen. Du wirst sie am meisten brauchen. Wenn du dich irgendwie in Not befindest, komme aus der Stadt heraus hier zum Tor, schüttle die Zügel, und ich werde kommen.«

Der Bursche ging in die Stadt hinein. Über den Markt ging ein Ausrufer und rief: »Wer königlicher Stallmeister werden will, soll zum Palast gehen.«

Der König hatte drei Pferde. Sie waren schrecklich. Wenn ein Mensch zu ihnen hineinging, wurden sie wütend, zertraten ihn, dann fraßen sie ihn. Niemand wagte es, sich dieser Sache anzunehmen. Der Bursche hörte es und sagte: »Ich werde Stallmeister.«

Der Ausrufer und die königlichen Diener führten ihn gleich zu dem Stall, gaben ihm die Schlüssel und versteckten sich, damit die Pferde nicht auch sie fressen würden. Der Bursche schloß den Stall auf und ging hinein. Er öffnete die Schachtel mit dem Haar. Der Stall erstrahlte, als ob die Sonne darin aufgegangen sei.

»Hü, Dortscho! Hü, Arap!« rief der Bursche den Pferden zu. Sie machten ihm friedlich Platz, damit er zwischen ihnen hindurchgehen konnte. Sie standen ruhig wie die Lämmer da und schmeichelten ihm, damit er ihnen etwas geben möge. Der Bursche gab ihnen Hafer, fütterte sie ordentlich, striegelte sie und mistete den Stall aus. Dann führte er sie zur Tränke. Die Diener kamen in den Hof hinaus und wunderten sich, wie sie der Bursche beruhigt hatte. Dann gingen sie zu dem König und erzählten ihm, was sie gesehen hatten. Der König befahl, daß man den Burschen zu ihm führe. Als er kam, fragte er ihn, wie er die närrischen Pferde beruhigt habe. Er öffnete die Schachtel und sagte: »Dies hier hat sie beruhigt.«

»Was ist das?« fragte der König.

»Das Haar der Meereskönigin.«

»Du wirst gehen und mir die Frau bringen, die dieses Haar getragen hat! Wenn du mir sie nicht bringst, wird dein Kopf fallen.«

»Gib mir einen Tag Zeit, damit ich mich besinne«, sagte der Bursche.

Der König gab ihm die Frist eines Tages; der Bursche ging zum Stadttor und schüttelte die Zügel. Gjoko kam sogleich zu ihm. Der kleine Schäfer erzählte ihm, wie die Dinge lagen.

»Das ist leicht«, sagte Gjoko. »Steig auf meinen Rücken!«

Der Bursche schwang sich hinauf, das Pferd galoppierte davon, erreichte das Meer, warf sich hinein und schwamm los. Es schwamm und schwamm, bis es die Mitte erreichte. Dort war eine Insel, und auf der Insel war der Palast der Seemuschel, rot und bunt. Sie gingen hinein. Dort war die Meereskönigin. Sie war schöner als eine Fee. Sie lag auf einem seidenen Bett und schlief.

Der Bursche hob sie auf Gjoko hinauf und machte sich auf den Rückweg. Während der Nacht kamen sie in der Hauptstadt an. Vor dem Stadttor ließ er Gjoko los, nahm nur die Zügel und führte das Mädchen vor den Froschkönig. Der König freute sich sehr über das schöne Mädchen und wollte es zur Frau nehmen. Das Mädchen sah ihn an, doch er – er war ein Frosch –, wie sollte sie ihn nehmen! Sie sagte: »Ich werde dich nehmen, König, aber zuerst mußt du schöner werden als ich. Wenn du dich in Milch badest, die von neun

Zauberstuten herrührt – aber sie muß kochen –, wirst du der schönste Mensch auf der Welt werden.«

Der König sagte zu dem Burschen: »Du wirst mir diese Milch finden; wenn nicht, wird dein Kopf fallen.«

»Gib mir einen Tag Frist, damit ich mich besinnen kann.«

Der Bursche ging zum Stadttor und schüttelte die Zügel. Gjoko kam. Er erzählte ihm, was der König will.

»Schwinge dich auf meinen Rücken. Ich werde dich dahin bringen, wohin wir müssen.« Nach ein paar Stunden kamen sie in ein Gebirge. Das Pferd wieherte, was seine Stimme hergab. Da eilten die Zauberstuten im Nu herbei. Der Bursche fing an und molk neun von ihnen. Sie kehrten zurück, er ließ Gjoko am Tor und brachte die Milch hin. Die Diener zündeten sofort ein Feuer an und schütteten die Milch in einen Kessel, damit sie koche. Dann kam der König, um zu baden, aber er wagte es nicht, hineinzusteigen. »Los«, sagte er zu dem Burschen, »geh zuerst du hinein, um schön zu werden, und danach ich.«

»Gib mir einen Tag Bedenkzeit«, sagte der Bursche, ging zum Stadttor, rief Gjoko herbei und erzählte ihm, was der König wollte.

»Gut«, sagte das Pferd. »Das ist nicht schlimm. Ich werde mich in einen Esel verwandeln, du wirst mich zum Palast führen und wirst mich an den Henkel des Kessels binden, und dann wirst du dich ohne Angst in der kochenden Milch baden.«

Der Bursche machte es so. Er band den Esel an den Henkel des Kessels, zog sich aus und warf sich in den Kessel. Die Milch kochte, daß sie schon überlief, doch er rief: »Oh, es ist mir kalt! Schürt das Feuer an!« Die Diener warfen noch mehr Holzscheite hinein, doch er rief wieder: »Oh, es ist mir kalt! Schürt das Feuer an!«

Als er gebadet hatte und herausstieg, war er schöner als die Meereskönigin. Der König beneidete ihn und sagte: »Wenn er einen Esel anband und baden konnte, so werde ich meinen schönsten Hengst anbinden.«

Sie brachten ihm den schönsten seiner schrecklichen Hengste. Er band ihn an den Henkel des Kessels und warf sich hinein. Sofort zerkochte er und löste sich in der kochenden Milch auf. Der Bursche nahm sich sein Königreich und heiratete die Meereskönigin.

MAUI VERLANGSAMT DEN LAUF DER SONNE

Maui war noch nicht allzulange wieder bei seinen Brüdern, da begann er sich über den Lauf der Sonne Gedanken zu machen.

Es schien ihm, daß die Sonne zu rasch unterging und daß es zu früh Nacht wurde, und das war jeden Tag so. Die Sonne ging auf, aber bald schon verschwand sie wieder hinter dem Horizont. So waren die Tage sehr, sehr kurz. Er schlug darum seinen Brüdern vor, mit ihm zusammen die Sonne in einer Schlinge zu fangen und sie dann dazu zu bringen, sich langsamer zu bewegen, auf daß die Menschheit längere Tage habe. Tage, die lang genug waren, um die notwendigen Arbeiten bei Tageslicht zu verrichten. Die Brüder aber waren skeptisch: »Das ist völlig unmöglich, niemand kann sich der Sonne nähern, denn sie ist unendlich heiß!«

Maui entgegnete ihnen jedoch: »Könnt ihr euch nicht an all das erinnern, was ich schon vollbracht habe? Habt ihr nicht gesehen, wie ich mich in jeden Vogel des Waldes verwandelte? Ich mag euch wohl gleichen und wie ein Mensch aussehen, aber ich habe außerdem magische Kräfte, die mir helfen! Warum sollte ich wohl dieses Mal nicht erreichen, was ich mir vorgenommen habe?«

Als seine Brüder ihn so reden hörten, stimmten sie ihm zu und versprachen, ihm beim Bändigen der Sonne zu helfen. Alle zusammen begannen sie nun, starke Taue zu fertigen, um daraus eine riesige Schlinge zu machen, und mit der wollten sie die Sonne einfangen.

Dabei lernten sie, wie man den Flachs zu starken, vierkantigen Tauen verarbeitet, und diese Kunst heißt seither tuamaka. Sie lernten auch, wie man flache Taue herstellt, und das Fertigen von flachen Tauen nennt man seit dieser Zeit pahara-hara. Obendrein fertigten sie kräftige runde Taue für die Schlinge.

Endlich waren alle Taue fertig, und Maui machte sich mit seinen Brüdern auf den Weg, die Sonne einzufangen. Muri-ranga-whenuas magischen Kieferknochen nahm er mit auf die Reise. Die ganze Nacht waren sie unterwegs, und als der Morgen graute, versteckten sie sich, damit die Sonne sie nicht bemerkte.

Des Nachts setzten sie ihre Reise fort, und wieder verbargen sie sich im Morgengrauen.

So ging es mehrere Tage, und weiter und weiter gingen sie

in Richtung Osten, bis sie schließlich an die Stelle kamen, an der das Land zu Ende war.

Ein steiler Abgrund tat sich vor ihnen auf, und das war die Stelle, wo sich die Sonne jeden Morgen aus ihrer tiefen Höhle erhob.

Sogleich machten sie sich an die Arbeit: Zu beiden Seiten des Abgrundes bauten sie eine lange und hohe Mauer aus Lehm, und an beiden Enden der Mauer bauten sie kleine Hütten aus Zweigen und allerlei Geäst; in diesen kleinen Hütten versteckten sie sich am Tage.

Dann legten sie die riesige Schlinge zurecht, in der sich die Sonne verfangen sollte.

Mauis Brüder legten sich nun auf der einen Seite des Abgrundes auf die Lauer, und Maui begab sich auf die andere Seite. Während Maui den Brüdern letzte Anweisungen gab, hielt er den magischen Kieferknochen fest in seiner Hand: »Gebt acht!« sprach er. »Bleibt in eurem Versteck, und seht zu, daß euch die Sonne nicht sieht, denn sie wird sich bei eurem Anblick erschrecken! Wartet, bis sie mit Kopf und Armen in der Schlinge steckt! Wenn ich euch dann rufe, dann müßt ihr die Schlinge so fest wie möglich zuziehen! Ich werde dann aus meinem Versteck kommen und sie angreifen. Haltet die Taue so lange wie eben möglich straff, so lange, bis die Sonne fast tot ist; dann erst wollen wir sie wieder freilassen! Und merkt euch, egal, wie sehr sie auch schreien mag, laßt euch nicht abbringen von eurer Aufgabe!«

So sprach Maui zu seinen Brüdern, bevor sich alle versteckten, um darauf zu warten, daß sich die Sonne aus ihrem Verlies erhob.

Schließlich ging sie auf – ein Feuerball, der sich weit über

Berge und Wälder erhebt, so stieg sie langsam empor – und ihr Kopf ging tatsächlich durch die Schlinge, und dann auch ihr Oberkörper, ihre Schultern, ihre Arme!

Just in dem Augenblick zogen die Brüder die Taue mit aller Kraft straff, ganz so, wie Maui es ihnen gesagt hatte; und die mächtige Sonne drehte und wendete sich und versuchte verzweifelt, sich zu befreien, aber umsonst! Sie war gefangen! Da kam Maui aus seinem Versteck hervor mit seiner magischen Waffe, dem Kieferknochen der Ahnin, und gnadenlos schlug er auf die Sonne ein.

Die schrie voller Schmerz auf, Maui ließ jedoch nicht nach: Erbarmungslos schlug er weiter auf sie ein, und all ihr Heulen und Wimmern erweichten ihn nicht.

Endlich, nach langer, langer Zeit, als die Sonne längst schwach war und fast keinen Widerstand mehr leistete, ließ Maui sie wieder gehen; und gezeichnet von all den Wunden, die Maui ihr beigebracht hatte, machte sich die Sonne schleppend auf ihren Weg – langsamer als je zuvor. Bis heute aber ist ihr Lauf langsam geblieben.

Bei dieser Gelegenheit erfuhren die Menschen den zweiten Namen der Sonne. Inmitten ihres tiefsten Schmerzes rief sie nämlich: »Warum nur behandelt ihr mich so, wißt ihr denn, was ihr da tut? Warum nur wollt ihr Tama-nui-te-ra töten, warum nur?«

Und so kennen die Menschen nun den zweiten Namen der Sonne, Tama-nui-te-ra.

Maui aber und seine Brüder, denen es gelang, den Lauf der Sonne zu verlangsamen, kehrten wieder in ihre Heimat zurück.

Einmal fing ein böser Dämonengott die Sonnengöttin. In sechs Steinkisten, die in sechs Metallkisten standen, die wiederum von sechs hölzernen Kisten umschlossen waren, sperrte er sie ein und zog darum sechs Zäune aus Holz, sechs Zäune aus Metall und nochmals sechs Zäune aus Stein. Deshalb herrschte auf der Welt ewige Nacht. Da befiel Götter und Menschen große Müdigkeit, und viele von ihnen verfielen in solch tiefen Schlaf, daß sie nicht mehr daraus erwachten und daß dieser Schlaf zu ihrem Todesschlaf wurde. Da versammelten sich alle Götter und hielten Rat, wie man die Sonnengöttin befreien könnte. Die schwachen Götter blieben gleich zu Anfang sitzen und zogen nicht mehr weiter. Die starken Götter machten auf halbem Wege halt, und nur die stärksten Götter kamen bis zu der Umzäunung und setzten sich dort nieder. Da fing der Dämonengott diese Götter allesamt und zog sie in seine Behausung hinein. Dort verwandelte er sie in kleine Wickelkinder. Rechts der Feuerstelle hängte er sechzig Wiegen auf. Links der Feuerstelle hängte er sechzig Wiegen auf. Dahinein legte er die laut schreienden Götter und trieb seine Späße mit ihnen, indem er sie verhöhnte. Da schickten die Götter Kemushiri-nupuri-Kamui, den Gott des Berges Kemushiri, als Boten an Ainu-rakkuru-Kamui, den Gott, der über allen Göttern steht, einen Helden, wie es keinen zweiten im Himmel und auf Erden gibt, und baten ihn flehentlich um Hilfe. Ainu-rakkuru-Kamui sagte nur: »Ihr Menschen, macht euch keine Sorgen.«

Drei Tage brauchte er, um sich die Beinschiene an den einen Schenkel zu binden. Zwei andere Tage brauchte er, um sich die Schiene an das andere Bein zu binden. Dann legte er den von göttlichem Rost bedeckten Götterpanzer an, um sein rauchgeschwärztes Atsushi-Kleid gürtete er sein Schwert in rauchgeschwärzter Scheide, band einen goldenen Gürtel um und setzte seinen rauchgeschwärzten Helm auf den Kopf. Dann bestieg er zusammen mit Kemushiri-nupuri-Kamui seine Göttersänfte und fuhr damit zum Himmel empor. Mit einem Gepolter fuhren sie daher, daß Erde und Himmel erbebten, daß Dörfer und Flecken in Trümmer zu fallen drohten. Näher und näher kamen sie dem Platz, wo der Dämonengott hauste. Unvermindert lärmend, umkreisten sie die Umzäunung. Plötzlich, wie ein Sturmwind, schlüpften sie hinein. Drinnen im Hause zu beiden Seiten hingen die zweimal sechzig Wiegen, in denen die vielen zu Wickelkindern verwandelten Götter, kläglich schreiend, lagen. Ganz hinten im letzten Zimmer standen die Kisten, in denen die Sonnengottheit eingesperrt war. Während der Dämonengott mit gekrümmtem Rücken die Götter verhöhnend die Wiegen schaukelte, erbrachen die beiden die hölzernen Kisten, die Kisten aus Metall und die Kisten aus Stein, rissen die Sonnengottheit heraus und eilten mit ihr davon.

Laute Schimpfworte ausstoßend, verfolgte sie der Dämonengott, doch Ainu-rakkuru-Kamui erhob seinen Fuß und zertrümmerte mit einem Tritt das Haus des Dämonengottes, daß die Trümmer laut krachend in alle Winde davonflogen. Plötzlich trat ihm ein großes Gespenst, mit einem Auge klein wie ein Sesamkorn und mit einem Auge so groß wie der Vollmond, entgegen, umklammerte die Sonnengottheit und suchte sie an sich zu reißen. Doch hurtig und behende formte

272

der Gott aus Wolken ein Schiff, band die Sonnengottheit an den Mast und stieß das Schiff weit hinaus in den blauen Himmel hinein. Da wurde die Welt wieder erleuchtet und hell. Dann überwältigte er zusammen mit Kemushiri-nu-puri-Kamui den Dämonengott und verbannte ihn tief unter die Erde in die sechste Hölle hinein.

DIE EULE UND DIE SONNE

Eines Tages trat die Sonne vor Gott hin und sprach: »Alle Welt lebt und bringt Kinder hervor, nur ich bin ganz allein für mich!« Gott möge ihr doch endlich auch ein Kind schenken, bat die Sonne. Darauf erwiderte Gott, es müßten dazu nur alle Tiere zusammengerufen und dazu befragt werden. Am Ende müßten sie in der Frage einer Meinung und damit, daß sie ein Kind haben sollte, einverstanden sein. Dann sei alles ganz einfach.

So kam es also zu einer Versammlung der Tiere; Gott selbst hatte dazu eingeladen. Er legte ihnen nun dar, daß ihn die Sonne aufgesucht und den Wunsch geäußert habe, auch ein Kind haben zu wollen. Sie wäre doch ganz allein, wie sie es da denn anstellen sollte. Er fragte die Tiere nun, ob sie wollten, daß er ihr ein Kind schenken sollte. Alle Welt hatte sich inzwischen versammelt, und die Meinung der Leute war einhellig: Gott solle sie doch unverzüglich mit einem Kinde beschenken, denn so mutterseelenallein, das sei ja wirklich kein Dasein. Ein Leben ganz ohne Kind, sei das denn wünschenswert und gut? Nein, ohne ein Kind, das sei nicht gut.

Darauf erhoben sich die Tiere und wollten sich auf den Weg nach Hause machen. Doch da traf auch noch die Eule zu der Versammlung ein; sie hatte sich verspätet. Nun wollte man auch ihre Meinung hören. Gott schilderte ihr, daß ihn die Sonne aufgesucht und um ein Kind gebeten habe. Alle Tiere, die er befragt habe, seien damit einverstanden; wie sei nun ihre Meinung?

Die Eule verharrte lange still. Schließlich sprach sie aber, daß sie diese allgemeine Ansicht nicht teilen könne. Gott zu- gewandt und die Augen auf die Tiere gerichtet, begründete sie ihre Meinung mit den folgenden Worten: Man solle doch nicht den Verstand verlieren, es gäbe ja nun schon eine Son- ne, und unter ihr hätte alle Welt ja wahrhaftig genug zu lei- den. Wenn sie jetzt dafür seien, daß ihr ein Kind geschenkt werde, würden die Leute ja innerhalb eines einzigen Tages vor Hitze zugrunde gehen!

Seit diesem Tag grollt die Sonne der Eule. Bis heute sind sie sich feind und gehen sich aus dem Weg.

Es war einmal ein Faulpelz, dessen Beruf war es, Flöte zu spielen. In seiner großen Faulheit spielte er sie auf der Nase liegend. Als er so spielte, bemerkte er eine Schlange, die gab ihm hundert Franken. Als er sie seiner Frau brachte, fragte sie ihn: »Wo hast du sie gestohlen?« Er antwortete: »Nimm sie und kümmere dich nicht darum!« Dann ging er wieder hin, spielte, und die Schlange gab ihm nochmals hundert Franken. Als er zum drittenmal an denselben Ort kam und spielte, sagte die Schlange zu ihm: »Ich bin krank und gehe nicht mehr aus. Grabe an dieser Stelle nach, und du wirst mich finden. Und wenn du mich gefunden hast, dann nimm mich und grabe mich in deinen Garten ein!« Der Flötenspieler tat so, und als er sie eingegraben hatte, entstand ein schöner Baum, der trug zweierlei Früchte, Quitten und Apfelsinen.

Nun kam einst ein Kapitän und sah von ferne die Apfelsinen. Sie fielen ihm auf, und er ging in ein Café und sagte, daß er noch nirgends solche Apfelsinen gesehen habe. Es befand sich aber, als er dies sagte, auch der Eigentümer des Baumes in diesen Café, der wettete, daß es Quitten seien. Der Kapitän erwiderte: »Bist du so dumm, zu behaupten, daß es Quitten sind, und es sind doch Apfelsinen? Um was wollen wir wetten? Ich setze mein ganzes Schiff ein.« Der andere setzte den Baum ein und seine Frau dazu. Am andern Tag trug jener Baum lauter Quitten. So hatte der Besitzer des Baumes gewonnen und bekam das Schiff.

Darauf kam ein Jude, der hatte einen Korb mit verschiedenen Glaswaren. Dieser wieder sah den Baum mit Quitten, und er fiel ihm sehr auf wegen seiner Größe. Er wettete wieder mit dem Besitzer des Baumes, der behauptete, es wären Apfelsinen. Der Jude wettete um seinen Korb mit Glaswaren, daß es Quitten wären; der andere wettete um denselben Baum und das Schiff, daß es Apfelsinen wären. Am andern Morgen trug der Baum Apfelsinen, und sein Eigentümer hatte die Wette und den Korb mit Gläsern gewonnen.

Der Jude war aber schlau, er ging weg und kehrte wieder zu seinem Dorf zurück. Als er seine Geschäfte besorgt hatte, kam er wieder und suchte die Frau dessen, der den Baum besaß, auf und sagte zu ihr: »Nimm alle Glaswaren, welche ich trage!« Sie nahm sie und wollte sie ihm bezahlen, aber er behielt das Geld nicht, sondern ging wieder vorbei und sagte zu ihr: »Ich will kein Geld, sondern ich will dich!« und gab es ihr zurück. Und er sagte zu ihr: »Ich will, daß du mir sagst, was es für eine Bewandtnis mit diesem Baum hat.« Sie antwortete: »Mein Mann war ein Faulpelz und spielte einst in einer Mühle die Flöte. Da kam eine Schlange, und er brachte sie und pflanzte sie in unserm Garten ein. Und sie treibt zweierlei Früchte, Apfelsinen und Quitten.« Da ging der Jude weg und suchte ihren Mann auf und sagte zu ihm: »Wir wollen wetten, daß dein Baum Quitten trägt.« Der Besitzer des Baumes behauptete, er trage Apfelsinen, und er wettete um das Schiff, den Baum und seine Frau, der Jude um einen Korb. Am andern Morgen trug der Baum Quitten, und der Jude nahm seinen Gewinn und ließ den Flötenspieler im Elend.

Als er nun allein war, ärgerte er sich sehr über die Sache und ging und suchte die Sonne auf und sagte zu ihr: »Was soll ich tun, um mich zu retten?«

Die Sonne erwiderte: »Suche denselben Juden auf und wette mit ihm, daß ich in Akrotiri aufgehe, obwohl ich gewöhnlich in Anafi aufgehe. Aber an diesem Tag werde ich in Akrotiri aufgehen, um dir zu helfen.«

Da suchte jener den Juden auf und sagte zu ihm: »Wir wollen wetten, daß die Sonne in Akrotiri aufgeht.«

Der Jude erwiderte: »Ei, du Dummkopf, sie geht in Anafi auf.«

Sie wetteten also an diesem Tage, und der Jude setzte alles ein, was er gewonnen hatte, der andere aber setzte sein Leben ein. Des Morgens gingen sie auf ein Feld, um zu sehen, wo die Sonne aufgeht. Und die Sonne ging wirklich in Akrotiri auf, und der, welcher sein Leben eingesetzt hatte, gewann. Nachdem er sein ganzes Vermögen wiedergewonnen hatte, ging er nach Hause und schlug seine Frau tot. Dann setzte er sich in seinem Haus zur Ruhe und freut sich seines Lebens bis heute.

DIE SONNENPRINZESSIN

Es waren einmal ein König und eine Königin, die hatten einander sehr lieb, nur waren ihnen zu ihrem großen Leidwesen keine Kinder vergönnt. Endlich jedoch erhörte Gott ihr tägliches Gebet und vergalt ihnen ihre Mildtätigkeit gegen die Armen, und die Königin spürte, daß sie ein Kind bekommen sollte. Voller Freude befragte der König die Sterndeuter, ob es ein Knabe oder ein Mädchen sein und unter welchem Planeten das Kind geboren werden würde.

Die Sterndeuter verkündeten, die Königin werde ein Mädchen zur Welt bringen, und als sie den Planeten herausgefunden hatten, forschten sie nach der Zukunft des Kindes. Da stellten sie fest, das Mädchen werde in seinem zwanzigsten Lebensjahr einem Kind von einem Sohne der Sonne das Leben schenken. Sehr betrübt darüber fragte der König die Sterndeuter, wie er dem Kind ein solches Schicksal ersparen könne. Diese belehrten ihn, gegen das Schicksal sei kein Kraut gewachsen, doch solle er nichts unversucht lassen und einen Turm bauen mit Fenstern so hoch, daß die Sonnenstrahlen nicht bis auf den Boden dringen könnten; und in diesen Turm solle er das Mädchen unverzüglich nach seiner Geburt einsperren und es dort bis zu seinem zwanzigsten Lebensjahre gefangenhalten.

Der König ging sogleich ans Werk, und kaum hatte das Mädchen das Licht der Welt erblickt, so schloß er es zusammen mit der Amme und deren Tochter in den Turm ein.

Die Jahre vergingen, und die beiden Mädchen wuchsen miteinander auf; schon stand ihnen das zwanzigste Lebensjahr nahe bevor. Da befanden sie sich eines Tages ganz allein im Turm und schwatzten miteinander. Beide hätten gar zu gern gewußt, wie es außerhalb des Turmes aussah, aber sie hatten keine Möglichkeit, ins Freie zu gelangen, und die Fenster lagen in unerreichbarer Höhe. Da meinte die eine: »Laß uns doch einmal probieren, ob wir nicht mit Hilfe von Stühlen hinaufgelangen!« Gesagt, getan. Eifrig bemühten sie sich, einen Stuhl genau auf den anderen zu setzen, so daß es ihnen schließlich gelang, an einem Fenster in die Höhe zu klettern. Als erste stieg die Tochter der Amme hinauf, und ihr folgte die Tochter des Königs. Kaum war sie aber oben angelangt, so traf sie ein Sonnenstrahl, und augenblicklich war sie guter Hoffnung.

Sie fühlte sich elend und wußte nicht, was ihr fehlte; da ließ sie ihrem Vater Bescheid sagen, und dieser sandte ihr sogleich einen Arzt. Der Arzt erkannte alsbald, daß sie ein Kind erwartete, und sagte es der Amme. Ihr könnt euch nicht vorstellen, wie verzweifelt diese die Hände rang, zumal sie wußte, daß die beiden Mädchen gegen den Befehl des Königs gehandelt hatten. Sie schüttete dem Arzt ihr Herz aus und schenkte ihm eine Menge Kostbarkeiten, damit er dem König ja nichts verriete – denn sonst wehe ihr, man würde ihr den Kopf abschlagen! Der Arzt versprach, dem König zu berichten, das Mädchen hätte eine belanglose Krankheit, und so erfuhr der König nichts.

Als nun ihre Stunde gekommen war, brachte die Prinzessin ein Mädchen zur Welt, das war schön wie die Sonne selbst. Unverzüglich nimmt die Amme das Kind, wickelt es in goldene Windeln wie eine Königin, setzt es auf einem brachliegenden Acker aus und überläßt es seinem Schicksal.

Nun will es der Zufall, daß ein König in dieser Gegend jagt, und als er an dem Acker vorüberreitet, hört er ein schwaches Wimmern. Erstaunt späht er um sich und sieht das wunderschöne verlassene Ding. Sein Herz ist von Mitleid erfüllt, zumal das Kind so liebreizend anzuschauen ist. Er nimmt es auf, küßt es und befiehlt, man möge es in den Palast bringen. Dort übergibt er es seiner Frau. Sie besorgen eine Amme und lassen es wie ihre eigene Tochter aufziehen zusammen mit ihrem Sohn, der nur wenig älter ist als das Mädchen.

Unterdessen hatte die Prinzessin ihr zwanzigstes Lebensjahr vollendet, und der Vater ließ sie aus dem Turm holen und in seinen Palast bringen, ohne zu ahnen, was vorgefallen war; denn er glaubte, die Gefahr sei nunmehr vorüber.

Das kleine Mädchen und der Sohn des Königs wuchsen miteinander auf und waren mittlerweile erwachsen. Sie hatten einander so liebgewonnen, daß der Königssohn nichts sehnlicher wünschte, als das Mädchen zu seiner Frau zu machen. Doch davon wollte der König nichts hören, weil niemand wußte, woher das Mädchen stammte. Er ließ es deshalb aus dem Schlosse entfernen und brachte es in einem Haus unter, das ein ganzes Stück von der Stadt entfernt lag. Er wollte, daß der Sohn es nicht mehr sehen und allmählich vergessen möchte.

Dann suchte der König eine Frau für ihn, und nachdem er eine Königstochter gefunden hatte, wurden die Vorbereitungen zur Hochzeit getroffen.

Als nun der Hochzeitstag herangerückt war, sandte man allen Verwandten die üblichen Hochzeitsmandeln, und auch das Mädchen, das der König auf dem Acker aufgelesen hatte, wurde mit Geschenken bedacht. Der Bote begibt sich zu ihrem Hause und klopft. Nun war ja das Mädchen eine Sonnentochter und zauberkundig; es wußte und tat alles, was ihm gerade in den Sinn kam. Es geht also selbst zur Tür, um zu öffnen, erscheint jedoch ohne Kopf. Es spricht zum Diener: »Entschuldigt, ich war gerade beim Kämmen und habe meinen Kopf oben gelassen.« Und es bittet ihn einzutreten und mit nach oben zu kommen. Dort setzt es sich den Kopf wieder auf und führt den Diener in die Küche. In der Küche sagt es: »Ofen, öffne dich!«, und der Ofen öffnete sich. Dann befiehlt es: »In den Ofen, Holz, geschwind!«, und das Holz eilt in den Ofen; darauf: »Ofen, mach Feuer, und wenn du heiß bist, so rufe mich!« Der Ofen setzt sich in Brand, und als er kurz darauf in Glut steht, ruft er: »Herrin, es ist soweit!« Da steigt sie in den brennenden Ofen, geht dreimal darin umher, bäckt einen schönen Kuchen und gibt ihn dem Diener mit der Weisung, ihn dem Könige zur Hochzeit zu bringen.

Als der Diener in den Palast zurückkehrte und erzählte, was ihm begegnet war, konnten sie sich vor Staunen nicht fassen und wollten es kaum glauben. Die Braut aber, die auf das Mädchen eifersüchtig war, meinte: »Wenn's weiter nichts ist – solche Kunststückchen habe ich zu Hause täglich gemacht.«

»Also gut«, nahm ihr Mann sie beim Wort, »wir werden ein Fest geben, und du wirst zeigen, was du vermagst.« Die Frau war einverstanden, und sie setzten einen Tag fest. Als es nun soweit war, ging sie in die Küche. »In den Ofen, Holz, geschwind!« Doch das Holz rührte sich nicht. »Ofen, brenne!« Aber er brannte nicht, und die Diener mußten ihn anzünden. Als er heiß war, sagten sie ihr Bescheid, und sie kroch hinein; doch kaum war sie drinnen, so verbrannte sie bei lebendigem Leibe.

Nicht lange danach nahm sich der Königssohn eine zweite Frau. Und wieder sandten sie dem Mädchen am Hochzeitstag die üblichen Hochzeitsmandeln. Das Mädchen führt den Diener in die Küche und ruft: »In den Ofen, Holz, geschwind, brenne, Feuer!«, und ihre Wünsche waren im Nu ausgeführt. Dann befiehlt sie: »Öl, hinein in die Pfanne, und wenn du siedest, so rufe mich!« Und kaum hatte das Öl zu sieden begonnen, da rief es auch schon: »Herrin, kommt geschwind!« Sie lief herbei, tauchte die bloßen Finger in die

Pfanne und briet zehn leckere Fische. Die legte sie auf ein Tablett und sandte sie dem König.

Als die junge Gemahlin die Erzählung des Dieners vernommen hatte, wurde sie ebenfalls eifersüchtig auf das Mädchen und behauptete, sie vermöge so etwas auch, und versprach dem Gatten, eine Probe ihrer Kunst abzulegen. Doch als sie sich an dem festgesetzten Tage in die Küche begab und ihre Befehle erteilte, da rührten sich weder Holz noch Feuer und Öl im geringsten von der Stelle, und wiederum mußten die Diener zu Hilfe eilen. Kaum aber hatte die Gemahlin ihre Hände ins siedende Öl getaucht, als sie sich so schrecklich verbrannte, daß sie ohnmächtig wurde und tot umfiel.

Die alte Königin aber schalt die Diener, daß sie diese Geschichten erzählt und dadurch die Frauen ihres Sohnes in den Tod getrieben hatten.

Sie ließen einige Zeit verstreichen, hielten dann Ausschau nach einer dritten Frau für ihren Sohn und fanden auch eine, die ihnen zusagte.

Als der Hochzeitstag gekommen war, sandten sie dem Mädchen wiederum die üblichen Geschenke hinaus. »Heute weiß ich wirklich nicht«, klagt es, »was ich euch mitgeben könnte.« Es überlegt eine Weile; dann nimmt es ein Messer und schneidet sich eine seiner Brüste ab. Aus der Wunde zieht es alsdann eine Spitze aus Gold, die kein Ende zu nehmen scheint. Darauf setzt es sich die Brust wieder an und überreicht die Spitze dem Diener. »Nehmt das dem Prinzen mit, es ist alles, was ich euch geben kann.« Und so schön war die Spitze, daß allen vor Staunen der Mund offenblieb.

Als die junge Frau den Bericht des Dieners angehört hatte, meinte sie verächtlich: »Ach, das ist ja gar nichts, alle meine

Kleider sind mit Spitzen verziert, welche auf diese Weise entstanden sind.« Und sie ergriff ein Messer und schnitt sich die Brust ab. Doch aus der Wunde strömte soviel Blut hervor, daß sie den Geist aufgab und verschied.

Betrübt über den Verlust seiner Frauen, mehr aber noch aus Kummer über das Mädchen, das er immer heftiger liebte, befiel den Sohn des Königs eine schwere Krankheit. Er mochte weder Speise noch Trank zu sich nehmen und kam von Tag zu Tag mehr von Kräften. Da ließen die Eltern eine alte Zauberin kommen, die schon viele Kranke geheilt hatte. Als die Alte ihn sah, sprach sie: »Der Kranke braucht einen Trank aus Gerste. Diese Gerste muß jedoch innerhalb einer Stunde ausgesät, herangereift und zum Trank gebraut worden sein.«

»Ach Gott, wie sollen wir das zuwege bringen?« jammerte der König verzweifelt. Da fiel ihm das Mädchen ein, das so viele wundersame Dinge vollbracht hatte. Sie ließen es zu sich rufen und sagten ihm, was ihnen die Alte geraten hatte. »Schon gut«, meinte das Mädchen, »das werde ich leicht besorgen.« Und noch war keine Stunde vergangen, da hatte das Mädchen die Gerste gesät, zur Reife gebracht und den Trank bereitet.

Nun begibt es sich zum Sohne des Königs und reicht ihm den Trank; allein, kaum hat ihn dieser mit der Zunge berührt, da speit er ihn ihr mitten ins Gesicht. Darüber ist das Mädchen so sehr erzürnt, daß es vor Zorn zu weinen beginnt und schreit: »Wie? Du wagst es, mir ins Gesicht zu speien, mir, der Tochter der Sonne und Enkelin eines Königs?«

So erfuhr der König, der neben seinem Sohn stand, wer das Mädchen war. Und er bat es, die Geschichte seines Lebens zu erzählen, was es bereitwillig tat. Als es damit zu Ende war, versprach der König seinem Sohn, ihm das Mädchen zur Frau zu geben. Da genas der Sohn im Augenblick. Es wurde eine prächtige Hochzeit gefeiert, und sie lebten glücklich und zufrieden bis ans Ende ihrer Tage.

DIE MONDFEE

Zur Zeit des Kaisers Yau lebte ein Fürst namens Hou I, der war ein starker Held und guter Schütze. Einst gingen zehn Sonnen am Himmel auf, die schienen so hell und brannten so heiß, daß die Menschen es nicht aushalten konnten. Da gab der Kaiser dem Hou I den Befehl, nach ihnen zu schießen. Der schoß nun neun von den Sonnen herunter. – Er hatte aber auch ein Pferd, das war so schnell, daß es den Wind einholen konnte. Er setzte sich darauf und wollte auf die Jagd. Da rannte das Pferd davon und ließ sich nicht mehr halten. So kam er an den Kunlun-Berg und sah die Königin-Mutter am Jaspis-See. Die gab ihm das Kraut der Unsterblichkeit. Das nahm er mit nach Hause und verbarg es im Zimmer. Er hatte eine Frau namens Tschang O. Die naschte davon, als er einmal nicht zu Hause war, und sogleich schwebte sie zu den Wolken empor. Wie sie beim Mond angekommen war, da lief sie in das Schloß im Mond und lebt dort seither als Mondfee.

Ein Kaiser aus dem Hause Tang saß einmal in der Mittherbstnacht mit zwei Zauberern beim Wein. Der eine nahm eine Bambusstange und warf sie in die Luft; die wandelte sich zur Himmelsbrücke, und nun stiegen die drei zusammen zum Mond hinauf. Da sahen sie ein großes Schloß, darauf stand geschrieben: »Die weiten Hallen der klaren Kälte.« Ein Kassiabaum stand daneben, der blühte und duftete, daß die ganze Luft von seinem Duft erfüllt war. Ein Mann saß auf dem Baum, der mit einer Axt die Nebenzweige abhieb. Der eine Zauberer sprach: »Das ist der Mann im Monde. Der Kassiabaum wächst so üppig, daß er mit der Zeit den ganzen Glanz des Mondes beschatten würde. Darum muß er alle tausend Jahre einmal abgehauen werden.« Dann traten sie in die weiten Hallen. Silbern türmten sich die Stockwerke übereinander. Die Säulen und Wände waren alle aus Wasserkristall. Es waren Käfige da und Teiche; darinnen waren Fische und Vögel, die bewegten sich wie lebend. Die ganze Welt schien aus Glas zu sein. Während sie noch nach allen Seiten Umschau hielten, trat die Mondfee auf sie zu in weißem Mantel und regenbogenfarbenem Gewand. Sie sprach lächelnd zum Kaiser: »Du bist ein Fürst der Welt des Erdenstaubs. Du mußt Glück haben, daß du hierhergelangen konntest.« Damit rief sie ihre Dienerinnen, die kamen auf weißen Vögeln herangeflogen und sangen und tanzten unter dem Kassiabaum. Reine, klare Klänge tönten durch die Luft. Neben dem Baume aber stand ein Mörser aus weißem Marmelstein. Ein Hase aus Jaspis zerstieß darinnen Kräuter. Das war die dunkle Hälfte des Mondes. Als der Tanz zu Ende war, da kehrte der Kaiser mit den Zauberern wieder zurück. Er ließ die Lieder, die er im Monde gehört hatte, aufzeichnen und zur Begleitung von Jaspisflöten im Birnengarten singen.

Es wird erzählt, daß der Mond einst ein Insekt zu den Menschen sandte und sprach: »Gehe hin zu den Menschen und sage ihnen: Wie ich sterbe und sterbend lebe, so werdet auch ihr sterben und sterbend leben.« Das Insekt machte sich auf mit der Botschaft. Unterwegs aber wurde es vom Hasen aufgehalten, welcher fragte: »Wohin des Wegs?« Das Insekt sagte es ihm. Darauf sprach der Hase: »Du bist ein schlechter Läufer, laß mich hingehen.« Mit diesen Worten lief er davon, und als er zu den Menschen kam, sprach er: »Wie ich sterbe und sterbend zugrunde gehe, so werdet auch ihr sterben, und es wird gänzlich aus mit euch sein.« Dann kehrte der Hase zum Mond zurück und berichtete ihm, was er den Menschen gesagt hatte. Der Mond machte ihm heftige Vorwürfe und sprach: »Wie kannst du es wagen, den Leuten etwas zu sagen, was ich dir nicht aufgetragen habe.« Mit diesen Worten ergriff er ein Stück Holz und schlug ihm auf die Nase. Seitdem ist des Hasen Nase gespalten.

Bei allen Völkern sind Erzählungen über den Ursprung der Gestirne bekannt. Es interessieren die Entstehung der Sternbilder, des Mondes und seiner Phasen ebenso wie Erklärungen über den Lauf der Sonne und die Besonderheit vom Wechsel zwischen Hell und Dunkel; was macht den Unterschied zwischen Tag und Nacht aus, worauf ist das Ausbleiben der Sonne zurückzuführen. Die Phantasie des erzählenden Menschen ist schier unerschöpflich, und dies um so mehr zu einer Zeit, als die Naturwissenschaften noch nicht in der Lage waren, die Gestirne in ihrem Lauf und in ihren Erscheinungsformen exakt zu beschreiben.

Die vorwissenschaftliche Welt war von einem magischen Weltbild bestimmt. Es ist geprägt von der Vorstellung der Sympathie des Alls und ruht auf der Anschauung, »daß Mensch und Natur im Wesensgrunde identisch seien und alles in der Natur mit allem verwandt« (E. Spranger). Die Natur ist eine Schöpfung und auf eine überpersönliche Ordnung bezogen. Sie umgibt den Menschen, bezieht ihn jedoch auch als Teil des Ganzen ein. Der Sympathieglaube geht davon aus, daß alles mit allem im Einklang steht, Ähnliches Ähnliches (simia similibus) bewirke und die einzelnen Elemente der Natur wie Tiere, Pflanzen, Berge, Steine, die Elemente, Wettererscheinungen und Gestirne mit Menschen in Verbindung gebracht werden könnten. Natur und Landschaft in diesem Sinn werden verstanden als beseelte Umwelt. Man kann sie personifiziert und anthropomorphisiert begreifen. Ethnologie wie auch Religionswissenschaft bezeichnen daher den Glauben an Seelen- und Geisterwesen und an eine beseelte Pflanzen- und Tierwelt auch als Animismus (zu lat. anima: Seele, auch Luft, Hauch). Solche Vorstellungen von der Seele, die jedem Ding innewohne, sind weltweit verbreitet; Spuren davon lassen sich in Mythen und Geschichten besonders von Naturvölkern finden. Die »Dingbeseelungen« können auch als Phänomen bei Kindern beobachtet werden.

Viele Jahrhunderte lang war Europa durch agrarische Strukturen geprägt, das menschliche Leben aufs engste mit der Natur und dem Wechsel der Jahreszeiten verbunden und von ihr abhängig. Selbst heute, wenngleich nicht mehr in so starkem Maße, sind wir Menschen den Unbilden der Natur ausgesetzt, ohne daß es gelungen wäre, die Naturgewalten zu beherrschen. Erst im frühen 19. Jahrhundert, als die meisten der uns bekannten Volkserzählungen ihre bis jetzt gültige Form erhielten, kam es zu einer differenzierteren Betrachtung des Naturbildes. Dies hatte mit einer Historisierung des Weltbildes zu tun. Natur, schreibt Peter Dinzelbacher (1993), kann »als Ausdruck einer gewachsenen Tradition verstanden werden«. Sie »wird als das über längere Zeiträume hinweg Gewordene gesehen; Natur wird so zur konservativen Metapher gegen das willkürlich Konstruierte, gegen das rational ›Gemachte‹ und gegen die Projekte einer kalten, unsinnlichen Vernunft«.

In der Dichtung kulminierte diese Auffassung im vermeintlichen Kontrast zwischen der Naturpoesie als einer treuen Bearbeitung literarischer Vorlagen unter strenger Wahrung der Form (z. B. Jacob und zunächst auch Wilhelm Grimm) und der Kunstpoesie, also einer Dichtung, die von individuellen Schöpfern stammt und kollektiv vertraute literarische Motive und Themen neu gestaltete. Als dazwischen angesiedelte Kategorie könnte man noch das Buchmärchen nennen. Auch der vermeintliche Gegensatz zwischen Volksmärchen und Kunstmärchen rührt aus dieser Zeit her. In diesem Umfeld gewinnt eine Betrachtungsweise an Boden, welche überkommene literarische Denkmäler, vor allem Mythen und Sagen, aus kulturpolitischen und nationalen Gründen zu vereinnahmen sucht. »So wie Philosophie kaum denkbar ist ohne naturphilosophische Grundlagen, so hat auch fast jede Mythendeutung naturmythische Ansätze und Elemente«, beschreibt Werner Bies die Naturmythologie (1999). Er skizziert damit eine besonders seit Mitte des 19. Jahrhunderts aufkommende mythopoetische Betrachtungsweise, die »alle Mythen auf imposante, als machtvoll empfundene, vor allem furchterregende Naturobjekte und deren Wandlungen zurückführt«. Natürliche Erscheinungen oder subjektive Naturwahrnehmungen werden als übernatürliche Erscheinungsformen gedeutet. Man spricht von mythischer Apperzeption, wenn etwa Nebelschwaden als Feen, Elfen oder Riesen gesehen oder eine Feuerkugel für den Teufel gehalten wird. Ein von Forschern vor allem des 19. Jahrhunderts angenommener Zusammenhang mit der Evolutionstheorie, daß der Seelenglaube eine bestimmte Stufe der Entwicklung darstelle, ließ sich jedoch nicht bestätigen und ist mittlerweile obsolet.

In Mythen und Märchen sind Himmelsbaum, Seil oder Kette Symbol einer Verknüpfung zwischen Himmel und Erde (Nr. 6, 25, 30), wodurch die Entstehung des Lebens auf der Erde erst ermöglicht worden sei. Dahinter verbirgt sich die Vorstellung von einem direkten Kontakt der Irdischen zum Himmel, zu den Gestirnen und den dort wohnenden Jenseitigen. Der Gedanke einer Jenseitswanderung ist struktureller Bestand in den Literaturen aller Zeiten und Völker und spiegelt Ängste als auch Wünsche wider, das Nichtirdische schon zu Lebzeiten zu erfahren. In Märchen ist die Jenseitsreise entsprechend einer optimistischen Weltsicht stets mit einer Rückkehr ins Diesseits verbunden, also mitnichten eine Reise ohne Wiederkehr.

Erzählungen der Naturvölker sind offenbar aus Naturbeobachtungen hervorgegangen. Als Jäger und Sammler waren sie wie z. B. die australischen Aborigines besonders auf die Naturabläufe angewiesen. Daher spielen diese Vorgänge in ihren Mythen und Märchen eine große Rolle. Es sind Ursprungsgeschichten über Naturphänomene, Tiere, Flüsse, die Gestirne, aber auch über frevelhaftes Verhalten von Menschen gegenüber der Natur. Erzählungen über den Kulturheros, eine mythische Figur, die als Heilbringer und Kulturbringer (z. B. Nr. 1, 2, 9) in einen begrenzten Lebensbereich Ordnung gebracht und alles Leben erschaffen hat, gehören dazu und dienen sowohl der Unterhaltung als auch der Belehrung. In gleicher Weise erzählen andere ethnische Gruppen ebensolche Schöpfungsmythen, die der belebten und unbelebten Natur eine Heiligkeit zuschreiben: die Vorstellung der Gestirne als Gottheit, ausgestattet mit magischen Kräften wie etwa einer besonderen Heilkraft. Die Mythologie der Völker ist reich an solchen Natursagen, die unter anderem auch in vielen Bänden der Reihe *Die Märchen der Weltliteratur* nachzulesen sind.

Bei uns in Deutschland sind solche Mythen oder Ursprungssagen über das Entstehen der Welt und ihre Schöpfer, über Besiedlung und Landnahme weniger erzählt worden. Schließlich stellt die biblische Schöpfungsgeschichte seit über einem Jahrtausend den weithin akzeptierten Rahmen unseres christlich geprägten Weltbildes dar. Gleichwohl lassen sich vereinzelt Erzählungen finden, die von der Entstehung der Gestirne handeln, etwa die romantische Geschichte vom Aufhängen des Mondes (Nr. 18) oder Märchen, die von der Erde sichtbare Erhebungen des Mondes als Mann im Mond deuten (z. B. Nr. 20, 43, 45).

Auf vielfältige Weise wird in allen diesen Erzählungen ein Bild der Gestirne gezeichnet, das von einer tiefen Harmonie zwischen Mensch und Natur gekennzeichnet ist. Unsere Ausgabe stellt die wichtigsten Erzählbeispiele vor und möchte einen Eindruck von der Vielfalt solcher Mythen und Märchen vermitteln.

Von den Gestirnen und ihrer Entstehung

1. Die Schöpfung. – Krickeberg, Walter: Indianermärchen aus Nordamerika. Jena 1924, Nr. 44 a.

2. Vom Anfang der Welt (Überschrift geändert). – Kößler-Ilg, Bertha: Indianermärchen aus den Kordilleren. Märchen der Araukaner. Düsseldorf/Köln 1956, Nr. 32.

3. Wie Wildkaters Söhne Sonne und Mond wurden. – Krickeberg, Walter: Indianermärchen aus Nordamerika. Jena 1924, Nr. 17.

4. Der Ursprung von Sonne und Mond. – Frobenius, Leo: Volksmärchen der Kabylen (Atlantis 1). Jena 1921, Nr. 14 (geringfügig gekürzt).

5. Warum der Mond nur sein Gesicht zeigt. – Löffler, Anneliese: Märchen aus Australien. Düsseldorf/Köln 1981, Nr. 48. (Yupungatti, Queensland).

6. Wie der Mond in den Himmel gesetzt wurde. – Löffler, Anneliese: Märchen aus Australien. Düsseldorf/Köln 1981, Nr. 53 (Queensland).

7. Die Zwillinge. – Koch-Grünberg, Theodor: Indianermärchen aus Südamerika. Jena 1920, Nr. 79 (Märchen der Guaraní).

8. Sonne und Mond. – Schild, Ulla: Westafrikanische Märchen. Düsseldorf/Köln 1975, Nr. 84 (Ekoi, Nigeria).

9. Der Sonne- und der Mondfels. – Bäcker, Jörg: Märchen aus der Mandschurei. München 1988, Nr. 1.

10. Der Mond. – Koch-Grünberg, Theodor: Indianermär-

chen aus Südamerika. Jena 1920, Nr. 85 (Mythe der Ka-
schinaua).

11. Warum der Mond ein fleckiges Gesicht hat. – Karlinger,
Felix/Pögl, Johannes: Märchen aus der Karibik. Düssel-
dorf/Köln 1983, Nr. 54 (von den Cuna, Panama).

12. Warum die Sonne im Osten und der Mond im Westen
aufgeht. – Schild, Ulla: Märchen aus Papua-Neuguinea.
Düsseldorf/Köln 1977, Nr. 27 (von den Admiralitätsin-
seln).

13. Wie die sieben Gefährten zu Sternen wurden. – Kratz,
Ernst Ulrich: Indonesische Märchen. Düsseldorf/Köln
1973, Nr. 59.

14. Wie der Abendstern entstand. – Barüske, Heinz: Eskimo-Märchen. München 3. Aufl. 1991, Nr. 6.

15. Wie die Plejaden an den Himmel kamen. – Karlinger,
Felix/Zacherl, Elisabeth: Südamerikanische Indianermärchen. Düsseldorf/Köln 1976, Nr. 19 (Taulipang).

16. Die Plejaden. – Koch-Grünberg, Theodor: Indianermärchen aus Südamerika. Jena 1920, Nr. 45.

17. Tamekán, das Siebengestirn. – Karlinger, Felix/Zacherl,
Elisabeth: Südamerikanische Indianermärchen. Düssel-
dorf/Köln 1976, Nr.25.

18. Der Mond. – Brüder Grimm [d.i. Jacob und Wilhelm
Grimm]: Kinder- und Hausmärchen. Nach der Großen
Ausgabe von 1857, textkritisch revidiert, kommentiert
und durch Register erschlossen. Ed. Hans-Jörg Uther.
München 1996, Nr. 175.

19. Der Tapir und die Sterne. – Karlinger, Felix/Zacherl,
Elisabeth: Südamerikanische Indianermärchen. Düssel-
dorf/Köln 1976, Nr. 62.

20. Der Mann im Monde. – Volkmann, H.: Der Mann im Monde. In: Am Ur-Quell. Monatsschrift für Volkskunde 3 (1892) 290 f.
21. Die Sonne und der Mond. – Barüske, Heinz: Eskimo-Märchen. München 3. Aufl. 1991, Nr. 4.
22. Der Morgen- und der Abendstern. – Wilhelm, Richard: Chinesische Märchen. Düsseldorf/Köln 1979, Nr. 20.

Besondere Eigenschaften und Erscheinungen

23. Wie die Sonne gestohlen wurde. – Konitzky, Gustav A.: Nordamerikanische Indianermärchen. Düsseldorf/Köln 1963, Nr. 54 (Yellow Knives).
24. Mond und Sonne. – Eberhard, Wolfram und Alide: Südchinesische Märchen. Düsseldorf/Köln 1976, Nr. 11.
25. Als der Mond noch größer war. – Schild, Ulla: Märchen aus Papua-Neuguinea. Düsseldorf/Köln 1977, Nr. 29 (von der Insel Bougainville).
26. Weshalb die Eule bei Vollmond schreit. – Kratz, Ernst Ulrich: Indonesische Märchen. Düsseldorf/Köln 1973, Nr. 28 (Süd-Sulawesi).
27. Der Anfang der Sonnenfinsternis. – Wrigglesworth, Hazel: Philippinische Märchen. München 1993, Nr. 37 (Tabagawa-Mythe, Mindanao).
28. Der Hirte Hersch. – Stephani, Claus: Ostjüdische Märchen. München 1998, Nr. 1 (Oberwischau, Marmatien).
29. Vom Sonnengott und den Mondmädchen. – Karlinger, Felix/Espadinha, Maria Antonia: Märchen aus Mexiko.

Düsseldorf/Köln 1978, Nr. 3 (erzählt von den Yukateken).

30. Sonne und Mond. – Zaborowski, Hans-Jürgen: Märchen aus Korea. Düsseldorf/Köln 1975, Nr. 14.

31. Die ersten Menschen und Sonne und Mond. – Karlinger, Felix/Zacherl, Elisabeth: Südamerikanische Indianermärchen. Düsseldorf/Köln 1976, Nr. 94 (Charrua-Märchen aus Argentinien).

32. Der freigebige Hase. – Lüders, Else: Buddhistische Märchen aus dem alten Indien. Jena 1921, Nr. 53.

33. Die Färber des Mondes. – Löwis of Menar, August von: Finnische und estnische Volksmärchen. Düsseldorf/Köln 1962, Nr. 70.

34. Der Polarstern. – Bäcker, Jörg: Märchen aus der Mandschurei. München 1988, Nr. 2.

35. Warum der Neumond ist. – Hambruch, Paul: Malaiische Märchen. Jena 1920, Nr. 19 (Sumatra).

36. Warum Sonne und Mond ein Paar sind. – Nentwig, Ingo: Märchen der Völker Nordost-Chinas. München 1994, Nr. 21 (erzählt von Mongolen aus Harquin).

37. Zwei Götter werden Sonne und Mond. – Krickeberg, Walter: Märchen der Azteken und Inkaperuaner, Maya und Muisca. Jena 1928, Nr. 5.

38. Der Mondmann und die Wasserschlange. – Löffler, Anneliese: Märchen aus Australien. Düsseldorf/Köln 1981, Nr. 31 (Kakadu, Arnhemland).

39. Keri und Kame. – Koch-Grünberg, Theodor: Indianermärchen aus Südamerika. Jena 1920, Nr. 80.

40. Die Fabel von dem Königssohn Safudu Kwaku. – Meinhof, Carl: Afrikanische Märchen. Jena 1917, Nr. 47.

41. Der Hirt und die Sonnenjungfrau. – Krickeberg, Walter: Märchen der Azteken und Inkaperuaner. Düsseldorf/Köln, Nr. 50.

42. Der Mondmann. – Löffler, Anneliese: Märchen aus Australien. Düsseldorf/Köln 1981, Nr. 13.

43. Janneken im Mond. – Lox, Harlinda: Flämische Märchen. München 1999, Nr. 37.

44. Faule Leute in kalten Wintern. – Kooi, Jurjen van der/Gezelle Meerburg, Babs A.: Friesische Märchen. München 1990, Nr. 82.

45. Das Märchen vom Mann im Monde. – Bechstein, Ludwig: Märchenbuch. Hrsg. von Hans-Jörg Uther. München 1997, Nr. 32.

Jenseitswanderungen

46. Wie der Mond entdeckt wurde. – Schild, Ulla: Märchen aus Papua-Neuguinea. Düsseldorf/Köln 1977, Nr. 30.

47. Die Mondblume. – Karlinger, Felix/Freitas, Geraldo de: Brasilianische Märchen. Düsseldorf/Köln 1972, Nr. 64.

48. Der Selbstgewordene und die Fesselung der Gestirne. – Frobenius, Leo: Dichtkunst der Kassaiden (Atlantis 12). Jena 1928, 160–163.

49. Die Hexe und die Sonne. – Afanaßjew, Alexander N.: Russische Volksmärchen. Deutsch von Anna Meyer. Wien 1906, Nr. 13.

50. Sonne, Mond und Hahn. – Hambruch, Paul: Malaiische Märchen aus Madagaskar und Insulinde. Jena 1922, Nr. 1.

51. Die Maus und ihre Tochter. – Wesselski, Albert: Mönchslatein. Leipzig 1909, Nr. 71.
52. Herr Marzipan. – Megas, Georgios A.: Griechische Volksmärchen. Düsseldorf/Köln 1965, Nr. 48.

Die Gestirne und
das Leben auf der Erde

53. Der Hase verwandelte das Essen in Steine. – Schmidt, Sigrid: Märchen aus Namibia. Düsseldorf/Köln 1980, Nr. 3 (Dama-Märchen).
54. Woher Gold und Silber kommen. – Karlinger, Felix/Gréciano, Gertrude: Provenzalische Märchen. Düsseldorf/Köln 1974, Nr. 34.
55. Das verschwundene Mondlicht. – Kovács, Agnes: Ungarische Volksmärchen. Düsseldorf/Köln 1966, Nr. 29 (Rom-Märchen).
56. Sonnenblut und Mondblut. – Karlinger, Felix/Pögl, Johannes: Märchen aus Argentinien und Paraguay. Köln 1987, Nr. 19 (Märchen der Pirquitas, Argentinien).
57. Balu und die Dens. – Hambruch, Paul: Südseemärchen. Jena 1916, Nr. 5.
58. Der begrabene Mond. – Briggs, Katharine/Michaelis, Ruth: Englische Volksmärchen. Düsseldorf/Köln 1970, Nr. 51.
59. Akalapischeima und die Sonne. – Karlinger, Felix/Zacherl, Elisabeth: Südamerikanische Indianermärchen. Düsseldorf/Köln 1976, Nr. 17 (Mythe der Arekuná).
60. Die verlorene Unsterblichkeit. – Schmidt, Sigrid: Mär-

chen aus Namibia. Düsseldorf/Köln 1980, Nr. 2 (Dama-Märchen).

61. Das Sonnenmädchen. – Sonne hilft Mädchen. – Doerfer, Gerhard: Sibirische Märchen. 2: Tungusen und Jakuten. Düsseldorf/Köln 1983, Nr. 13.

62. Der Waisenjunge und die Sonne. – Doerfer, Gerhard: Sibirische Märchen. 2: Tungusen und Jakuten. Düsseldorf/Köln 1983, Nr. 15.

63. Die drei Sonnen. – Doerfer, Gerhard: Sibirische Märchen. 2: Tungusen und Jakuten. Düsseldorf/Köln 1983, Nr. 74.

64. Der Gatte des Sterns. – Karlinger, Felix/Zacherl, Elisabeth: Südamerikanische Indianermärchen. Düsseldorf/Köln 1976, Nr. 92.

65. Morgenhimmel. – Wilhelm, Richard: Chinesische Märchen. Düsseldorf/Köln 1979, Nr. 37.

66. Das Geschenk der Sonne. – Haralampieff, Kyrill: Bulgarische Volksmärchen. Düsseldorf/Köln 1971, Nr. 16.

67. Maui verlangsamt den Lauf der Sonne. – Jakubassa, Erika: Märchen aus Neuseeland. Überlieferungen der Maori. Köln 1985, Nr. 11.

68. Der Raub der Sonnengöttin. – Hammitzsch, Horst: Japanische Volksmärchen. Düsseldorf/Köln 1962, Nr. 107.

69. Die Eule und die Sonne. – Jungraithmayr, Herrmann: Märchen aus dem Tschad. Düsseldorf/Köln 1981, Nr. 2.

70. Die Wetten des Flötenspielers. – Karlinger, Felix: Märchen griechischer Inseln und Märchen aus Malta. Düsseldorf/Köln 1979, Nr. 35.

71. Die Sonnenprinzessin. – Keller, Walter/Rüdigr, Lisa: Italienische Märchen. Düsseldorf/Köln 1959, Nr. 42.

72. Die Mondfee. – Wilhelm, Richard: Chinesische Märchen. Düsseldorf/Köln 1979, Nr. 19.

73. Der Ursprung des Todes. – Seidel, A.: Geschichten und Lieder der Afrikaner. Berlin [1896], 145 f. (Nama-Märchen).

Bäcker, Jörg: The Shamans' Sky. Manchu Mythology and Starlore in the Amur Valley. In: Ad Seros et Tungusos. Festschrift M. Gimm. Wiesbaden 1997, 21–44.

Brueton, D.: Der Mond. München 1995.

Diederichs, Ulf: Die schönsten Märchen vom Mond. München 1998.

Drößler, R.: Als die Sterne Götter waren. Sonne, Mond und Sterne im Spiegel von Archäologie, Kunst und Kult. Leipzig 1976.

Eliade, Mircea: Mond und Mondmystik. In: Eranos-Jahrbuch: Die Religionen und das Heilige. Frankfurt am Main 1986, 183–217.

Enzyklopädie des Märchens. Handwörterbuch zur historischen und vergleichenden Erzählforschung. Berlin/New York 1977 ff. (bisher sind die Artikel Aarne–Nez erschienen, Stand 2000); vgl. bes. die Artikel »Astralmythologie« (Kurt Schier), »Mond« (Gertraud Meinel), »Mondmythologie« (Werner Bies).

Fauth, Wolfgang: Narrative Spielarten in den Erzählungen von Himmelsseil, Himmelsleiter und kosmischer Kette. In: Fabula 24 (1983) 86–109.

Golowin, S.: Götter der Atom-Zeit. Moderne Sagenbildung um Raumschiffe und Sternenmenschen. Bern/München 1967.

Graeger, R.-M.: Mit bloßen Füßen zum Mond. Mythen, Legenden, Märchen, Sagen der Völker vom Mond. Mühlacker 1971.

Gundel, W.: Sternglaube, Sternreligion und Sternorakel. Bearb. H. G. Gundel. Heidelberg 1959.

Harley, T.: Moon Lore. London 1885 (Nachdruck Detroit 1969).

Herrmann-Lisi, C.: Mondmacht. Lunare Einflüsse auf das irdische Leben. München 1996.

Huth, Otto: Das Sonnen-, Mond- und Sternenkleid [1942]. In: Märchenforschung und Tiefenpsychologie. ed. W. Laiblin. Darmstadt 1969, 151–160.

Janssen, Anke: Francis Godwins »The Man in the Moon«. Die Entdeckung des Romans als Medium der Auseinandersetzung mit Zeitproblemen. Frankfurt am Main/Bern 1981.

Juillerat, Bernard (ed.): Shooting the Sun. Ritual and Meaning in West Sepik. Washington/London 1992.

Kovács, Agnes: 'L'Arbre qui pousse jusqu'au ciel'. Rédactions hongroises et motifs chamanistiques. In: Le Conte, pourquoi? comment? ed. G. Calame-Griaule/V. Görög-Karady/M. Chiche. Paris 1984, 393–415.

Lambert, M.: La Lune chez les Sumériens. In: La Lune, mythes et rites. Paris 1962, 69–91.

Lardet, P.: Culte astral et culture profane chez 5. Jerôme. In: Vigiliae Christianae 35 (1981) 321–345.

Leibovici, M.: La Lune, mythes et rites. Paris 1960.

Lunais, S.: Recherches sur la lune 1. Leiden 1979, 95–192.

Marshall, L.: Some Bushman Star Lore. In: Contemporary Studies on Khoisan 2. Festschr. O. Köhler. Hamburg 1986, 169–204.

McDermott, J. M.: Lune. In: Dictionnaire de spiritualité 9. Paris 1976, 1191–1196.

Meinel, Gertraud: Magischer Mond. Fbg/Basel/Wien 1997.

Mykytiuk, Bohdan: Himmelskörper und Naturerscheinungen als handelnde Figuren in ukr. Märchen. In: Aus der Geisteswelt der Slaven. Festschr. E. Koschmieder. München 1967, 305– 327.

Normann, F.: Mythen der Sterne. Gotha/Stuttgart 1925.

Oppelt, W.: Der Mann im Mond. Utopisch-phantastische Perspektiven von Heimat. In: Volkskultur und Heimat. Festschrift J. Dünninger. Würzburg 1986.

Paungger, J./Poppe, T.: Vom richtigen Zeitpunkt. Die Anwendung des Mondkalenders im täglichen Leben. München 1991 u.ö.

Petit, M.: La Lune en Canaan et Israël. In: La Lune 22. Paris 1960, 127–149.

Prato, S.: Sonne, Mond und Sterne als Schönheitssymbole in Volksmärchen und -liedern. In: Zeitschrift für Volkskunde 5 (1895) 363–383.

Préaux, C.: La Lune dans la pensée grecque. Brüssel 1973.

Rodinson, M.: La Lune chez les Arabes et dans L'Islam. In: La Lune 22. Paris 1960, 151–215.

Róheim, G.: Mondmythologie und Mondreligion. Leipzig/Wien/Zürich 1927.

Saintyves, P.: L'Astrologie populaire. L'influence de la lune. Paris 1937.

Schadewaldt, W.: Griechische Sternsagen. München 1970.

Schmitt, J.-C. (ed.): Les Saints et les stars. Le texte hagiographique dans la culture populaire. Paris 1983.

Schneider, T.: Mondsymbolik. In: Wörterbuch der Symbole. ed. M. Lurker. Stuttgart 1991.

Sieber, F.: Dem Monde kann man kein Kleid machen. In: Deutsches Jahrbuch für Volkskunde 3 (1957) 366–387.

Uther, Hans-Jörg: Schönheit im Märchen. Zur Ästhetik von Volkserzählungen. In: Lares 52, 1 (1986) 5–16.

Wolf, W.: Der Mond im deutschen Volksglauben. Bühl 1929.

Zinner, E.: Sternglaube und Sternforschung. Fbg/München 1953.